ALTDEUTSCHE TEXTBIBLIOTHEK

Begründet von Hermann Paul
Fortgeführt von G. Baesecke
Herausgegeben von Hugo Kuhn

Nr. 70

EILHART VON OBERG

TRISTRANT

Synoptischer Druck der ergänzten Fragmente
mit der gesamten Parallelüberlieferung

Herausgegeben von
Hadumod Bußmann

MAX NIEMEYER VERLAG TÜBINGEN
1969

© Max Niemeyer Verlag Tübingen 1969
Alle Rechte vorbehalten. Printed in Germany
Satz: Karl Schenk Reutlingen-Sondelfingen
Druck: Karl Grammlich Pliezhausen

VORWORT

Sowohl die „Tristrant"-Ausgabe von Franz Lichtenstein (Straßburg 1877) als auch der diplomatische Abdruck der Fragmente von Kurt Wagner (Bonn und Leipzig 1924) sind seit langem vergriffen und eine Rarität im Antiquariatshandel. Die äußerst komplizierte Überlieferungslage dieses frühesten deutschsprachigen Tristan-Epos, von dem nur Fragmente des 12. Jahrhunderts und rund dreihundert Jahre jüngere Bearbeitungen erhalten sind, hat bislang einer ‚authentischen' Neuedition des gesamten Textes schier unüberwindliche Schwierigkeiten entgegengesetzt.
Diesem Dilemma versucht die vorliegende Studien-Ausgabe zu entgehen, indem sie den seltenen Vorteil nützt, die Gesamtüberlieferung eines mittelhochdeutschen Textes — zumindest ausschnitthaft — in allen noch belegbaren Stadien (frühe Fragmente, späte Bearbeitungen, Rückübersetzung einer alttschechischen Bearbeitung und Volksbuch-Prosa) in einem synoptischen Druck darbieten zu können. Erst wenn anhand dieses Textmaterials die Verhaltensweise aller Textzeugen kritisch überprüft ist, lassen sich die Maßstäbe ableiten, nach denen die übrige nicht altbezeugte Überlieferung zu beurteilen wäre. Solche Vorarbeiten sind nötig, um den dornenvollen Weg zu einer Neuedition des gesamten Textes ebnen zu helfen. In diesem Sinne sind auch Einleitung und Bibliographie darauf angelegt, das Fehlen eines neueren Forschungsberichtes wettzumachen, indem sie möglichst umfassend über das bisher in der Eilhart-Philologie Geleistete informieren. — Aufgrund ihrer besonderen Anlage eignet sich diese Ausgabe daher als Grundlage für textkritische, sprachgeschichtliche, stilistische und komparatistische Übungen ebenso wie für

Untersuchungen zur Überlieferungs- und Wirkungsgeschichte mittelalterlicher Texte.

Für die Wiedergabe des Textes wurden alle bekannten Quellen herangezogen. Da die Mehrzahl der Fragmente durch Kriegsereignisse verschollen ist (Rr, M und St), muß sich jede Arbeit am Text auf den von Kurt Wagner mit äußerster Akribie und Zuverlässigkeit veranstalteten diplomatischen Abdruck der Fragmente stützen. Ohne seine minutiöse Beschreibung der Handschriften (und ihrer Zerstörungen!) hätte der hier vorgelegte Versuch einer Ergänzung der fast zur Hälfte beschädigten Fragmenttexte nicht gewagt werden dürfen. Für den Abdruck der Heidelberger, Dresdener und Berliner Handschrift standen mir Mikrofilme zur Verfügung, für den Prosatext eine Xerokopie des ältesten erhaltenen Druckes von 1484, sowie die Ausgabe von Alois Brandstetter (Tübingen 1966); die neuhochdeutsche Rückübersetzung des alttschechischen „Tristram" stammt von Johannes Knieschek (ZfdA 28, 1884, S. 261-358).

Die Ausgabe, in die Vorarbeiten und Ergebnisse meiner Münchener Dissertation von 1967 eingegangen sind, ist auf Anregung und unter der Obhut meines verehrten Lehrers Professor Hugo Kuhn entstanden, dem ich für alle Hilfen sehr dankbar bin. Gleichzeitig gilt mein Dank Professor Hans Fromm und meinen Münchener Kollegen für viele klärende und ermutigende Gespräche. Bei der Korrektur haben mich Frau Dr. Hella Frühmorgen-Voss, Frau Dr. Ingeborg Glier und Herr Norbert Ott hilfreich unterstützt. Für die diffizilen Probleme des vierfachen Paralleldruckes hat Herr Robert Harsch-Niemeyer großes Verständnis und viel Geduld aufgebracht und die für die Altdeutsche Textbibliothek ungewöhnliche Lösung des Zwillingsbandes gefunden. Ihm sei ebenso Dank wie Herrn Rainer Zepf, der die vielfältigen drucktechnischen Schwierigkeiten zu meistern hatte.

München, Juni 1969   H. B.

EINLEITUNG

1. AUTOR UND WERK

Unter den Tristan-Dichtungen des Mittelalters nimmt Eilharts Epos eine Schlüsselstellung ein: seine Übertragung führt die Tristan-Sage als literarischen Stoff in Deutschland ein, zugleich aber bietet sie gegenüber den unvollendet gebliebenen oder nur fragmentarisch erhaltenen Zeugnissen von Béroul, Thomas von Bretagne und Gottfried von Straßburg bis ins 13. Jahrhundert hinein die einzige vollständige Fassung des Stoffes. Zur Erschließung und Rekonstruktion der *estoire*, der vermutlichen Urfassung des Tristan-Epos, ist Eilharts Text daher für die germanistische sowohl wie für die romanistische Forschung von zentraler quellenkritischer Bedeutung. So konnte es auch nicht ausbleiben, daß sich die wissenschaftliche Beschäftigung mit Eilhart weitgehend unter der vergleichenden Vormundschaft der internationalen Tristanforschung vor allem unter stoffgeschichtlichen Aspekten vollzog (Bédier, Golther, Schoepperle, Ranke, Mergell u. a.). Bei allen form- und stilgeschichtlichen Fragestellungen aber geriet er meist allzu schnell in den Schatten Gottfrieds und mußte sich dort mit der Rolle des schwächeren Vorgängers begnügen, dessen angebliche Mängel als methodischer Ansatz willkommen waren, um die künstlerische Souveränität des Nachfolgers nur umso überzeugender nachzuweisen (Gombert, Piquet, Stolte, Jonin).

So sehr der „Tristan" Gottfrieds eine unvoreingenommene Betrachtungsweise des Eilhart'schen Textes auf diese Weise verstellt haben mag – eines Textes, dessen Wirkungskraft bis ins späte

17. Jahrhundert durch die verschiedensten Drucke und Bearbeitungen den Gottfried'schen Nachhall weit überdauert hat —, so empfindlich hat noch ein anderer Umstand zu der zurückhaltenden Beschäftigung mit diesem Denkmal beigetragen: die Undurchsichtigkeit und Vieldeutbarkeit der Überlieferungssituation, die auf Grund ihrer mangelnden Kontinuität — frühe Fragmente und späte Bearbeitungen — allen textkritischen Bemühungen unlösbare Probleme aufgibt.

1. Stoff und Quelle

Trotz vielfältig aufgewendeter philologischer Mühe und Kombinatorik liegen die Ursprünge der Tristan-Geschichte im Dunkel, und die stemmatischen Ableitungen der ältesten, nicht erhaltenen Tristandichtungen, wie sie vor allem Bédier, Schoepperle und Ranke versucht haben, stoßen in der jüngeren Forschung auf zunehmende Skepsis.[1] Allzu verschiedene Handlungsstränge, Einzelepisoden und -motive, die zum Teil in jahrhundertelanger mündlicher Tradition gelebt haben, sind in der Geschichte von Tristan und Isolde zusammengeflossen und lassen sich nur in sehr hypothetischer Weise in ein Herkunftsschema fixieren. Eine vermutlich keltische Urfabel wird mit historisch-sagenhaften Ereignissen im 6. Jahrhundert zusammengebracht *(Marcus — Marke)*, ein anderer Motivkreis knüpft sich an die historische Gestalt eines piktischen Königs des 9. Jahrhunderts *(Drustan-Tristan)*, dazu gesellt sich ein weltweiter Schatz von Erzählmotiven: das Märchenmotiv von der Jungfrau mit den goldenen Haaren, Brautwerbungsmotive von internationaler Verbreitung,[2] altiri-

---

1 Zusammenfassend orientiert hierüber und verweist auf die wichtigste internationale Forschung: K. O. Brogsitter, Artusepik. Stuttgart 1965, S. 90-107.
2 Th. Frings und M. Braun, Brautwerbung. 1. Teil. Leipzig 1947.

sches Erzählgut *(immrama, aitheda,* die Geschichte von *Grainne und Diermaid),*[3] außerdem mögliche Parallelen aus altindischen (Listanwendungen gegen Marke), antiken (Theseussage, Sage von Paris und Oenone), arabischen (Isalde II) und persischen („Wîsrâmîn")[4] Stoffen.

Die Hauptfabel, so wie sie die Dichtung Eilharts bezeugt, erfuhr wohl um die Mitte des 12. Jahrhunderts in Frankreich ihre entscheidende dichterische Gestaltung, die maßgeblich wurde für alle späteren Fassungen des Stoffes. Die Ambivalenz der Tristan-Geschichte zwischen Schwankhaftem und Tragischem, zwischen unreflektierter Stoffgewalt und psychologisierender Durchlässigkeit findet ihren unmittelbaren Ausdruck in der Tatsache, daß sich die Erzählung in zwei Versionen von sehr unterschiedlicher Stillage durch die Jahrhunderte verbreitet hat: die spielmännisch realistische, naiv welthaltige Darstellung von Béroul und Eilhart[5] und die psychologisch vertiefte höfische Fassung des Thomas von Bretagne,[6] die in Gottfrieds von Straßburg sublimem, höchste Reflexion und künstlerische Virtuosität bezeugenden Werk ihre anspruchsvollste Form gefunden hat.

Die französische Vorlage Eilharts ist nicht erhalten, vermutlich stand sie der Quelle Bérouls nahe, der sich mehrfach auf eine *estoire* beruft. Eilharts Verweise auf seine Vorlage sind spärlich und vage: *als ich daz* (d. h. die Tristangeschichte) *an dem buche*

3   G. Schoepperle, Tristan and Isolt. 2 Bde. Frankfurt/London 1913.
4   S. Singer, Arabische und europäische Poesie im Mittelalter. Abh. d. Preuß. Ak. d. Wiss., philos.-hist. Kl., 1918, Nr. 13.
    F. R. Schroeder, Die Tristansage und das persische Epos „Wîs und Râmîn". GRM 42 (1961) S. 1-44.
5   Text, hrsg. von A. Elwert, mit Übersetzung von U. Mölk. München 1962; Eilhart von Oberge. Hrsg. von F. Lichtenstein. Straßburg 1877 (Quellen und Forschungen 19); Eilhart von Oberg, Tristrant. 1. Die alten Bruchstücke. Hrsg. von K. Wagner. Bonn und Leipzig 1924 (Rheinische Beiträge 5).
6   Ausgabe von B. H. Wind, Leiden 1950 und Genf/Paris 1960. Mit ausführlicher Darstellung des Forschungsstandes.

vant heißt es im Prolog (V. 35), und ähnlich unverbindliche Anmerkungen finden sich noch gelegentlich, häufiger aber beruft er sich auf mündliche Zeugen. Über das Verhältnis zu seiner Vorlage ist zu vermuten, daß er sich in textlicher Hinsicht so eng an seine Quelle gehalten hat, wie es sein Verständnis ihm ermöglichte, denn die zahlreichen ungläubigen, auf Rechtfertigung bedachten Kommentare des Erzählers zum Erzählten verraten eine gewisse Unbeholfenheit gegenüber der Fabel und ihrer Sinnhaltigkeit.

2. Sprache und Herkunft des Dichters

Von Hobergin her Eylhart / Hat uns diz buchelin getichtet (D). *Von Baubemberg Segehart* (H), *Von Oberengen Enthartte* (B). Auf diese Varianten des Autorenzitats in den späten Bearbeitungen (V. 9446) gründet sich unsere Kenntnis des Dichters, dessen Name sonst nur noch in einer Nachschrift zur Prosa *(Filhart von Oberet)* auftaucht (siehe S. XXXIX). Seit E. Schröder ist man geneigt, den Dichter mit dem zwischen 1198 und 1208 beurkundeten Braunschweiger Ministerialen gleichen Namens zu identifizieren, obwohl diese Gleichsetzung im Hinblick auf die räumliche und zeitliche Fixierung des Dichters mancherlei Widersprüche aufwirft, wovon im Zusammenhang mit der Datierungsfrage noch zu reden sein wird (siehe S. XII). Unbestritten ist allein die niederdeutsche Herkunft des Dichters aus Oberg, einem noch heute existierenden Dorf zwischen Braunschweig und Hildesheim. Weitgehend ungeklärt aber ist die Bestimmung seiner Sprache, die die heimatliche Herkunft fast ganz verleugnet. Die zahlreich angestellten Untersuchungen haben zu sehr kontroversen Ergebnissen geführt.[7]

---

[7] Eine übersichtliche Zusammenfassung dieses Wissenschaftsstreits findet sich in der Einleitung von G. Cordes, Zur Sprache Eilhards von Oberg. Hamburg 1939, S. 1-7.

Ausgehend von der sächsischen Herkunft des hildesheimischen Ministerialen zielen fast alle sprachlichen Untersuchungen darauf ab, sich mit den mundartlichen Kennzeichen des Niederdeutschen im Text auseinanderzusetzen,[8] sie zwischen mutmaßlicher Vorlage und Schreiber zu verteilen (van Dam am Beispiel von St, Lichtenstein bei M)[9] oder sie als nicht signifikant, bzw. als auch Mitteldeutsch möglich, weitgehend zu eliminieren (Gierach). Die lokalen Fixierungen dieses Mitteldeutschen reichen von Westen nach Osten durch fast alle benennbaren Sprachprovinzen: Wagner plädiert für Limburg-Looz als Auftrags- und Entstehungsort,[10] Gierach definiert den Dialekt als „mittelfränkische Literatursprache", van Dam setzt das Eilhart'sche Mittelhochdeutsch auf der „Lautverschiebungsstufe des Süd- und Ostfränkischen" an und stellt dabei „starke Anlehnung an mfr. Sprachformen und Reimtechnik" sowie gute Kenntnis der rheinischen Dichtung in Rechnung,[11] während Cordes eine Anlehnung an Thüringisch, d. h. an eine aus Alexanderlied, thüringischen und niederdeutschen Elementen gemischte Sprache ableitet.[12]

Der Grund für die abweichenden Ergebnisse ist einmal in der Tatsache zu suchen, daß keine lautliche Erscheinung konsequent auftritt, so daß alle Verallgemeinerungen einzelner Beobachtungen den objektiven Tatbestand verfälschen. Zum andern aber hat die vielgesichtige Überlieferungssituation einseitigen Unter-

---

8   F. Lichtenstein, Einleitung S. 82-87; E. Gierach, Zur Sprache von Eilharts Tristrant. Prag 1908, besonders S. 194-202; Vogt, GGA 174 (1912) S. 241-251; H. Degering, Neue Funde aus dem zwölften Jahrhundert. PBB 41 (1916) S. 546/7; K. Wagner, Die Eilhartfrage. ZfdMund. (1921) S. 124-143; G. Cordes, Sprache, passim.
9   F. Lichtenstein, Einleitung S. 9, 10, 18, 19; J. van Dam. Die sprachliche Gestalt der Stargarder Eilhart-Lamprecht Handschrift. Neoph. 8 (1923), besonders S. 23-26.
10 K. Wagner, Einleitung S. 11-23.
11 J. van Dam, Neophil. 8 (1923) S. 22.
12 G. Cordes, Sprache, S. 98.

suchungsmethoden einen nicht immer leicht zu kontrollierenden Vorschub geleistet.

So lag es nahe, von den mundartlichen Merkmalen einer Handschrift auf die Gesamtsituation zu schließen (Lichtenstein auf Grund von D, Degering auf Grund von St) oder die Beobachtungen an den Reimworten auf das gesamte Formenmaterial zu übertragen. Eine solche präjudizierende Materialbeschränkung liegt der Dialektbestimmung von Gierach zugrunde, der es auf diesem methodisch bedenklichen Weg überdies unterließ, zwischen altbezeugten und auf Grund späterer Überlieferung rekonstruierten Reimworten klar zu scheiden.

Solange nicht einem neuen Versuch mit differenzierteren philologischen Methoden und unter Berücksichtigung jüngster Forschungsergebnisse zur Dialektgeographie (so vor allem der Arbeiten von Frings-Schieb an Veldeke) eine lokal besser zu fixierende Sprachbestimmung gelingt, muß man sich damit begnügen, den „Kunstcharakter" (van Dam) von Eilharts Sprache, ihre auf einen breiten mhd. Kompromiß abzielende Verständlichkeit als Symptom eines ausgeprägten literarischen Bewußtseins und charakteristisch für die literarhistorische Position Eilharts zu verstehen.

3. Datierungsprobleme

Ebenso umstritten wie die Definition von Eilharts Sprache ist die Datierung seines Werkes. Das Problem liegt vor allem in dem offenkundigen Widerspruch zwischen urkundlicher Bezeugung und stilistischem Befund. Zudem ist die zeitliche Fixierung des Dichters von der Beurteilung seines Verhältnisses zu Heinrich von Veldeke abhängig, da zahlreiche sprachliche und stilistische Übereinstimmungen in den Liebesmonologen der Lavinia („Eneide") und Isalde eine Entscheidung über die Priorität zwischen den beiden Autoren fordern.

Der Streit der Forschung über diese Frage ist so alt wie ihre Kenntnis der Texte. Die Diskrepanz zwischen streng philologischem Bemühen an unzulänglich überlieferten Denkmälern im Verein — oder Widerstreit — mit mehr oder minder phantasievoll kombinierenden Spekulationen hat den divergierendsten Ergebnissen Vorschub geleistet.[13] Nicht selten haben die gleichen methodischen Ansätze und stilistischen Kriterien zu konträren Ergebnissen geführt: so ließ sich z. B. die häufig bemühte „Primitivität" Eilharts einerseits für dessen Priorität vor dem bedeutenderen Veldeke ins Feld führen,[14] andererseits aber mußte dieselbe Primitivität zum Beweis des Gegenteils herhalten, nämlich dort, wo man das Verdienst der Originalität (und damit die zeitliche Priorität) für Veldeke verbuchen und Eilhart als den unzulänglich Nachahmenden aburteilen wollte.[15] Das Dilemma dieser Forschungssituation liegt letztlich in dem unauflöslichen Ineinandergreifen von literarhistorischen Datierungsproblemen und immanenten Wertungsfragen. So bedeutet die Entscheidung für die Priorität Eilharts vor Veldeke Verzicht auf den urkundlich bezeugten Vertreter diesen Namens, die Priorität Veldekes hingegen verweist Eilhart zwangsläufig in eine „Außenseiter"-Position (Wesle, Gierach), der sowohl formale als auch überlieferungsgeschichtliche Gründe zu widersprechen scheinen. Drei Po-

---

13 Zur Forschungsgeschichte siehe J. van Dam, Zur Vorgeschichte des höfischen Epos. Bonn und Leipzig 1923, S. 85 - 87; ders., Tristanprobleme III. Neophil. 15 (1930) S. 183-194, sowie die Artikel über „Eilhart" und „Veldeke" im Verfasserlexikon.

14 K. Lachmann, Zu den Nibelungen und zur Klage. 1836, S. 290; F. Lichtenstein, Ausgabe, S. 187-191; H. de Boor, Literaturgeschichte II. München, 5. Auflage 1962, S. 36.

15 O. Behaghel, Einleitung zur „Eneide", S. 118-197; E. Klaass, ZfdPh 58 (1933) S. 362-365; G. Cordes, Sprache, S. 102; F. Neumann, Neue Deutsche Biographie IV, S. 392; E. Lesser, Das Verhältnis der Frauenmonologe in den lyrischen und epischen deutschen Dichtungen des 12. und angehenden 13. Jahrhunderts. PBB 24 (1899) S. 361-383.

sitionen stehen in schroffem Widerstreit: 1. Angeführt von O. Behaghel,[16] der auf Grund einer wertenden Urteilsfindung 1882 in seiner „Eneide"-Ausgabe den Liebesmonolog bei Eilhart als ein „elendes Machwerk" aburteilte, dessen Ungeschicklichkeit in der „Entwicklung und Verbindung der Gedanken" unschwer die Arbeit des Nachahmenden verrät, treten G. Cordes, E. Klaas, F. Piquet, S. van Mierlo, G. Ehrismann, L. Wolff, C. Wesle und A. Trendelenburg[17] für die Priorität Veldekes vor Eilhart ein. 2. Der Gegenposition, die die Priorität Eilharts vor Veldeke auf Grund formaler Aspekte zu beweisen bestrebt ist, gebührt der Vorrang der Anciennität: schon F.H. von der Hagen und K. Lachmann[18] setzen die Existenz Eilharts für Veldeke voraus. Diese These stützt Lichtenstein,[19] der — entgegen der geläufigen eher unkritischen Verehrung der Editoren für ihre Denkmäler und Autoren — bereit ist, die ‚Stümperhaftigkeit' Eilharts (vor allem in bezug auf die Reimtechnik) für seine zeitliche Priorität in Rechnung zu stellen. In den zwanziger Jahren gewann diese Auffassung durch J. van Dams Untersuchungen neue Argumente. 3. Zwischen diesen beiden Positionen vermittelt eine dritte, indem sie stilistische und motivische Unabhängigkeit der beiden Dichter nachzuweisen versucht. Am radikalsten ging K. Goedeke[20] vor und entkräftete die angebli-

16 O. Behaghel, Einleitung zur „Eneide", S. 118 ff.
17 G. Cordes, Sprache, S. 102; E. Klaass, ZfdPh 58 (1933) S. 362-365; L. Wolff, DLZ 45 (1924) Sp. 2534 ff. und DLZ 49 (1928) Sp. 1957 ff.; C. Wesle, Verfasserlexikon I, Sp. 523; G. Ehrismann, Literaturgeschichte II, 2, 1, S. 67; F. Piquet, RevGerm. 15 (1924) S. 336 ff.; S. van Mierlo, Veldekes onafhankelijkheid. 1928; A. Trendelenburg, Aufbau und Funktion der Motive im Lancelet Ulrichs von Zazikhoven im Vergleich mit den deutschen Artusromanen um 1200. Masch. Diss. Tübingen 1953, S. 169.
18 F. H. von der Hagen, Minnesinger IV, S. 586; K. Lachmann, Zu den Nibelungen, S. 290.
19 F. Lichtenstein, Einleitung S. 191.
20 K. Goedeke, Grundriß I, S. 80.

chen motivischen Übereinstimmungen, indem er die entsprechenden Parallelen als allzu unspezifisch abtat. Hinter solchem Urteil verbirgt sich mehr Wahrheit, als man bisher zuzugeben bereit war; die Sucht, Parallelen aufzudecken, hat in der Tat bisweilen zu übertriebener Wortklauberei geführt und sich mehr als gut an den Buchstaben, anstatt an den Sinn- und Traditionszusammenhang gehalten. Dennoch läßt sich das Problem so leichthin nicht beiseite schieben. — Mit ähnlicher Zielsetzung versucht J. Knieschek[21] auf textkritischem Wege das Problem zu lösen. Er führt den inzwischen durch J. van Dam widerlegten Nachweis, daß alle verräterischen Veldeke-Anklänge im Eilhart'schen Text ausschließlich dem späteren „X-Bearbeiter" zuzuschreiben seien. J. van Dams Gegenbeweis hat sich bis heute nicht durchgesetzt, was vermutlich an der Unglaubwürdigkeit seiner weiterführenden These liegt, die den Liebesmonolog bei Veldeke als eine höchst geschickte Kontamination aus den Lavinia-Passagen im französischen „Enéas"-Roman und Eilharts Isalde-Monolog begreift.[22] Zusammenfassend läßt sich sagen, daß in jüngster Zeit die Mehrzahl der Forscher[23] an der Spätdatierung Eilharts festzuhalten

---

21 J. Knieschek, SB, S. 410-415. Seine These haben späterhin E. Gierach, G. Cordes und E. Walker ihren Arbeiten ungeprüft zugrunde gelegt, obwohl G. Schoepperle schon 1911 (Tristan I, S. 511-515) auf Grund innerer Bezüge Knieschecks Meinung zurückgewiesen hatte.

22 Eine ebenso hypothetische wie praktisch unvorstellbare Lösung schlägt K. Wagner vor, der eine Gleichzeitigkeit der beiden Autoren sich so vorstellt, daß Eilhart von Veldekes Technik (größere Reimreinheit im Stargarder Fragment, die Redeform der Hemistichen) gelernt, Veldeke seinerseits von Eilhart durch die „Herübernahme einiges Versmaterials" profitiert habe (Einleitung S. 21).

23 F. Piquet, RevGerm. 15 (1924) S. 336-342; F. R. Schröder, GRM 12 (1924) S. 316 ff.; L. Wolff, DLZ 45 (1924) Sp. 2531-37; F. Desonay, RevGerm. 16 (1925) S. 177-179; W. Golther, Lbl. 46 (1925) S. 85 ff.; E. Gierach, AfdA 48 (1929) S. 110-118; E. Klaass, ZfdPh 58 (1933) S. 362, 365; K. Ruh, Höfische Epik des deutschen Mittelalters I. Berlin 1967, S. 72.

versucht, wobei nicht selten die Faszination, den Autor mit einer historisch bezeugten Gestalt gleichsetzen zu können, das philologische Gewissen überrumpelt haben mag.

Eilhart-Veldeke

Von zwei Seiten her ist das Datierungsproblem neu zu durchdenken: für die postulierte Abhängigkeit von Veldeke ist die Situation der französischen Tradition zu befragen, außerdem aber ist eine Überprüfung Eilharts und seiner urkundlichen Bezeugung nötig. Anstatt die Genese der Textparallelen in den Liebesmonologen aus einsträngigen Abhängigkeiten zu erklären, müssen die Texte stärker als bisher unter dem Aspekt der Adaptation französischer Dichtungen, d. h. als Übersetzungsliteratur gesehen werden.[24] Aus einem solchen Vergleich mit französischen Texten, vor allem mit den antikisierenden Dichtungen „Roman d'Enéas", „Roman de Thèbes" und „Roman de Troie", außerdem mit „Piramus et Tisbé", „Lanzelet", „Eracle" und „Cligès" ergibt sich, daß die Liebesmonologe der Lavinia und Isalde verschiedene Ausprägungen eines im Altfranzösischen weit verbreiteten literarischen Typs sind.[25] Zur Verfestigung dieses Typus der monologischen Liebesklage im epischen Erzählvorgang haben verschiedene Faktoren beigetragen: Liebesmonologe die-

24 Vgl. hierzu meinen Aufsatz: Der Liebesmonolog im frühhöfischen Epos. Versuch einer Typbestimmung am Beispiel von Eilharts Isalde-Monolog. In: Werk – Typ – Situation. Studien zu poetologischen Bedingungen in der älteren deutschen Literatur. Hugo Kuhn zum 60. Geburtstag. Stuttgart 1969, S. 45-63.

25 E. Faral, Recherches sur les Sources Latines des Contes et Romans Courtois du Moyen-Age. Paris 1913; E. Lesser, PBB 24 (1899) S. 361-383; A. Hilka, Die direkte Rede als stilistisches Kunstmittel in den Romanen des Kristian von Troyes. Halle 1903; E. Walker, Der Monolog im höfischen Epos. Stuttgart 1928, besonders S. 97-154; I. Nolting-Hauff, Die Stellung der Liebeskasuistik im höfischen Roman. Heidelberg 1959, besonders S. 30-66.

nen vor allem solchen Stoffkreisen zur rhetorisch-ornamentalen Ausgestaltung, in denen die Minne als Problem verankert ist, d.h. diese Texte halten für solche minnedialektischen Passagen einen weitgehend übereinstimmenden Situationstyp bereit, der sich auf die Handlungsformel bringen läßt: Entstehung einer plötzlichen und — aus gesellschaftlichen Vorschriften — unzulässigen Liebe, die daher Geheimhaltung fordert. Dieser gemeinsame Situationstyp begünstigt gleiche inhaltliche (minnepsychologische Reflexionen) und formale Ausprägungen (monologische Klage, Personenzergliederung, fiktiver Dialog und revozierende Fragen), hinter denen literarhistorische Einflüsse (frühe Troubadourlyrik, Ovid-Rezeption) und Impulse mündlicher Vortragstechnik (Liebesmonolog — ähnlich wie *salut* bzw. *complainte* — als Paradestücke des mündlichen Vortrags) stehen.
Vor solchem Hintergrund erscheinen die Wort- und Bildanklänge bei Eilhart und Veldeke als verschiedene Spiegelungen einer gemeinsamen Tradition. Die Abhängigkeit Veldekes vom „Roman d'Enéas" ist überprüfbar, für Eilhart kann eine ebensolche unmittelbare Abhängigkeit von seiner französischen Quelle nur auf dem Umweg eines Vergleichs mit anderen Tristan-Dichtungen vermutet werden. Wenn aber der Nachweis von Textparallelen kein gegenseitiges Abhängigkeitsverhältnis der beiden Autoren mehr unterstellt, ist es möglich, zu einer unvoreingenommeneren literarhistorischen Fixierung Eilharts zu gelangen.

Namensnennung und urkundliche Bezeugung

Der zweite Fixpunkt der Datierung ist die schon erwähnte Identifikation des Dichters mit dem zwischen 1189 und 1209 (bzw. 1227) urkundenden Hildesheimer Ministerialen, den man auf Grund einer Verwechslung von Lichtenstein irrtümlich mit dem Hof Heinrichs des Löwen und seiner Frau Mathilde,

Tochter der Eléonore von Aquitanien, in Verbindung gebracht hat.[26] Diese Gleichsetzung aber ist in doppelter Hinsicht anzuzweifeln: Die Namensnennung, auf die sich unsere Kenntnis des Dichters gründet, findet sich nur in einem epilogartigen Einschub in den späten Handschriften des 15. Jahrhunderts sowie in einer den *maister von Britanie* und *Filhart von Oberet* als Quellen benennenden Nachschrift der Prosa. Zweifel an der Ursprünglichkeit des Autorenzitats gründen sich auf textkritische Überlegungen ebenso wie auf formale und wirkungsgeschichtliche Beobachtungen.

Ungewöhnlich ist die Stelle dieses ‚Epilogs' (V. 9446-9457), der die Beschreibung der Klage von Isalde II über den von ihr verschuldeten Tod von Tristrant und Isalde unvermittelt unterbricht. Ungewöhnlich ist auch seine Information und ihre Einkleidung:

>Von Hobergin her Eylhart
>Hat uns diz buchelin getichtet
>Vnd hat uns der mere berichtet
>Wie der küne Tristrant irstarp
>Vnd wie he das lebin irwarp
>Vnd wie ez umme sin lip quam
>Nu sait lichte ein ander man
>Es si andirs hir umme kommen:
>Das habe wir alle wol vornomen
>Das man daz vngliche sait
>Eylhart des guten geczüg hat
>Daz ez alzo zcu ging
>Nu merkit wye ez sin wip an ving! (D)

---

26 Heinrich der Löwe ist 1195, seine Frau bereits 1189 verstorben, die erste selbständige Urkundung Eilharts jedoch datiert von 1196; in dem früheren, zur Zeit der zweiten Verbannung Heinrichs abgefaßten Dokument von 1186 fungiert er noch als „filius" des Johannes de Obergen, was auf die Jugendlichkeit des Zeugen schließen läßt.

Die energische Stoff- bzw. Quellenkritik, die sich gegen den Wahrheitsanspruch anderer im Umlauf befindlicher Versionen verwahrt, paßt schlecht zu der offenkundigen Unsicherheit des Dichters gegenüber seiner Vorlage, und die plurale *uns*-Form bei der Namensnennung widerspricht der sonst im Text üblichen *ich*-Form der Autorenrede.[27] Es ist nicht auszuschließen, daß es sich bei den Zeilen 9445 ff. um einen späteren Bearbeiter-Zusatz handelt. Ursprüngliche Anonymität des Gedichtes ist somit in Betracht zu ziehen. Dafür könnte auch die Tatsache sprechen, daß der Name Eilharts trotz der raschen und zähen Tradierung seines Gedichtes bei keinem nachfolgenden Dichter Erwähnung gefunden hat. Sein Name taucht weder bei Gottfried von Straßburg noch bei Ulrich von Türheim oder Heinrich von Freiberg auf, die beide Eilharts Text als Quelle benutzt haben.

Auch urkundlicher Befund vermag diese Arbeitshypothese – ursprünglich anonymes Gedicht, Eilhart als Name des späteren Bearbeiters – zu stützen: Daß der bisher als Verfasser des Epos angenommene Eilhart von Oberg nicht der einzige Träger dieses Namens war, hatte bereits E. Schröder mitgeteilt und u. a. auf den zwischen 1276 und 1278 bezeugten Eilhart von Oberg verwiesen, der als Dänischer Vogt zu Reval *(Capitaneus* bzw. *Aduocato* wird er in den Urkunden genannt) zu Mitfasten am 5. März 1278 in einer Schlacht gegen die heidnischen Litauen den Tod fand. Dieser Eilhart, dessen Kampf und Tod für den Deutschherrenorden in der „Livländischen Reimchronik" ausführlich dargestellt ist,[28] wird zwischen 1276 bis 1278 in sechs Urkunden als Vogt von Reval, zuvor aber im Jahre 1269 als Dienstmann Herzog Albrechts des Großen von Braunschweig bezeugt.[29]

---

27 Einzige Ausnahme: R 3104.
28 Livländische Reimchronik. Hrsg. von L. Meyer. 1876, Vers 8295-8499.
29 Urkundenbuch der Stadt Lübeck. Hrsg. vom Verein für Lübeckische Geschichte, I. Teil. Lübeck 1843, Nr. 383, 386-389, 392.

Albrecht der Große (1236-1279, Regierungsantritt 1252) ist ein Urenkel Heinrichs des Löwen. Für seine literarische Aufgeschlossenheit gibt es mehrere Zeugnisse: sowohl der Tannhäuser hat ihm in seinem Leich VI, 132 ein Denkmal gesetzt als auch der Meister Rumzlant von Sachsen, der längere Zeit an Albrechts Hof gelebt hat (Spr. 23 und 88 in der Jenaer Handschrift).[30] Die vermutlich auf Albrechts Anregung zurückgehende „Braunschweiger Reimchronik", die die Geschichte Braunschweigs von Heinrich dem Löwen bis zu Albrechts Tod in höfischen Reimpaarversen berichtet, dokumentiert in ihrer an klassischem Formideal orientierten Darstellungsweise ein gewisses Maß an literarischer Aufgeschlossenheit. Anregung und Auftrag zu einer höfischen Bearbeitung des „Tristrant" schiene in diesem Umkreis durchaus denkbar.

Solche Erwägungen sollen nicht dazu dienen, die alte Diskrepanz zwischen literarischem Befund und urkundlicher Bezeugung zu überspielen, indem sie zwei Generationen später neu angesiedelt wird. Sie sollen lediglich die interpretatorische Vieldeutigkeit der urkundlichen Zeugnisse jener Zeit demonstrieren und die Gültigkeit allzu fest verankerter Vorstellungen durch neue Akzentuierungen neu zur Diskussion stellen. Wenn die Identität des ersten urkundlich bezeugten Eilhart von Oberg mit dem mutmaßlichen Dichter zweifelhaft ist und die französischen Vorlagen — anstatt direkter Übernahmen — für die Parallelen zwischen Eilhart und Veldeke einzustehen haben, ist der Weg frei für eine aus stilistischen und überlieferungsgeschichtlichen Gründen zu rechtfertigende Frühdatierung des „Tristrant".

---

30 F. Panzer, Meister Rûmzlant Leben und Dichten. Diss. Leipzig 1893, S. 13; G. Holz, F. Saran und E. Bernoulli (Hrsgg.), Die Sprüche in dem Werk der Jenaer Handschrift. Bd. 1,2. Leipzig 1901; L. Wolff, Nddt. Jahrbuch 71-73 (1948-50) S. 84-89.

Französische Tradition

Die Hypothese einer frühen, vor Veldeke anzusetzenden deutschen Tristandichtung findet von romanistischer Seite insofern Unterstützung, als dort eine auffallende Tendenz deutlich wird, durch Umdatierung einzelner Texte die relative Chronologie der Dichtungen des 12. Jahrhunderts in Richtung auf die Jahrhundertmitte vorzuziehen. So setzen R. Lejeune und B. Wind [31] den „Tristan" des Thomas von Bretagne heute zwischen 1150-1160 an (bisher im Hinblick auf Chrétien meist bis gegen 1190 verschoben, so von G. Schoepperle, F. Ranke)[32], und G. Raynaud de Lage und G. Whitteridge[33] treten unabhängig voneinander für die Entstehung des ersten Teils von Bérouls „Tristan" um 1165 ein; bisher hatte man sie seit E. Muret auf Grund von Vers 3849 meist auf „nach 1191" festgelegt.[34] Das würde bedeuten, daß man mit einer ausführlichen Tristan-Dichtung, die als Vorlage für den deutschen „Tristrant" in Betracht käme, zwischen 1150 und 1160 rechnen kann, ein Ansatz, der auch den möglichen Einfluß der antikisierenden Romane nicht ausschließen würde.[35]

31 R. Lejeune, Le Rôle littéraire d'Aliénor d'Aquitaine et de sa famille. Cultura Neolatina 14 (1954) S. 5-57, besonders S. 29 ff. – B. H. Wind (Hrsg.), Les Fragments du Roman de Tristan. Genf-Paris 1960, S. 15-17. In der 1. Auflage dieser Ausgabe, Leiden 1950, S. 16 setzte B. H. Wind das Epos noch zwischen 1180-1190 an.
32 G. Schoepperle, Tristan Bd. II; F. Ranke, Tristan und Isold. München 1925, S. 127.
33 G. Raynaud de Lage, BBSIA 14 (1957) S. 136; G. Whitteridge, The date of the Tristan of Beroul. Medium Aevum 28 (1959) S. 167-171.
34 E. Muret, Le Roman de Tristan par Béroul et un anonyme. Paris 1903, S. 146.
35 J. Frappier, Chrétien de Troyes. Paris 1957, S. 18; R. Burmeister, Antike und antikisierende Dichtung. Diss. Masch. Hamburg 1953.

4. Aufbau und Erzählstil

Es fehlt bisher an schlüssigen Aufbau- und Stiluntersuchungen, die sich unvoreingenommen, d. h. nicht in wertender Konfrontation mit Gottfried um Eilharts Text bemühen. Eine Ausnahme bilden die vornehmlich stofflich akzentuierten Gliederungsversuche, wie sie sich in H. Stoltes Motivreim-Untersuchungen in kunstgeschichtlichen Stilbegriffen,[36] bei B. Mergell in räumlichen (Kathedral-Strukturen)[37] und bei H. Eggers in zahlenkompositorischen Überlegungen niedergeschlagen haben.[38] Daher kann es sich auch im folgenden nur um Hinweise handeln. Zu ihrem besseren Verständnis, vor allem aber, um die inhaltliche Einordnung der Fragmente in den Gesamtablauf des Epos zu erleichtern, wird eine Handlungsübersicht vorausgeschickt. Die von den Fragmenten gedeckten Passagen sind kursiv gedruckt.

Inhaltsübersicht

Rivalin von Lohnois kämpft für König Marke von Korneval und gewinnt dessen Schwester Blancheflur zur Frau. Sie stirbt auf der Heimfahrt bei der Geburt ihres Sohnes Tristrant. Der Knabe wird von Kurvenal in allen höfischen Fertigkeiten erzogen, die Erkundung von fremden Ländern soll den Abschluß der Erziehung bilden. Er gelangt nach Korneval, verschweigt Namen und Herkunft und bietet Marke seine Dienste an.

Marke, der dem König von Irland seit fünfzehn Jahren den Zinstribut verweigert, wird von Morholt zum Kampf gefordert.

---

36 H. Stolte, Eilhart und Gottfried. Studie über Motivreim und Aufbaustil. Halle 1941. Sehr bedenkenswert der von ihm im Anschluß an A. Witte geprägte Begriff der „variierenden Wiederholung".
37 B. Mergell, Tristan und Isolde. Mainz 1949, besonders S. 69-76.
38 H. Eggers, Vom Formenbau mittelhochdeutscher Epen. DU 11 (1959) S. 81-97, besonders S. 85 und 86.

Da keiner sich zum Kampf zu stellen wagt, bittet Tristrant um die Schwertleite, enthüllt seinen Namen und bietet sich zum Kampf gegen Morholt. Er wird von einem vergifteten Speer verwundet, während Morholt eine tödliche Kopfwunde erhält, in der ein Stück aus Tristrants Schwert stecken bleibt. Aus Rache bedroht der König von Irland alle aus Korneval mit dem Tod.

Tristrants Wunde scheint unheilbar, ihr Gestank treibt ihn aus menschlicher Gesellschaft zunächst in ein abgelegenes Haus, dann in ein Schiff *ane sture* aufs Meer. Ein Sturm verschlägt ihn nach Irland. Er gibt sich als Kauf- und Spielmann Pro aus und wird von Isalde – ohne daß er ihr dabei begegnet – geheilt. Durch List (Versprechen zur Beseitigung einer Hungersnot) gelingt es ihm, nach Ablauf eines Jahres nach Korneval zurückzukehren.

Die Eifersucht der Barone auf Tristrant drängt Marke widerwillig den Entschluß zur Ehe auf. Er beobachtet zwei Schwalben, die sich um ein Frauenhaar streiten, und verkündet, einzig und allein die Besitzerin dieses Haares zur Frau nehmen zu wollen. Tristrant wird die Brautwerbung aufgetragen. – Ein Sturm verschlägt ihn und seine Leute ausgerechnet an die Küste Irlands. Durch List (Bezugnahme auf die frühere Hungersnot) entgehen sie dem angedrohten Tod. Tristrant nennt sich Tantris.

[R] *Er besiegt einen Drachen, der das Land bedroht. Um die falschen Ansprüche des Truchseß zu entlarven, der vorgibt, den Drachen getötet zu haben, bricht Isalde auf, um den wahren Bezwinger zu suchen. Sie findet Tristrant zu Tode erschöpft* und bringt ihn in die Stadt. Im Bade erkennt Tristrant in Isalde die gesuchte Frau für seinen Oheim (Haar als Indiz), Isalde hingegen in Tristrant den Mörder ihres Oheims Morholt (Schwertstück als Indiz). Durch List erwirkt Isalde die Versöhnung ihres Vaters mit Tristrant, der sich gegen die falschen Ansprüche des Truchseß als Bezwinger des Drachen ausweist. Er wirbt für Marke erfolgreich um Isalde. Aufbruch nach Korneval. Auf dem Schiff trinken Tristrant und Isalde versehentlich den von Isaldes Mutter für sie und Marke bestimmten Liebestrank, der die Kraft besitzt, auf vier Jahre untrennbar, auf Lebenszeit aber in Liebe aneinanderzubinden. Isaldes Liebesmonolog. Vereinigung von Tristrant und Isalde. Ankunft in Korneval. Hochzeit.

[M] *Brangene verbringt stellvertretend für Isalde die Hochzeitsnacht mit Marke.* – *Isalde mißtraut Brangenens Mitwisserschaft, dingt zwei Jäger zur ihrer Tötung, wird gerührt durch Brangänes Fabelerzählung von den „vertauschten Hemden" und versöhnt sich mit ihr.*

[R] *Tristrants Stellung am Hof ist durch Mißgunst und Argwohn der Barone bedroht.* Viermaliger Versuch der Umwelt zur Entdeckung des Liebespaares: Antrets Verdächtigungen, Marke überrascht Tristrant in Isaldes Kemenate und verbannt ihn, Belauschungsszene im Baumgarten mit Versöhnung, Mehlstreuszene, Tristrants Bettsprung. Bei diesem letzten Vereinigungsversuch wird Tristrant überführt, gefangengenommen, eine Gerichtsverhandlung wird einberufen. Unter dem Vorwand von Gebet und Buße in einer Kapelle am Wege gelingt es Tristrant, durch einen Sprung aus dem Fenster seinen Häschern zu entkommen. Er trifft auf Kurvenal, befreit Isalde von den Aussätzigen und flieht mit ihr in den Wald. Mehr als zwei Jahre nähren sie sich dort von Kräutern, Jagd und Fischfang. Als Marke sie eines Morgens schlafend, mit dem entblößten Schwert zwischen sich, überrascht, glaubt er wieder an ihre Unschuld. Nach Ablauf der vierjährigen Intensivwirkung des Trankes bringt Tristrant durch Ugrims Vermittlung Isalde zu Marke zurück. Er empfiehlt seinen Hund Utant stellvertretend ihrer besonderen Liebe und wird des Landes verwiesen.

Nach kurzer Zwischenepisode in Ganoje kommt Tristrant an den Artushof und besiegt unerkannt Delekors. – Unter dem Vorwand eines Jagdausflugs nach Tintanjol arrangiert Walwan ein Wiedersehen mit Isalde. Marke ist argwöhnisch und stellt Wolfseisen auf, an denen sich Tristrant verletzt, als er versucht, zu

Isalde zu gelangen. Um den Verdacht zu verwischen, fügen sich alle Artusritter gleiche Wunden zu.

Tristrant verläßt den Artushof und gelangt nach Karahes. Nach einem siegreichen Kampf gegen Riole von Nantis heiratet er Isalde II, ohne jedoch während des folgenden Jahres die Ehe mit ihr zu vollziehen. Zu seiner Rechtfertigung beruft er sich auf Isalde I. Zur Beweisführung gegenüber Kehenis erfolgt der zweite Besuch bei Isalde I. Geheimes Treffen der beiden Liebenden im Jagdzelt (Kontrastszene: Kehenis-Gymele, Zauberkissen). Durch ein Mißverständnis wird Isalde gekränkt. Tristrant nähert sich ihr in der Verkleidung eines Aussätzigen, sie aber läßt ihn öffentlich ohrfeigen und lacht ihn aus.

[St] *Nach Karahes zurückgekehrt, vollzieht er aus 'zorn' die Ehe mit Isalde II und gelobt Kurvenal zugleich, Isalde I durch einjähriges Fernbleiben zu strafen. – Isalde bereut ihr Verhalten und schickt Piloise zu Tristrant als Vermittler* (September).

Nach Ablauf eines Jahres (Mai) kommt Tristrant in Gestalt eines Pilgers. Zusammentreffen bei einer Jagd. Nach gefährlicher aber glücklicher Flucht vor Marke kehrt Tristrant nach Karahes zurück und unterstützt dort die Versuche seines Schwagers Kehenis, sich mit Gariole zu vereinigen (Wachsschlüsselabdruck). Als er die Nachricht vom Tode seines Vaters erhält, entschließt er sich zum (vierten) Besuch bei Isalde I, diesmal als Fahrender verkleidet. Liebestreffen im Baumgarten. Antret schlägt ihn in die Flucht („Haupt und Plot"). – Tristrant fährt nach Lohnois und regelt dort innerhalb von zwei Jahren die Belange des Landes (Lehensvergabe).

Nach seiner Rückkehr besiegt er in Karahes Riole von Nantis, trägt aber eine Wunde davon, deren Heilung ein Jahr dauert. Als Narr verkleidet reist er allein zu Isalde I (fünfter Besuch) und verbringt mit ihr drei ungetrübte Liebeswochen in ihrer Kemenate.

In Karahes verhilft er Kehenis zu seinem Liebesabenteuer mit Gariole, wird dabei aber von Nampetenis mit einem vergifteten

Pfeil verwundet. Als kein Arzt zu helfen vermag, schickt Tristrant nach Isalde I. Sie kommt sofort, Isalde II aber täuscht Tristrant über die vereinbarte weiße Farbe des Segels. Tristrant stirbt an dieser Nachricht. Isalde I sinkt tot über seiner Leiche nieder. Marke wird geholt, er erfährt vom Trank und seiner Wirkung und läßt die beiden Toten in Tintanjol in einem gemeinsamen Grab beerdigen, aus dem ein Rosenbusch und eine Weinrebe wachsen, die sich unauflöslich ineinander verschlingen.

Erzählweise

Der szenische Bau der Dichtung ist durch das Programm des stofflichen Vorwurfs — die Gesamtbiographie des Helden Tristrant von seiner Geburt bis zum Tod — bestimmt. Dieser biographische Aspekt verzahnt die verschiedenartigsten literarischen Handlungsschemata zu einer kontinuierlich fortschreitenden, ausschließlich auf Tristrant bezogenen Handlungsfolge und läßt so den Strukturtypus des „Gerüstepos" zum erstenmal sichtbar werden.[39] Gemäß den Stationen von Tristrants Entwicklung gliedert sich der Stoff in drei, von je verschiedenen strukturellen Ansätzen bestimmte Teile:[40]
A. Vorgeschichte, Brautwerbung: 1. Tristrants Geburt und Erziehung (Amme-Kurvenal-Tinas) bis zur Bewährung im Morholtkampf. 2. Heilungsfahrt nach Irland. 3. Schwalbenepisode. 4. Werbungsfahrt nach Irland.
B. Intensive Trankwirkung: 1. Streben nach Vereinigung (Brangene-Komplex). 2. Kampf gegen die „*huote*" (Entdeckung durch Antret, Baumgartenszene, Mehlstreuszene). 3. Gefangennahme, Flucht und Waldleben.

[39] Hugo Kuhn, Dichtung und Welt im Mittelalter. Stuttgart 1959, S. 59.
[40] Ähnlich Hugo Kuhn, Die Klassik des Rittertums in der Stauferzeit. In: Annalen der deutschen Literatur. Stuttgart ²1962, S. 112.

Erzählweise XXVII

C. Extensive Trankwirkung: Tristrants Besuch bei Isalde II; fünffacher Szenenwechsel zwischen Karahes und Korneval: 1. Artus-Wolfseisenszene. 2. Besuch als Aussätziger, 3. als Pilger, 4. als Fahrender, 5. als Narr. — Liebestod.

Der erste Teil variiert den Typus der heroischen Brautwerbung in eine Fahrt in die Ferne ohne Ziel, wobei die Motivierung der Vorgänge durch das denkbar Unmöglichste geleistet wird: die zweimalige Fahrt übers Meer *ane sture*, die der Zufall jedesmal auf dem kürzesten Wege an das einzig gemeinte Ziel führt, ist für diesen im Zwang des Faktischen begründeten Erzählnexus charakteristisch. Im Mittelteil realisiert sich das Problem der Minne mit äußerster szenischer Präzision: der Konflikt der Liebenden zwischen Vereinigungsstreben und Bedrohung durch die Umwelt schafft den Aktionsraum. Die Schachtelkomposition des Schlußteils — der fünffache Ortswechsel zwischen Karahes und Korneval mit seinen eingeblendeten Nebenhandlungen — resultiert aus der Dreierkonstellation von Tristrant zwischen Isalde I und Isalde II.

Trotz solcher verschiedenartiger struktureller Ansätze bleibt die Einheit des ganzen ungefährdet. Sie liegt vor allem in der durchgehenden Erzählhaltung begründet, deren Eigenständigkeit sich im szenischen Gestus[41] ebenso erweist wie in der unprätentiösen Darbietung des unmittelbar Faktischen. Solche direkte Stofflichkeit läßt keine Reflexion zu (Tristrant-Tantris), selbst innere Vorgänge werden in naturalistischer Nahsicht in faktisch Prüfbares umgesetzt: diesen Naturalismus der Umwelterfahrung demonstriert vor allem der Liebesmonolog der Isalde,

---

41 Eine Untersuchung dieses Szenenstils müßte von den Abschnittsmarkierungen der Hss. ausgehen.(Siehe hierzu S. LIV ff.) Die Überprüfung der in den Fragmenten erhaltenen Abschnitte zeigt, daß mehr als die Hälfte der Einschnitte einen eindeutigen szenischen Bildwechsel kennzeichnen, etwa ein Viertel dient der Gliederung von Dialogszenen (Redewechsel).

wenn er anstelle psychologisierender Reflexion die Minne als physiologische Krankheit diagnostiziert.

Als einheitsstiftendes durchgehendes Handlungsprinzip ist vor allem das Motiv der List in seinen vielfältigen Schattierungen anzuführen. Diese unzähligen List-Anwendungen, ohne die das Handlungsprogramm im Sinne des Liebestrankes nicht gelingen könnte, brechen den an sich tragischen Stoff in allen Teilen immer wieder ins Schwankhafte auf (Wolfseisenszene, Narrenbesuch). An ihnen aber entzündet sich auch die szenische Phantasie des Dichters in einer für die volkssprachige Literatur der Zeit ungewöhnlichen Weise (Baumgartenszene, Tristrants Bettsprung).

Aus dieser unreflektierten, auf das unmittelbar Faktische und Ereignishafte konzentrierten Darstellungsweise läßt sich auch die Zeitbehandlung im Epos verstehen. Zwar sind die Ereignisse in ein weitgehend überschaubares, aus Tages- und Jahresphasen bestehendes Zeitschema eingespannt (die Gesamtdauer vom Morholtkampf bis zum Liebestod beträgt etwa zehn Jahre), doch handelt es sich trotz dieser auffallend häufigen Zeitverweise, die das Geschehen rück- und vorausdeutend verklammern, um keine Entwicklungszeit im chronikalischen Sinne, sondern nur um eine auf die jeweils erzählte Situation bezogene Stationszeit. Jegliche übergreifende Außenperspektive fehlt, auch alle Nebenhandlungen (Nampetenis, Gariole) oder gleichzeitigen Vorgänge werden in die epische Linearität von Tristrants Privatzeit, um die allein es sich handelt, aufgesogen.[42]

42 Daß die Zeitangaben nicht topisch zu verstehen sind, zeigt ihre strukturelle Bedeutung im 2. Teil des Epos bei den fünf Besuchen Tristrants bei Isalde I, die man allzu leicht als eine fruchtlose Variation derselben Grundsituation abzutun geneigt ist; ebenso wie diese Besuche immer mehr an zeitlicher Dauer gewinnen (von wenigen Stunden beim ersten Besuch über jeweils eine Nacht beim zweiten, dritten und vierten Besuch bis zu drei Wochen beim fünften Besuch) nimmt auch der zeitliche Abstand zwischen ihnen fortschreitend zu. Der erste Besuch findet wenige Wochen nach der Trennung statt, der zweite und dritte jeweils nach einem Jahr, der

Alle Aussagen über Stoffkomposition und Erzählweise, soweit sie sich auf Grund des Eilhart'schen Textes machen lassen, meinen in erster Linie seine Vorlage. Daß der Dichter ihr vermutlich sehr genau folgt, scheint seine häufig durchscheinende Ratlosigkeit gegenüber dem Stoff zu bestätigen, wenn dessen vorgangsmäßige oder symbolhafte Bedeutung ihm unverständlich bleibt (Schwertsitte). Dann stockt seine Erzählung, und in nicht immer stoffgerechter Weise distanziert sich der Erzähler vom Erzählten, wobei er mit Tadel und Kritik nicht spart. Diese nicht vollzogene Identifikation des Autors mit seiner Geschichte ist stilprägend. Darüberhinaus ist sein Text vor allem von den Merkmalen einer auf mündlichen Vortrag abzielenden Redeweise bestimmt: Quellenberufungen (die sich meist auf mündliche Vermittlung stützen), Publikumsanreden, beschwörende Ermahnungen bis hin zu fiktiven dialogischen Spielereien mit den Hörern sind spontan – noch nicht als episches Kunstmittel – in den Erzählfluß eingestreut.

Die schwierige Textsituation und der Mangel an einer gültigen Gesamtausgabe des „Tristrant" stehen allen Aufbau- und Stiluntersuchungen im Wege. Dennoch geht es nicht an, diese Fragen vorwiegend im wertenden Vergleich mit Gottfried – und das heißt in diesem Falle zugleich mit schriftlich konzipierter Epik – anzugehen, was in jedem Falle zum Nachteil Eilharts ausschlagen

---

letzte nach einem Zeitraum von mehr als drei Jahren. Daß diesen zeitlichen Attributen eine gewisse räumliche Sinnfälligkeit entspricht, hat in anderem Zusammenhang bereits Kurt Wagner festgestellt: Während das erste Treffen in der allgemeinen Schlafkemenate in der Anwesenheit Markes, König Artus' und des beiderseitigen Gefolges stattfindet, verdichtet sich die Intimsphäre des Raumes – gleichzeitig mit einer steten Minderung des Begleitpersonals – über die *vurstad* von Blankenwalde, den Baumgarten bis zum unbegleiteten Zusammensein in der Ausschließlichkeit von Isaldes Kemenate. (Archiv 91, 1936, S. 173.)

wird.[43] Nicht zuletzt kann man sich von Beobachtungen zur Erzählstruktur und zum Darstellungsstil, die die verschiedenen Überlieferungsschichten nicht außer acht lassen, auch Aufschlüsse über die nicht erhaltene Vorlage erwarten.

II. ÜBERLIEFERUNG UND TEXTKRITIK

Der vollständige Text des „Tristrant" liegt nur als Bearbeitung in der Dresdener (D) und der Heidelberger (H) Handschrift des 15. Jahrhunderts vor, der zweite Teil außerdem noch in der Berliner Gottfriedhandschrift B (in der Gottfried-Forschung mit P bezeichnet). Der alte Text ist nur in den drei Fragmenten aus Regensburg (R), Magdeburg (M) und Stargard (St) erhalten, die wahrscheinlich alle aus dem Ende des 12. Jahrhunderts stammen. Außerdem zeugen eine tschechische Übersetzung (C) aus dem 13. Jahrhundert und das gedruckte Prosa-Volksbuch (P) aus dem 15. Jahrhundert mittelbar für die ursprüngliche Fassung.

1. Textzeugen [44]

Magdeburger Fragment (= M) [45]

Berlin, Ehemalige Preußische Staatsbibliothek Ms. germ. quart. 661.

---

43 J. Gombert, Eilhart von Oberg und Gottfried von Straßburg. Amsterdam 1927; F. Piquet, Le problème Eilhart - Gottfried. Rev. Germ. 20 (1929) S. 119-132, 242-254; H. Stolte, Eilhart und Gottfried. Halle 1941; P. Jonin, Les Personnages Féminins dans les romans français de Tristan au XIIe siècle. Aix-en-Provence 1958, S. 17-58.

44 Die Angaben über die Fragmente stützen sich — unter Berücksichti-

Ende 12. Jh. Pergament. 4 Bll. = je 2 Doppelblätter einer Lage, entsprechend etwa 2809-3005 und 3404-3601. Ein Schreiber. Verse durch Punkte markiert, nicht abgesetzt. Abschnittsgliederung des Textes durch vorgezeichnete, jedoch nicht mehr ausgeführte Initialen gekennzeichnet.
Provenienz: Überzug eines Buchdeckels unbekannter Herkunft. Aufgefunden vermutlich 1821 von F. W. Wiggert in Magdeburg, zuletzt im Besitz der Preußischen Staatsbibliothek Berlin, heute verschollen.[46]
Mundart: Oberdeutsch mit niederdeutschen Elementen.[47]

Regensburger Fragmente (= Rd, Rm, Rr)[48]

Erhalten in drei Bruchstücken:
1. Rm: München, Bayerische Staatsbibliothek Cgm 5249/31. Ein Blattstreifen, entspricht 1608-1623 und 1655-1679.
2. Rd: Donaueschingen, Fürstlich Fürstenbergische Hofbibliothek Hs. Nr. 69. 1 Bl., entspricht 1726-1843.
3. Rr: Regensburg, Proske'sche Musikbibliothek beim Bischöflichen Generalvikariat, entspricht 3028-3131, 3449-3559.

> gung der späteren Forschung – auf die ausführlichen Beschreibungen in der Einleitung von K. Wagner. Für DHB konnten Mikrofilme benutzt werden, außerdem standen die von der Deutschen Akademie der Wissenschaften, Abteilung Handschriftenarchiv, freundlicherweise übermittelten Fotokopien der Handschriftenbeschreibung zur vergleichenden Benutzung zur Verfügung. – Die in den Literaturangaben verwendeten Abkürzungen sind in der Bibliographie am Schluß der Ausgabe verzeichnet.

45 Literatur: F. Lichtenstein, Einleitung S. 9 f.; K. Bartsch, Germ. 23 (1878) S. 346 f.; K. Wagner, Einleitung S. 32-38 (mit Lit.!).
46 Laut schriftlicher Auskunft der Deutschen Staatsbibliothek Berlin vom 13. 8. 1963.
47 Zur Sprache: F. Lichtenstein, Einleitung S. 9; E. Gierach, Sprache, S. 196; H. Degering, PBB 41 (1916) S. 546; G. Cordes, Sprache, S. 81.
48 Literatur: F. Lichtenstein, Einleitung S. 10; G. Jacob, Germ. 18 (1873) S. 274-281; K. Wagner, Einleitung S. 23-32.

Ende 12. Jh. Pergament. Ein Schreiber. Verse nicht abgesetzt, nur durch Punkte getrennt. Textgliederung durch Inhaltsabschnitte mit Initialen.
Provenienz: Die Fragmente entstammen einer Handschrift des Stiftes Obermünster bei Regensburg, die vermutlich gegen 1500 zerschnitten und zum Heften von Akten (Rm), als Umschlag für Akten (Rd) und als Überzug eines Hausbuches (Rr) verwendet wurde.
Rr ist heute verschollen.[49]
Mundart: Oberdeutsch (bairisch?).[50]

Stargarder Fragment (= St)[51]

Berlin, Ehemalige Preußische Staatsbibliothek Ms. germ. quart. 1418.
Ende 12., Anfang 13. Jh.[52] Pergament. 2 Doppelbll., entsprechen 7064-7524. Ein Schreiber. Verse nicht abgesetzt, aber durch Punkte, Verspaare durch Doppelpunkte geschieden. Abschnittsgliederung durch Initialen.
Provenienz: Vorsatzblätter eines Stargarder Sammelbandes aus dem Ende des 15. Jh.[53]. Das Fragment war seit 1912 im Besitz

---

49 Laut schriftlicher Auskunft von Prof. Dr. A. Scharnagl, Regensburg, vom 5. 11. 1963.
50 Zur Sprache: F. Lichtenstein, Einleitung S. 10; K. Bartsch, Germ. 23 (1878) S. 347; G. Cordes, Sprache, S. 79 f.
51 Literatur: K. Wagner, Einleitung S. 32-44; H. Degering, PBB 41 (1916) S. 538-553; A. Leitzmann, PBB 42 (1917) S. 167-173; K. Plenio, PBB 42 (1917) S. 285-287; J. van Dam, Neoph. 8 (1923) S. 20-30; ders., Vorgeschichte, S. 13-40.
52 Zur Datierung: H. Degering, PBB 41 (1916) S. 542; K. Plenio, PBB 42 (1917) S. 285-287; K. Wagner, ZfdMund. (1921) S. 124; ders., Einleitung S. 47; E. Gierach, AfdA 48 (1929) S. 117.
53 Th. Frings - G. Schieb (Sante Servatius, 1956, S. IX f.) versuchen mit nicht zureichenden Argumenten, die Handschrift mit Heinrich III. von Limburg (1167-1221) in Zusammenhang zu bringen, der seine Tochter „Isalde" nannte.

der Preußischen Staatsbibliothek Berlin und ist heute verschollen.[54]
Inhalt:
1. Bl. 1.2   460 Verse aus Eilharts „Tristrant".
2. Bl. 3ʳ   80 Verse aus einem „Siebentageszeitengedicht".[55]
3. Bl. 3ᵛ.4. 274 Verse mit dem Anfang einer „Tobias"-Dichtung des Pfaffen Lamprecht.[56]

Mundart: Mitteldeutsch (ripuarischer Schreibereinfluß).[57]

Dresdener Handschrift (= D)[58]

Dresden, Sächsische Landesbibliothek Ms. M 42.
1433 (datiert Bl. 179ʳ). Papier. Wasserzeichen: Ochsenkopf, zwischen den Hörnern gestielte siebenblättrige Blüte. 179 Bll. Zwei Hände. Zweispaltig, von 157ᵛ an einspaltig. Verse abgesetzt, Raum für Initialen ausgespart. (Tinte stark verblaßt, daher partienweise im Mikrofilm schwer lesbar.)
Verfassername: Von hobergin her eylhart. (9446 und 9456).
Provenienz: Ungeklärt. Eine Eintragung auf Bl. 179ᵛ ist mit *K v Lipsck* unterzeichnet.
Inhalt:[59]

54 Laut schriftlicher Auskunft der Deutschen Staatsbibliothek Berlin vom 13. 8. 1963.
55 H. Degering, PBB 41 (1916) S. 536 f.
56 H. Degering, PBB 41 (1916) S. 526 ff.; H. E. Müller, Die Werke des Pfaffen Lamprecht nach der ältesten Überlieferung. München 1923, S. 61 ff.
57 H. Degering, PBB 41 (1916) S. 546; J. van Dam, Neoph. 8 (1923) S. 25; G. Cordes, Sprache, S. 66-79.
58 Literatur: F. Lichtenstein, Einleitung S. 14-16; Berliner Handschriftenbeschreibung von Kurt Matthaei, 1911; H. Eggers, Die metrische Gestalt der Tristranthandschrift D. Diss. Masch. Hamburg 1944.
59 Laut J. Ch. Goetze (Merkwürdigkeiten der königlichen Bibliothek zu Dresden, Dresden 1743-1748, II. Bd. 1, S. 233-235 war der Inhalt der Handschrift früher vollständiger: dem erhaltenen Text gingen noch ein Bruchstück des „Jüngeren Titurel" und „Kleine

1. Bl. 1-86   Strickers „Karl".⁶⁰
2. Bl. 86-90   „Alexander und Antiloie".⁶¹
3. Bl. 90-156   Eilharts „Tristrant".
4. Bl. 157-179   „Zeno, oder die Legende von den heiligen drei Königen".⁶²
5. Bl. 179ᵛ   Einzelne Schreibersprüche.

Schreibereintrag:
*Expliciunt dicta Rolandi tristrandi et trium regum per manus Nicolai swertfegir de dhamis Anno domini MCCCCXXXIII feria quarta post Andree.*⁶³
Mundart: Ostmitteldeutsch.⁶⁴

Heidelberger Handschrift (= H) ⁶⁵

Heidelberg, Universitätsbibliothek Cod. Pal. germ. 346.

Gedichte" des Suchenwirt voraus, die sich heute in Abschriften des 18. Jahrhunderts (vielleicht von Gottsched?) unter der Signatur M 41 und M 203 in Dresden befinden. Während A. Arfwidsson in ihrer „Zeno"-Ausgabe, S. 36 auf einen der Handschrift beigefügten Zettel von „Schröder, Göttingen" hinweist, aus dem hervorgeht, daß die „fehlenden Teile" nicht ursprünglich zu der Handschrift gehörten, sondern offenbar nur lose mit ihr verbunden waren, rechnet W. Wolff, ZfdA 79 (1942) S. 55 f. die unter der Signatur Wien, cod. 13 711* liegende Handschrift des „Jüngeren Titurel" dem Dresdener Kodex zu. — Der Widerspruch läßt sich nur durch Autopsie beider Handschriftenteile lösen.

60 Ausgabe: Hrsg. von K. Bartsch. Quedlinburg und Leipzig 1857. Siehe auch F. Wilhelm, Die Geschichte der handschriftlichen Überlieferung von Strickers Karl. Amberg 1904, S. 58-60.
61 Abgedruckt von M. Haupt in: Altdeutsche Blätter 1, S. 250 ff. Siehe auch F. Pfister, GRM 29 (1942) S. 81-91.
62 Kritische Ausgabe, Paralleldruck der gesamten Überlieferung. Hrsg. von A. Arfwidsson, Zeno oder die Legende von den Heiligen Drei Königen. Lund 1940.
63 Der Heimatort des Schreibers *de dhamis* (= Dahme) liegt im nordwestlichen Teil der Niederlausitz.
64 Zur Sprache ausführlich: A. Arfwidsson, Zeno, S. 62-67.
65 K. Bartsch, Die altdeutschen Handschriften der Universitätsbibliothek in Heidelberg. Heidelberg 1887, Nr. 174; F. Wilken, Ge-

Zwischen 1460 und 1475.[66] Papier. (Vier Wasserzeichen.) 175 Bll. Drei Hände:[67] A: 2^r-2^v, 139^r- 161^v, B: 2^v-138^v, C: 162^v-175. Einspaltig. Verse abgesetzt. Abschnittsgliederung durch rote Initialen mit Ornamentverzierung. 20 rote Überschriften. 91 schraffierte Federzeichnungen.[68] Ein Zeichner.[69]
Verfassername: Von baubemberg segehart (bzw. Seghart).
Provenienz: „Vielleicht aus dem Besitz der Margarete von Savoyen, Gemahlin Ludwigs IV. von der Pfalz und seit 1453 Ulrichs V. von Württemberg. 1623 nach Rom, 1816 zurück nach Heidelberg".[70]
Mundart: Schwäbisch.

Berliner Handschrift (= B)[71]

Berlin, Ehemalige Preußische Staatsbibliothek Ms. germ. fol. 640.

  schichte der Bildung, Beraubung und Vernichtung der alten Heidelberger Büchersammlungen. Heidelberg 1817, S. 430 und 440 ff.; F. Lichtenstein, Einleitung S. 11-14; Berliner Handschriftenbeschreibung von G. Jungbluth, 1937.
66 Auf Bl. 174^r findet sich eine Zeichnung mit Tristrants Grabstein, darauf die Inschrift: *Anno Domini 1403* (Lichtensteins las irrtümlich 1303!). Offenbar stammt diese Jahreszahl aus der Vorlage. Zur Datierung siehe: A. Stange, Deutsche Malerei der Gotik VII. München 1955, S. 53 und H. Wegener, Beschreibendes Verzeichnis der deutschen Bilder-Handschriften des späten Mittelalters in der Heidelberger Universitäts-Bibliothek. Leipzig 1927, S. 62 f.
67 F. Lichtenstein, Einleitung S. 11 unterscheidet nur zwei Hände.
68 F. Lichtenstein, Einleitung S. 11 und H. Wegener, Bilderhandschriften, S. 62 geben irrtümlich die Zahl 93, W. Stammler, Wort und Bild. Studien zu den Wechselbeziehungen zwischen Schrifttum und Bildkunst im Mittelalter. Berlin 1962, S. 141 die Zahl 39 an!
69 Literatur zu den Bildern: A. Stange, Deutsche Malerei der Gotik VII, S. 53; W. Stammler, Wort und Bild, S. 141; H. Wegener, Bilder-Handschriften, S. 62 und 63.
70 Zitat aus der Berliner Handschriftenbeschreibung von G. Jungbluth.
71 Literatur: F. Lichtenstein, Einleitung S. 16-18; K. Bartsch, Germ. 25 (1880) S. 365-376; K. Marold (Hrsg.), Gottfried von Straßburg, Tristan I. 2. Auflage 1912, Einleitung S. 51; Berliner Handschriftenbeschreibung von Ingeburg Kühnhold, 1941.

1461 (datiert Bl. 164vb im Schreiberschluß). Papier.Wasserzeichen: Ochsenkopf (ähnlich Briquet 14 970). 164 Bll. Eine Hand. Zweispaltig. Verse abgesetzt. Abschnittsgliederung durch vorgezeichnete, bzw. ausgesparte Initialen.
Verfassernamen: Von oberengen enthartte (bzw. Ebhart!),
Schreibereintrag: Ditz büch ward uß geschriben an güttem tag nechst vor Sant kathtereinen der Lieben Jünckfrawen tag Als man zalt von cristi gepürtt viertzehundert Sechtzig vnd ain Jare von wälthterin Schŏnwalthtern von marppach dem Jüngen. (Bl. 164va).[72]
Provenienz: Aus der Bibliothek von Karl Hartwig Gregor Frh. von Meusebach, seit 1850 im Besitz der ehemaligen Preußischen Staatsbibliothek Berlin, heute: Stiftung Preußischer Kulturbesitz, Berlin-Dahlem.
Inhalt:
1. Bl. 1-139 Gottfried von Straßburg „Tristan und Isolde".[73]
2. Bl. 139-164 Schluß von Eilharts „Tristrant" ab Vers 6103.
Mundart: Schwäbisch.

Wittenberger Handschrift (verschollen)

Erwähnt im Bücherverzeichnis der Wittenberger Schloßkapelle von 1437.[74] Unter Nr. 11 heißt es dort: „Item alius liber qui incipit, *vernemit alle ich wil uch sagen* ect. Et finitur, *dem waren wigand,* Et est dictamen Tristran"[75]

---

72 F. Lichtenstein, Einleitung S. 17, vermutet Schillers Vaterstadt als Entstehungsort. Datum: Montag, 23. November 1461.

73 Handschriftensigle in der Gottfried-Literatur: P.

74 W. Fechter (Das Publikum der mittelhochdeutschen Dichtung. Frankfurt/M. 1935) vermutet, daß die Bibliothek der sächsischen Kurfürsten von Wittenberg „möglicherweise schon von den 1422 ausgestorbenen Askaniern angelegt worden war" (S. 34).

75 Mitgeteilt von K. Bartsch, Ein altes Bücherverzeichnis. Germ. 24 (1879) S. 16-21.

Fiechter Bruchstück (verschollen)

„das stift Fiecht (Viecht) bei Schwaz in Tirol besass vor jahren ein Exemplar von Besoldi Synopsis Politicae Doctrinae, Regimonti, 1647. 12⁰. auf dem deckel fand sich das fragment eines Tristan auf pergament: *Tristrant von geluppe wart so wunt Isalde machte en so wedir gesund,* usw. in 2 columnen."[76]

Tschechischer „Tristram" (= C)[77]

Überliefert in zwei Handschriften: Strahov (1449) und Stockholm (1483).
Übersetzung nach deutschen Vorlagen. Quellen:
1. C 1-106,3   Eilhart 47-2833
2. C 106,4-166,16   Gottfried 12589-12965, 13455-14029, 14239-14950
3. C 166,17-197,6   Eilhart 3638-4103
4. C 197,7-205,18   Heinrich von Freiberg 3169-3319
5. C 206,1-325,6   Eilhart 4342-6654
6. C 325,7 bis Ende Heinrich von Freiberg 4747-6817.[78]

76 Mitgeteilt von F. Lichtenstein, ZfdA 26 (1882) S. 12. - Die entsprechende Überschrift in der Heidelberger Handschrift lautet: *Trystrand von gelupp war so wund. Ysald macht in do wider gesund* (vor 1051).
77 Ausgabe: Das altčechische Tristan-Epos. Unter Beifügung der mhd. Paralleltexte hrsg. und übersetzt mit Einleitung und Wortregister von Ulrich Bamborschke. 2 Teile. Wiesbaden 1968/1969. — Dieser Text konnte in der vorliegenden Ausgabe nicht mehr berücksichtigt werden.
J. Knieschek, Wiener Sitzungsberichte 101 (1882) S. 319-438 [dazu Rezension von F. Lichtenstein, AfdA 10 (1884) S. 1-13]; ders., Mitteil. des Vereins f. Geschichte der Deutschen in Böhmen 22 (1884) S. 226-249; G. Schoepperle, Tristan I, S. 500-514; J. van Dam, Vorgeschichte, S. 40-57. — N. Banašević, Le Roman de Tristan dans les Pays slaves. BBSIA 12 (1960) S. 97-105.
78 J. Knieschek, Mitteilungen, S. 229, Anmerkung 1.

„Histori von Tristant und Ysalden". Prosaroman (= P)[79]

Bis 1500 sind zwei, bis 1664 insgesamt 14 Drucke nachweisbar.[80]
1. Bei Anton Sorg, Augsburg 1484. 4°. 187 Bll. 60 Holzschnitte. Exemplare: Berlin (Inc. 138), Paris (Bibliothèque Nationale).
2. Bei Hanns Schönsperger, Augsburg 1498. 8°. 58 Bll. 70 Holzschnitte. Exemplare: Berlin (Inc. 240), London (British Museum), Wien (Schottenkloster), New York (Metropolitan Museum of Art).[81]
Expl.: *Von dyser hystorj hat vonn erste geschriben der maister*

---

79 Ausgaben: 1. nach dem Druck von 1498: Tristrant und Isalde, Prosaroman des 15. Jahrhunderts. Hrsg. von F. Pfaff. Tübingen 1881. 2. nach dem Druck von 1484: Tristrant und Isalde, Prosaroman. Hrsg. von A. Brandstetter. Tübingen 1966. – Literatur: F. Lichtenstein, Zur Kritik des Prosaromans Tristrant und Isalde. Diss. Breslau 1877; F. Pfaff, Der älteste Tristrantdruck. Germ. 30 (1885) S. 19-55; F. Schneider, Höfische Epik im frühneuhochdeutschen Prosaroman. Diss. Bonn 1915; P. Heitz und F. Ritter, Versuch einer Zusammenstellung der Deutschen Volksbücher des 15. und 16. Jahrhunderts. Straßburg 1924, Nr. 658-667; G. Kröhl, Die Entstehung des Prosaromans von Tristrant und Isalde. Diss. Göttingen 1930; A. H. Claasen, Die Vorlage des Prosaromans von Tristrant und Isalde. Neoph. 23 (1938) S. 33-37.

80 A. Brandstetter, Ausgabe S. X ff. verzeichnet bis zu diesem Zeitpunkt 15 Drucke, doch ist es ungewiß, ob der dort unter Nr. 10 aufgeführte Druck (Frankfurt/Main 1578) wirklich existiert hat. (Siehe Heitz-Ritter, S. 13.) – Der unter Nr. 4 verzeichnete Druck ist nicht „in der Zeit zwischen 1885 ... und 1924 ... verlorengegangen", sondern befindet sich unter der Signatur 4° P. o. germ. 96^m in der Münchener Staatsbibliothek. Die bei G. Kröhl angegebene Entstehungszeit „um 1550" geht auf einen diesem Exemplar beigehefteten Brief von Dr. Richard Schmidbauer, Augsburg, vom 22. 9. 1910 zurück, der auf Grund der Druckerangabe zu dieser Datierung rät, da sich von Hans Zimmermann nur noch ein einziger weiterer Einzeldruck von 1552 nachweisen läßt. (Siehe hierzu auch J. Benzing, Die Buchdrucker des 16. und 17. Jahrhunderts. Wiesbaden 1952 und H. J. Koppitz, AfdA 80, 1969, S. 57-65.)

81 F. R. Goff, Incunabula in American Libraries. 3. Auflage New York 1964, S. 604, T 429.

*von Britanie. vnnd nach mals sein bůch gelühen einem mit namen
Filhart von oberet, der hat es darnach in reym geschriben. Aber
von der leüt wegen die sõllicher gereymter bůcher nicht genad
haben. auch etlich die die kunst der reymen nit aigentlich ver-
steen kündent hab jch Vngenannt dise Hystorj in die form ge-
bracht. Wo aber jch geirret hab bitt jch zů bessern. die dz lesen.
oder abschreybent.*[82]

2. Überlieferungs- und Wirkungsgeschichte

In zweierlei Hinsicht läßt sich der Text vom Überlieferungstypus
her in größere literarhistorische Zusammenhänge einordnen: Die
Nähe zur frühmittelhochdeutschen Literatur ist durch das Frag-
ment St angedeutet, das eine Sammelhandschrift bezeugt, die —
ähnlich wie die „Alexanderlied"-„Pilatus"-Überlieferung der ver-
brannten Straßburg-Molsheimer Handschrift und die „Floris-Ägi-
dius"-Fragmente[83] — Legendenerzählung („Tobias") mit mo-
dernstem, höfisch weltlichem Stoff zusammenstellt. Die für den
Tristrant-Text insgesamt kennzeichnende Überlieferungssitua-
tion — fragmentarische Bezeugung aus dem 12. Jahrhundert,
dann scheinbares Abbrechen der Tradition im 13. und 14. Jahr-
hundert und Neueinsatz mit Bearbeitung und Prosaauflösung im
15. Jahrhundert — ist für einen größeren Literaturkreis kenn-
zeichnend: Eine ähnlich sprunghafte Streuung läßt sich für
„Herzog Ernst", „Morand und Galie", aber auch für „Oswald"

---

82 Die letzten Worte *bitt ich zů bessern. die dz lesen. oder abschrey-
bent* scheinen auf eine handschriftliche Tradition der Prosa-Auflö-
sung vor den Drucken hinzudeuten, wie sie für andere Denkmäler
bezeugt ist. Allerdings ist auch damit zu rechnen, daß das ge-
druckte Buch in den Anfängen des Buchdrucks noch als Durch-
gangsstufe zu handschriftlicher Vervielfältigung Verwendung fin-
den konnte.
83 Siehe E. Steinmeyer, ZfdA 21 (1877) S. 307-412.

und „Orendel" feststellen, wenngleich zu berücksichtigen ist, daß in den beiden letzteren Fällen nur noch späte Handschriften erhalten sind.[84] Ungewöhnlich jedoch, und höchstens noch mit dem „Herzog Ernst" zu vergleichen, ist bei Eilhart die rasche regionale Verbreitung, wie sie die drei vermutlich alle noch aus dem 12. Jahrhundert stammenden Fragmente demonstrieren: M weist nach Magdeburg, R stammt wahrscheinlich aus bayerischem Klosterbesitz, während für St oberrheinische Herkunft zu vermuten ist.

Daß dennoch der ursprüngliche Text nur in so spärlichen und zufälligen Zeugnissen erhalten ist, legt den Schluß nahe, daß im Gegensatz zu den zum Teil sehr prachtvollen, auf optische Repräsentanz und Dauer berechneten Handschriften von Gottfried und Wolfram die schriftliche Fixierung des Eilhart'schen Textes stärker in der Funktion des unmittelbaren Gebrauchs (etwa in der Form von Repertoirebüchern?) lebte und damit gegenüber der Gottfried-Überlieferung, die bis ins späte 13. Jahrhundert hinein vermutlich ausschließlich auf Straßburg konzentriert blieb,[85] einem rascheren Verschleiß unterworfen war. Die Vermutung wird durch die äußere Form der Fragmente bestätigt: alle drei Texte sind in nicht abgesetzten (raumsparenden) Verszeilen und ohne jeden repräsentativen Anspruch auf kleine Quartblätter geschrieben.[86]

Mag der kontinuierlichen Weitergabe jener vor allem aus dem spielmännischen Bereich stammenden Texte eine starke sprachliche und formale Zeitbezogenheit im Wege gestanden haben, so

---

84 Zusammenfassend hierüber M. Curschmann in seinem Forschungsbericht: Spielmannsepik. Wege und Ergebnisse der Forschung von 1907-1965. Stuttgart 1968, besonders S. 7 ff.
85 F. Ranke, Die Überlieferung von Gottfrieds Tristan. ZfdA 55 (1917) S. 157-278 und 381-438, hier besonders S. 404 und 416.
86 Dabei wäre allerdings zu überprüfen, in wieweit solch karge Überlieferungsform grundsätzlich für die Fixierung frühhöfischer Literatur charakteristisch sein könnte.

behaupten aber das ursprüngliche Stoffverständnis und der erzählerische Zugriff eine umso ungebrochenere Aktualität und Faszination, so daß man noch unter einem sehr veränderten historischen Bewußtsein nicht nur auf die Fabel zurückgreift, sondern gleichzeitig ihre früheste volkssprachliche Versfixierung als vorgangsmäßigen Grundriß in der Bearbeitung mehr oder minder stark durchschimmern läßt. Diese ‚restaurative' Haltung ist so wirksam, daß sie auch Gattungsverschiebungen übersteht: neben dem „Tristrant" finden auch „Herzog Ernst", „Salman und Morolf", „Oswald", „Wigalois" und „Wilhelm von Österreich" in der zweiten Hälfte des 15. Jahrhunderts erneute vielfältige Verbreitung in handschriftlichen oder gedruckten Prosaauflösungen, deren textliche Abhängigkeit von den früh- oder späthöfischen Denkmälern verschieden stark, in allen Fällen aber nachweisbar ist.

Die Zählebigkeit des Eilhart-Textes erweist sich noch ein letztes Mal, wenn Hans Sachs im Jahre 1553 den Prosaroman als eine „Tragedia mit 23 Personen" zu dramatisieren unternimmt. Der Titel lautet „Von der strengen lieb herr Tristrant mit der schönen königin Isalden, unnd hat 7 actus."[87] Selbst diese Um- und Rückverwandlung der Prosaauflösung in 4hebige (!) Reimpaare bewahrt noch einzelne Worte und Wendungen aus dem alten Text!

Ein Vergleich mit diesen anderen Stoffen zeigt, daß der „Tristrant" nicht nur vermutlich der älteste, volkssprachlich fixierte epische Stoff ist, der in den Themenkreis der Volksbücher Eingang fand, sondern daß er gleichzeitig in der Prosaauflösung die größte Nähe zum Text des 12. Jahrhunderts bewahrt hat. Dadurch ist die ungewöhnliche textkritische Situation entstanden, daß das Volksbuch an vielen Stellen einen zuverlässigeren Zeu-

---

87 Hrsg. von A. Keller, Tübingen 1879 (BLV 140) S. 142 ff.

gen des ursprünglichen Wortlauts abgibt als die höfische Versbearbeitung des 13. Jahrhunderts, wie sie in den drei Handschriften des 15. Jahrhunderts vorliegt.

Der gedruckte Prosaroman aber setzt einen doppelten Schlußstrich unter die handschriftliche Tradierung des Versepos: die drei späten Handschriften sind 1433 (Dresden), 1461 (Berlin) und vermutlich zwischen 1460 bis 1475 (Heidelberg) entstanden, das Interesse versiegt also in dem Augenblick, als das Volksbuch seine erste Verbreitung findet. Gleichzeitig aber fallen die frühen Pergamenthandschriften des 12. Jahrhunderts dem Messer des Buchbinders zum Opfer und werden als Binde-Material (R und M) verbraucht oder erscheinen – wie St – als Vorsatzpapier in zeitgenössischen Bänden.

Diese wirkungsgeschichtlichen Aspekte gründlich zu bedenken, scheint angesichts der Lückenhaftigkeit der überlieferungsgeschichtlichen Zusammenhänge für alle textkritischen Entscheidungen wichtig. Für das Ausmaß des Verlorengegangenen gibt es geringe Anhaltspunkte; das scheinbare Verstummen der Überlieferung jedoch im 13. und 14. Jahrhundert ist kein absolutes. Denn abgesehen von den beiden verschollenen Wittenberger und Fiechter Handschriften ist weder die Vorlage für den tschechischen Übersetzer noch vermutlich die zu den Fortsetzungen von Ulrich von Türheim und Heinrich von Freiberg erhalten; beide haben nachweislich den Eilhart-Text für ihre Gottfried-Fortsetzung benutzt.[88] Da sich überdies keine der erhaltenen Handschriften in unmittelbare Beziehung zu- oder Abhängigkeit voneinander setzen lassen, ist notgedrungen mit sehr zahlreichen, nicht erhaltenen Zwischenstufen zu rechnen. Diese Tatsache muß davor warnen, die einzelnen Handschriftensiglen wie mathematische Größen gegeneinander ins Feld zu führen und dabei

---

[88] E. K. Busse (Ulrich von Türheim. Diss. Berlin 1913) bezeichnet Eilhart als einzige Quelle Ulrichs – H. Wiegandt, Heinrich von Freiberg und sein Verhältnis zu Eilhart. Diss. Rostock 1879.

die unterschiedliche Qualität der Zeugen, ihre sprachlichen und gattungsmäßigen Bedingtheiten zu vergessen, vor allem aber die durch die Ungunst der Überlieferung zwischen allen Texten klaffende Distanz zu überspielen.

3. Beurteilung der Handschriften und Drucke

Die Vieldeutigkeit der lückenhaften Überlieferung hat allen bisherigen textkritischen Untersuchungen große Rätsel aufgegeben. Wie verschiedenartig die einzelnen Lösungen ausgefallen sind, die die Fülle der möglichen Beziehungen kritisch zu fixieren versuchen, bezeugen die zahlreichen voneinander abweichenden Stemmata, in die die Forschung ihre Ergebnisse — graphisch oder in Worten — zusammengefaßt hat.[89]

Jeder Versuch, den textkritischen Wert der einzelnen Überlieferungszeugen zu bestimmen, muß von den 1075 durch die Fragmente bezeugten Versen ausgehen, d. h. sich auf kaum mehr als ein Zehntel des Gesamtepos beschränken. Glücklicherweise sind die Fragmente über rund 6000 Verse verstreut (von 1608-7225), so daß Gelegenheit gegeben ist, im Verlaufe des Epos sich wandelnde Verhaltensweisen formaler Natur zu überprüfen. Dank dieser breiten Streuung der Fragmentbelege werden alle übrigen Textzeugen — zumindest ausschnitthaft — kontrolliert: während DHP den gesamten Text begleiten, wird C durch etwa 180 RM-Verse, B durch den Text von St gedeckt. Diese günstige Konstellation, wie sie die Laune der Überlieferung mit sich gebracht hat,

---

89 F. Lichtenstein, Einleitung S. 18 ff.; K. Bartsch, Germ. 25 (1880) S. 375; E. Gierach, Sprache, S. 9; K. Wagner, ZfdMund. (1921) S. 126; J. Gombert, Eilhart von Oberg und Gottfried von Straßburg. Diss. Amsterdam 1927, S. 157; G. Schlegel, Eilharts Tristrant-Handschriften. Jahrbuch d. Phil. Fak. Prag 7 (1933) S. 47-51.

darf jedoch nicht darüber hinwegtäuschen, daß alle an diesem Material gewonnenen Beobachtungen und Kriterien nur mit größter Behutsamkeit auf den Gesamttext zu übertragen sind. Solche Einschränkungen haben besonders für den tschechischen „Tristram" zu gelten.

a) Die Fragmente (RMSt)

Eine Untersuchung der Fragmente zeigt, daß die Handschriften — selbst wenn man von mundartlichen Abweichungen zunächst absieht — keine einheitliche und gleichwertige Textbasis darstellen. Schon die von K. Wagner angestellten Schätzungen der reinen und unreinen Reimbindungen haben diesen Befund festgestellt: Wagner gibt den Prozentsatz der unreinen Reimbindungen im Regensburger Fragment mit 44,7, im Marburger mit 36,5 und im Stargarder mit 29,3 an.[90] Solch deutliches Gefälle von R zu St läßt entweder auf verschiedene Bearbeitungsstufen innerhalb der einzelnen Handschriften schließen oder aber resultiert aus einer im Verlaufe der Arbeit herausgebildeten veränderten Erzähl- und Reimtechnik des Autors. Diese Vermutung wird durch die Beobachtung gestützt, daß im Widerspruch zur traditionellen Auffassung, die in der Entwicklung von assonierendem zu reinem Reim eine fortschreitende Perfektion in der Sprach- und Formbeherrschung von der frühhöfischen zur klassischen Zeit sieht, in den Fragmenten zahlreiche Stellen nachweisbar sind, die bereits eine Reimreinigung erfahren haben, während sich aber die ursprünglichen Assonanzen in den späten Handschriften und in der Prosa erhalten haben. Solche reimreinigenden Eingriffe fin-

---

90 ZfdMund. (1921) S. 129. - Die Zahlen sind nur als Annäherungswerte zu verstehen. Dies umso mehr, als nicht deutlich ist, ob Wagner bei seiner Zählung den mundartlichen Sonderentwicklungen der einzelnen Handschriften Rechnung getragen und zwischen Ohren- und Pergamentreim geschieden hat.

Beurteilung der Handschriften und Drucke

den sich vor allem in M,[91] so gut wie gar nicht aber in St (vielleicht St 7127 f.). Daher ist anzunehmen, daß der verhältnismäßig hohe Prozentsatz reiner Reimbindungen in St auf die im Verlaufe der Arbeit fortgeschrittene Fertigkeit des Autors, nicht aber auf eine spätere Bearbeitungsstufe zurückzuführen ist, andernfalls hätte die ursprüngliche Form – wie am Beispiel von M abzulesen – Spuren in HDBP hinterlassen.

Einen ähnlichen Wandel zeigt auch die zunehmende Verwendung einsilbiger (stumpfer) Reime anstelle klingender Kadenzen;[92] die in RM häufigen, stark gefüllten Verse mit scharf akzentuierten beschwerten Hebungen finden sich in St immer weniger. Charakteristisch für den rhythmischen Duktus der Fragmente insgesamt ist die betonte Neigung zu langen Brechungsketten, wie sie besonders St in fast manieristischer Weise selbst in komplizierten Dialogpassagen aufweist.[93]

Um über die Abhängigkeit der Fragmente untereinander zu entscheiden, ist das Vergleichsmaterial nicht ausreichend. Die von R und M gemeinsam bezeugte Textpassage von 3449 bis 3554 (von einer kurzen Unterbrechung in M wird hier abgesehen) läßt auf Grund zahlreicher Abweichungen[94] mit ziemlicher Wahrscheinlichkeit auf voneinander unabhängige Abschriften einer möglicherweise gleichen Vorlage schließen. Die in einigen Fällen nicht übereinstimmenden Reimworte, wie sie sich gelegentlich in R und M finden, sind dem sprachlichen Unterschied zwischen dem oberdeutschen (R) und mitteldeutschen (M) Dialekt zuzuschreiben.[95] Auch reichen die Belege nicht aus, um ei-

---

91 Vermutliche Reimreinigungen in M: 2823 ff., 2865 ff., 2895 ff., 2915 ff., 2917 ff., 2969 ff., 3541 ff. und 3543 ff.
92 Kochendörffer, ZfdA 35 (1898) S. 291.
93 Zu metrischen Fragen: Lichtenstein, Einleitung S. 88 ff.; H. de Boor, Frühmittelhochdeutsche Studien. Halle 1926, S. 132 f.
94 3471, 3479 f., 3491 f., 3502, 3520 u. a.
95 3471, 3497, 3519 ff., 3543 f.

nen Zusammenhang zwischen den Fragmenten und der späteren Überlieferung zu belegen, wie es A.Claasen für R und P versucht hat, die aufgezeigten Übereinstimmungen sind gegen den Verdacht des Zufalls nicht hinreichend gefeit.[96]

b) Die Handschriften des 15. Jahrhunderts (DHB)

Das Verhalten der jüngeren Handschriften zum Wortlaut der Fragmente läßt sich durch einige konkrete Angaben definieren: Der durch die Fragmente bezeugte Text hat sich in D in rund 200, in H in etwa 250 wörtlichen Verszeilen erhalten. Die Differenz zwischen D und H resultiert nicht so sehr aus einer größeren sprachlichen Selbständigkeit von D, sondern aus dem Umstand, daß in D rund 165 Verse (das sind etwa 15% des Gesamtbestandes)[97] ausgefallen sind,[98] während H nur durch 15 Zusatzverse vom Textbestand der Fragmente abweicht. In quantitativer Hinsicht also kann H als zuverlässiger Spiegel der alten Überlieferung gelten.

Dresdener Handschrift. Die Kürzungen in D lassen keinerlei

---

96 A. Claasen, Die Vorlage des Prosaromans von Tristrant und Isalde. Neoph. 23 (1938) S. 33-37.
97 Bei dieser Angabe sind die zahlreichen inhaltlichen Zusammenziehungen von zwei oder drei Versen in eine stark gefüllte Zeile nicht berücksichtigt.
98 Es gibt zu denken, daß auch das Bruchstück des ursprünglich der Dresdener Handschrift eingebundenen „Jüngeren Titurel" eine empfindlich gekürzte Textfassung bietet, worauf W. Wolff, ZfdA 79 (1942) S. 55 und 56 ausführlich hinweist. Dasselbe gilt auch für den „Zeno"-Text: die Charakteristik, die A. Arfwidsson auf Seite 51 der Einleitung ihrer Ausgabe gibt, stimmt genau zum Stil des „Tristrant". Offensichtlich liegt dieser Handschrift (oder ihrer Vorlage) ein einheitliches künstlerisches Konzept zugrunde, auf das alle Texte ausgerichtet wurden. Es müßte sich lohnen, den inhaltlichen und formalen Traditionen und Verwandlungen der einzelnen Stücke dieser Sammelhandschrift im Zusammenhang nachzugehen.

konsequentes Verfahren erkennen; der Bearbeiter verfolgt seine Absicht mit ziemlicher Willkür, einzig wohl bemüht, keine inhaltlichen Lücken entstehen zu lassen. Wo dennoch solche erscheinen, handelt es sich meist um Übertragungsfehler bzw. Schreibernachlässigkeit, so z.B. 7122-7124. Die straffere Erzählführung wird durch Textsprünge von ein bis acht Zeilen und zahlreiche prall gefüllte Verse erreicht, wobei der Anschluß an den Erzähltext (vor allem im Reimschema) häufig durch eine resümierende Zeile geleistet wird. Mit gewisser Konsequenz fallen den Kürzungen vornehmlich Dialogpassagen zum Opfer, so 7097 ff., 7139 ff., 7171 ff., 7227 f., 7287 ff., u. a. In quantitativer Hinsicht ist somit H auf weite Strecken hin der einzige Zeuge, der den alten Wortlaut mit annähernder Texttreue spiegelt. Diesem Vorteil der größeren Textvollständigkeit in H steht die durchweg bessere Textqualität in D gegenüber, die sich 1. in der konservativeren Bewahrung alter Reime, Formen und Fügungen, 2. bei selbständigen Textänderungen und 3. im Zusammenhang mit metrischen Besserungen erweist.[99] Diese lectiones difficiliores (1608, 1609, 1779, 7093, 7208 u. a.) sind allerdings zur besonderen Charakteristik des D-Redaktors bzw. spätmittelalterlicher Bearbeitungstendenzen relevanter als für die Textgeschichte des „Tristrant", da sie naturgemäß ausgesprochenes Sondergut darstellen, das in textkritischer Hinsicht nicht weiterführt.

Heidelberger Handschrift. Paart sich also in D die größere Textqualität mit einschneidenden Kürzungen, die häufig nur mit Hilfe von H als solche zu erkennen sind, so ist die zuverlässige Vollständigkeit von H ihrerseits durch das geringere Niveau des sprachlichen Gestus relativiert. H bestätigt in dieser Hinsicht den

---

99 Den Nachweis der metrischen Besserungen, die vor allem auf eine Beseitigung der klingenden Kadenzen abzielen, hat H. Eggers (Die metrische Gestalt der Tristranthandschrift D. Diss. Masch. Hamburg 1944) mit vollständigem Belegmaterial geführt.

nicht selten zu beobachtenden Tatbestand, daß der textkritische Wert illuminierter Handschriften oft spürbar hinter dem repräsentativen Anspruch zurücksteht. Dieses qualitative Gefälle zeigt sich in den „grobmundartlichen" Entstellungen des Textes ebenso wie in den zum Teil höchst ungeschickten, über D weit hinausgehenden reimreinigenden Bestrebungen, die sehr häufig den ursprünglichen Text in nichtssagende oder unverständliche Verse verwandelt haben. Wo aber H — durch keine alten Assonanzen gestört — dem ursprünglichen Wortlaut folgt, geschieht dies mit größter Texttreue, weshalb die kritische Ergänzung der Fragmente sich häufig auf H stützen kann.

Berliner Handschrift. Ein Vergleich der gemeinsamen und der voneinander unabhängigen Lücken in D und B wirft ein deutliches Licht auf das Verhältnis dieser beiden Handschriften: von den durch D und B gemeinsam bezeugten 460 St Versen fehlen in D 88, in B 63 Verse, aber nur 29 davon sind als übereinstimmende Kürzungen anzusehen. Neben diesen gemeinsamen Kürzungen, die auf eine verwandte Durchgangsstufe schließen lassen, findet sich auch eine Reihe gemeinsamer Lesarten gegenüber HStP, so besonders 7096 ff., 7181, 7195, 7279 f. (Zusatzverse), 7403, 7519 ff., die die Texte von D und B gegenüber H enger zusammenrücken, doch kann dieser Zusammenhang nicht über die spätere Sonderentwicklung der beiden Hss. hinwegtäuschen: der textkritische Wert von B bleibt wegen unzähliger Fehler, Ungenauigkeiten, Sinnentstellungen und nichtssagender Aufschwellungen weit hinter dem von D zurück. Die Handschrift bietet für die Textkonstitution nur sehr wenig Material, das über den Bestand von DH hinausgeht.[100]

Wenngleich sich ein Teil der späteren Abweichungen in HDB vom Wortlaut der Fragmente mit so verbindlichen Kriterien wie

---

100 Daß K. Bartsch in Germ. 25 (1880) S. 365-376 den Wert von B stark überschätzte, hat der nachträgliche Fund von St inzwischen bestätigt.

Reimreinigung, Verdeutlichung oder Raffung begründen läßt, gelingt es dennoch nicht, auch nur einen dieser Bearbeitungsimpulse als durchgehendes Prinzip nachzuweisen. Zwar sind alle diese Anlässe in allen Handschriften mit unterschiedlicher Intensität und Konsequenz wirksam. Wie aber die Vielfalt der wechselnden Verhaltensweisen zeigt, läßt sich sehr selten nur aus der sprachlichen oder formalen Verfahrensweise einer Handschrift eine über die spezielle Einzelstelle hinausreichende Verbindlichkeit ableiten, wie sie als Grundlage für textkritische Entscheidungen an weniger einsichtigen Stellen unbedingt erforderlich wäre.[101]

c) Die Prosa (P)

Wie bei der textkritischen Einschätzung von C ist auch bei P der veränderten Gattung Rechnung zu tragen, auf deren Kosten zahlreiche Abweichungen, Kürzungen und Ergänzungen zu setzen sind, die nichts mit einer besseren oder schlechteren Vorlage zu tun haben. Die Diskussion über die Frage, welcher Vorlage der Vorrang der größeren Ursprünglichkeit gebührt, ist in der Forschung gelegentlich so vorbehaltlos geführt worden, als wären die Fragmente und PC nicht durch fast 300 Jahre und – im Falle von

---

[101] Diese Inkonsequenz zeigt sich am deutlichsten in der willkürlichen Behandlung der Reime. So wird beispielsweise der Reim *habin: sagin* (bzw. *dagin, iagin*), der insgesamt zwölfmal erscheint, in B jedesmal, in H achtmal, in D viermal ersetzt und viermal gestrichen, während ihn H gleichzeitig viermal, D fünfmal bewahren. Ähnliche Beispiele ließen sich in großer Zahl anführen. Gelegentlich wird Reimreinigung als Anlaß zu Änderungen erheblich in Frage gestellt dadurch, daß der neue Text unter Umständen stärker assoniert als der ursprüngliche. In alledem wird deutlich, daß ein verwandeltes Kunstverständnis vom 13. zum 15. Jahrhundert diese Verwirrung hervorgerufen haben muß, so daß ursprüngliche Assonanzen, reimreinigende Bestrebungen im 13. Jahrhundert und formales Desinteresse in späterer Tradierung bisweilen eine nicht mehr aufzulösende Kontamination eingegangen sind.

P — eine völlige Verschiebung der ursprünglichen Gattung und Stillage geschieden.

Die Gegenüberstellung der Prosa mit der übrigen Überlieferung zeigt, daß der textkritische Unterschied zwischen P und C durch ähnliche Eigenschaften bestimmt ist wie der von D zu H: auf der einen Seite finden sich Passagen, in denen P über mehrere Zeilen hin eine mot-pour-mot Prosa-Auflösung einer den Fragmenten gleichzusetzenden Vorlage bietet, die man fast mühelos, ohne Kenntnis des gereimten Textes, in die alte Form der vierhebigen Reimpaare zurückdichten könnte (so z. B. 2912 ff., 3030 ff., 3543 ff.). Diesen für die Textkonstitution so kostbaren Passagen aber stehen eine Fülle von Kürzungen (1608 ff., 1772 ff.), Aufschwellungen (1726 ff., 3090 ff.), Reflexionen (2838 ff.) und Umstellungen (1808 ff.) gegenüber, die bis zur freien Nacherzählung reichen. P ist daher punktuell und besonders dort, wo das prüfende Korrektiv der Fragmente gegeben ist, von großem Nutzen; wo aber dieser Maßstab fehlt, vor allem aber, wenn es um größere Textzusammenhänge und Echtheitsfragen in HDB geht, wird die Stütze von P zweifelhaft. Ein überschlagsweiser Vergleich der rund 180 von C bezeugten Verse in C und P zeigt, daß den Kürzungen von insgesamt vier Zeilen in C das Fehlen von etwa 65 Versen in P gegenübersteht, wozu noch die zahllosen nur sinngemäß, nicht aber wörtlich wiedergegebenen Zeilen kommen.[102]

Eine zuverlässige und dem Original nahestehende Textvorlage von P ist nicht zu bezweifeln, das beweisen vor allem zahlreiche in P gegenüber DH bewahrte Assonanzen. Da der Prosa-Autor aber grundsätzlich ungleich souveräner mit seiner Vorlage verfährt als der tschechische Übersetzer, frei umschreibend, kürzend und erweiternd, wo dieser der Vorlage zu folgen ängstlich

---

102   In P fehlender Text: 1608-19, 1661-69, 1742-48, 1771-79, 1782-91, 1800-1802, 1806 f., 1811 f., 1828-33.

bemüht bleibt, kann man nicht umhin, den textkritischen Wert von P (gegen van Dam) entsprechend einzuschränken: P ist unentbehrlich, wenn es gilt, in einzelnen Fällen die ursprünglichere Lesart zu bestimmen, mit skeptischer Zurückhaltung nur zu befragen, wo man spätere Bearbeiter-Zusätze vom Originaltext scheiden möchte.

d) Der tschechische „Tristram" (C)

Bei C handelt es sich um die Übertragung eines mittelhochdeutschen Textes in eine andere Sprache, und damit zugleich in einen anderen Traditionsbereich. Dieser Entstehungsform sind auf Grund sprachlicher Schwierigkeiten (auch C übersetzt in vierhebige Reimpaare!) und sachlicher Mißverständnisse eine Fülle von Änderungen anzulasten, die gewissermaßen zwangsläufig und ohne redaktionelle Absicht unterlaufen und als solche auch leicht aufzudecken sind. (Aus diesem Grunde ist die C-Gläubigkeit von Knieschek von vornherein als Anachronismus abzuweisen.) Zum andern aber ist dieser tschechische „Tristram" ein Konglomerat aus drei verschiedenen Vorlagen, das zwei durch ein ganzes Jahrhundert voneinander getrennten Bearbeitern zugeschrieben wird.[103] Es ist zu vermuten, daß der zweite Bearbeiter, der bald nach dem Liebesmonolog der Isalde mit seiner Arbeit einsetzt, den Text seines Vorgängers, der sich am unmittelbarsten und ausschließlich an Eilhart orientierte, überarbeitet hat. Stellt man dazu noch in Rechnung, daß wir den Text in einer — wenn auch wortwörtlichen — neuhochdeutschen Rückübersetzung für unsere Zwecke nutzbar machen, so wird deutlich, daß diese zwiefache sprachliche Umsetzung einen schwer zu fixierenden Unsicherheitsfaktor in alle textkritischen Vergleiche bringt.

---

103 J. Knieschek, Der tschechische Tristram. Mitteilungen des Vereins für Geschichte der Deutschen in Böhmen 22 (1884) S. 226-249.

Diese Vorbemerkungen scheinen darum nötig, weil manche früheren Textuntersuchungen C so vorbehaltlos auswerteten, als handele es sich um einen den alten Fragmenten ebenbürtigen Text.

In Anbetracht dieser besonderen Bedingungen ist das Ergebnis, das ein Vergleich der von C und RM gemeinsam bezeugten Passagen liefert, überraschend. Wenngleich diese Beobachtungen wegen des spärlichen Vergleichsmaterials (180 Verse!) keinen exemplarischen Wert besitzen, so vermitteln sie doch Einblick in die für den ersten Teil von C symptomatische Verfahrensweise des Übersetzers, deren Kenntnis in vielen Fällen präzise Rückschlüsse auf die mhd. Vorlage möglich macht.

Der textkritische Wert von C läßt sich durch folgende Fakten eingrenzen: 1. In C fehlen alle Verse, die sich über die Fragmente hinaus in HD finden: 1659, 1665 f., 1670 f., 1674 f., 1759-61, 1789 f., 1801 f., 1806 f. Damit ist die grundsätzliche Nähe von C zur Überlieferungsstufe der Fragmente gesichert, zugleich aber auch eine Kontrolle für die gelegentliche Aufschwellungstechnik in HD geliefert. 2. In den zur Diskussion stehenden 180 Versen sind in C nur insgesamt vier unübersetzt geblieben: 1655, 1742 f., 1790. Dieser Befund klingt verführerisch und könnte die von Knieschek (SB, S. 341) aufgestellte, von Schoepperle (II, S. 476-518) und van Dam (Vorgeschichte S. 40-57) aber widersprochene Auffassung neu bestätigen, daß C keine „systematischen Kürzungen" vornimmt, d. h. daß C den Wortlaut der Fragmente zuverlässig spiegelt. Eine Untersuchung des gesamten C-Textes bis zum Liebesmonolog der Isalde jedoch ergibt ein weniger eindeutiges Bild.[104] 3. Während die unter 1. aufgeführten gemeinsa-

---

104 In den Zeilen 1-2830 (= Liebesmonolog) finden sich in C gegenüber DH 24 mehr als dreizeilige Textlücken, die nicht durch übersetzungstechnische Schwierigkeiten zu erklären sind:
1: Prolog 1-46; 2: Marke braucht Hilfe 60-70; 3: Klage um Blancheflur 105-121; 4: Beschreibung der Reisevorbereitungen 244-251; 5: Beschreibung des Pferdestalles auf dem Schiff 254-264; 6: Wie-

men Lücken in C und in den Fragmenten gegen HD ein überraschend einheitliches Bild entwerfen, das die Nähe der Vorlage von C mit den Fragmenten zu bestätigen scheint, finden sich andererseits doch eine Reihe von wörtlichen Übereinstimmungen von C mit D und (oder) H gegen den Wortlaut der Fragmente, die vor allzu großer Vereinfachung der handschriftlichen Zusammenhänge warnen: 1615-1617 (H), 1620a (HD), 1668 (H), 1727-1729, 1736, vielleicht 1771 (oder Lesefehler?), 1782 (HD), 1812 (D), 1839 und 1841 f. (D). Bei der Beurteilung dieser Stellen allerdings ist umso größere Vorsicht geboten, als hier der Zufall ebenso Ursache sein kann wie die oben skizzierten verschiedenen Sprachimpulse, die den Text geformt haben. Nicht immer wird man daher, wie Knieschek es wollte, in Überein-

derholung des Motivs der Namensverschweigung 280-283; 7: 307-310; 8: Vorausnahme von 696-699; 692-695; 9: Vorbereitung zum Kampf 737-778; 10: 792-797; 11: Wiederholung, Moroltrede 842-845; 12: Details der Kampfschilderung 855-858, 861; 13: Klage um Tristrant 1076-1081; 14: Harfen-Motiv 1127-1139; 15: Klage 1140-1144; 16: Beschreibung der Reisevorbereitungen 1260-1268; 17: Rede Markes 1416-1420; 18: Stichomythie Tristrant - Isalde 1917-1924; 19: Stichomythie Marke - Isalde 1996-2001; 20: 2018-2021; 21: Tristrants Verteidigung vor Marke 2171-2183; 22: 2300-2303; 23: Fahrt zu Marke 2305-2426; 24: 2331-2335.

Auf Grund der Überlieferungssituation muß davon ausgegangen werden, daß a) alle in P und C übereinstimmenden Lücken als Interpolation von DH anzusehen sind: das trifft für die Stellen 1, 2, 4-8, 11, 12, 15, 17, 18 (nur H), 20 und 24 zu. Dieser Verdacht wird durch stilistische Beobachtungen gestützt: häufig handelt es sich um Sinnwiederholungen von bereits Gesagtem ohne sachlichen Fortschritt (Nr. 6-8, 11, 12, 18), oder aber der interpolierte Zusatz wird durch eine resümierende Zeile zusammengefaßt, die als Gelenkformel fungiert und den Anschluß an die alte Vorlage zu leisten hat (Nr. 3, 4, 9 und 17). b) Um Kürzung von C handelt es sich dagegen in allen Fällen, in denen der HD-Text durch P bestätigt wird: Nr. 3, 9, 10, 13, 14, 16, 18, 21 und 22. Diese größeren Lücken betreffen vor allem Reden und ausführliche Beschreibungen. c) In 3, 9, 21 und 23 greifen C-Kürzung und HD Interpolation so undurchsichtig ineinander, daß eine Rekonstruktion des Ursprünglichen nicht mehr möglich ist.

stimmungen von HDC das Ursprüngliche suchen dürfen, um dadurch den Wert der Fragmente durch den Verdacht der „Überarbeitung" in Frage zu stellen.

So unzureichend das vorhandene Material für eine zulängliche Beurteilung auch sein mag und so wenig es daher angängig ist, die Beobachtungen an den rund 180 altbezeugten Versen als verbindlich für die Arbeitsmethode von C anzusetzen, so läßt sich dennoch festhalten: 1. das offensichtliche Bemühen von C, sich — sei es aus künstlerischem Unvermögen oder bewußter Texttreue — mit peinlichster Genauigkeit an die Vorlage zu halten und, wo Schwierigkeiten des Verständnisses oder der sprachlichen Bewältigung Auslassungen nötig machen, sie durch ergänzende Zusatzverse auszugleichen, 2. daß die Vorlage von C auf der Überlieferungsstufe der Fragmente anzusetzen ist, auch wenn die Metamorphosen des Textes dies nicht mehr überall klar erkennen lassen.

4. Abschnittsgliederung in den Handschriften und in der Prosa

Die äußere Gliederung des „Tristrant", wie sie sich in Handschriften und Drucken darstellt, ist in textkritischer Hinsicht ebenso aufschlußreich wie für Probleme des Aufbaus und der Erzählweise. Da die unzureichende Kennzeichnung der Abschnittsgliederung in der Ausgabe von Lichtenstein zu mancherlei Fehldeutungen geführt hat,[105] soll die Tabelle (s. S. LVI) eine ge-

---

105 Lichtenstein kennzeichnet durch großen Anfangsbuchstaben, „wo in D der Anfangsbuchstabe für den Rubrikator herausgerückt ist", durch großen Buchstaben und Einrücken, wo D und H in der Bezeichnung der Abschnitte übereinstimmen. (S. 29 im Apparat.) Während letztere Absicht konsequent durchgeführt ist, verfährt Lichtenstein mit der in diesem Zusammenhang aufschlußreicheren Handschrift D sehr nachlässig. Die Großschreibung als Abschnittskennzeichnung in D ist typographisch unzulänglich: da auch Ei-

naue und vollständige Übersicht über die Abschnittsmarkierungen in sämtlichen Texten geben.

Wie die tabellarische Übersicht zeigt, entspricht Lichtensteins Verfahren, nur die in HD gemeinsam überlieferten Absätze in seinem Text mit Deutlichkeit zu kennzeichnen, nicht den ursprünglichen Gliederungsprinzipien. Vielmehr ergibt die Gegenüberstellung, daß von den 27 in den Fragmenten vorhandenen Abschnitten sich — mit einer einzigen Ausnahme in Vers 3029 — alle auch in D erhalten haben, während H nur mehr 10 davon bezeugt.[106] Diese Zahlen spiegeln ziemlich genau das Gesamtbild der Überlieferung: von den insgesamt 235 in D bezeugten Abschnitten werden in H 84, also ebenfalls nur ein gutes Drittel bewahrt. (Die in H vorhandenen späteren Überschriften treffen häufig, aber nicht konsequent, mit ursprünglichen Absätzen zusammen.) Daß die Textgliederung in der Dresdener Handschrift von allen drei Fragmenten bestätigt wird, spricht sowohl für das konservative Verhalten von D als auch für die Ursprünglichkeit der auffallend kleinteiligen Abschnittsgliederung des Epos.[107]

gennamen und syntaktische Neueinsätze von Lichtenstein mit großen Anfangsbuchstaben ausgezeichnet werden, ist Mißverständnissen und Fehldeutungen reichlich Anlaß gegeben, wie sie sich vor allem in den Arbeiten von H. Gumbel, Absatztechnik bei Eilhart von Oberg. ZfdPh 55 (1930) S. 268-290, und B. Mergell, Tristan und Isolde. Mainz 1949, hier besonders S. 69-76, finden.

106 M 3001 und St 7241 müssen ausscheiden, da die Beschädigung der Fragmente keine eindeutige Lesung zuläßt.

107 Die zuverlässige Übereinstimmung von D mit allen Fragmenten widerlegt auch die Behauptung Wagners, daß die Gliederung in St nicht in erster Linie nach inhaltlichen, sondern vielmehr nach ästhetischen Gesichtspunkten durchgeführt sei. Die Länge der Abschnitte, deren Initialen in St „in möglichst gleichen Abständen" gesetzt werden sollten, schwankt aber zwischen 28 bis 48 Verszeilen, was selbst bei nicht abgesetzter Schreibweise schwerlich in eine optisch einheitliche Gliederung zu zwingen ist. (Wagner, Einleitung S. 42.)

Tabellarische Übersicht über die Abschnittsgliederung in allen Texten

Vers	RMSt	D	H	B	P
1619	A	A	A(Ü)[108]		
1759	A	A	A		
1815	A	A	A		
1841	A	A			
2831	A	A			
2863	A	A	A		A(Ü)
2897	A	A			
3001	(?)	A			
3029	A				A(Ü)
3061	A	A			
3081	A	A			A(I)
3113	A	(A)[109]			
3449	A	A	A		
3489	A	A			
3523	A	A			
3573	A	A			
7081	A	A	A		
7101				A	
7127	A	A	A(Ü)		A(Ü)
7157	A	A			
7185	A	A		A	
7215	A	A		A	
7241		A			
7259	A	A			
7307	A	A	A		A(I)
7343	A	A		A	
7373	A	A	A	A	
7413	A	A		A	
7445	A	A		A	A(Ü)
7493	A	A	A		

108 Ü = Überschrift. I = Große Initiale nach Absatz.
109 Wegen Kürzung in D findet sich der Abschnitt 3113 dort erst 3119.

III. ZUR AUSGABE

1. Das editorische Ziel

Auf Grund der vieldeutigen Überlieferung wurden zwei Wege der Textkonstitution immer wieder zur Diskussion gestellt: 1. die Rückgewinnung des Originals mit Hilfe der Prosa,[110] 2. die Rekonstruktion des vermeintlichen Archetypus der Bearbeitung DHB. Diesen zweiten Weg hat die einzige bisher vollständige „Tristrant"-Ausgabe von Lichtenstein beschritten und den fiktiven Archetypus „X" auf der Basis von D herzustellen versucht. Wo aber D kürzt, ergänzt Lichtenstein durch HB und eigene Zutaten, er konjiziert, wenn die jüngere Überlieferung nicht genügend „alterthümliches Gepräge" trägt. C und St waren ihm noch unbekannt, den Prosaroman läßt er unberücksichtigt.[111] Die Fragmente R und M werden auf Grund ihrer Erstveröffentlichung in metrisch geglätteter Form geboten, auch hier greift der Herausgeber konjizierend ein, wo ihm das angestrebte Original bereits durch Überarbeitung verstellt scheint. Man hat Lichtenstein nicht zu Unrecht mangelnde Sorgfalt in der Apparatgestaltung und methodische Inkonsequenz bei der Textherstellung vorgeworfen.[112] Der durch seine Ausgabe hervorgerufene Methodenstreit[113] ist bis heute ebensowenig entschieden, wie seine unzu-

---

110 Dies hielt K. Bartsch in Germ. 23 (1878) S. 349 für möglich, anders aber E. Schröder, DLZ 4 (1883) Sp. 579, der die Rückgewinnung des Originals „ein eitel Ding" nennt.

111 F. Lichtenstein, Zur Kritik des Prosaromans Tristrant und Isalde. Diss. Breslau 1877.

112 K. Bartsch, Germ. 23 (1878) S. 351-360, hat solche Ungenauigkeiten in großer Zahl an Hand der ersten 1000 Verse nachgewiesen, woraufhin Lichtenstein eine Liste mit Verbesserungen nachlieferte.

113 Die von Bartsch als Gegner der Scherer-Schule angezettelte Polemik, in der sachliches Engagement und Konkurrenzneid (auch Bartsch hatte gleichzeitig mit Lichtenstein eine Ausgabe vorberei-

längliche Edition durch eine bessere ersetzt werden konnte.[114]

Lichtensteins Rekonstruktion des Archetypus „X" hat in der Forschung nahezu den Wert einer realen Größe angenommen und bis heute behauptet und als solche mehr Fehldeutungen als Erkenntnisse gefördert. Sein heuristischer Wert aber ist so lange zweifelhaft, bis nicht der Nachweis erbracht ist, daß man wirklich mit einem maßgeblichen Bearbeiter für die Spätfassungen zu rechnen hat. Wegen der divergierenden Verhaltensweisen von DHB bleibt diese Annahme aber Hypothese.

Auch gegen die andere Möglichkeit, den immer wieder geforderten Versuch, eine kritische Herstellung des Originals (zumindest für die Fragmente) anzustreben, sprechen ähnliche Argumente. Zwar greift man vermutlich im gemeinsamen Text aller Zeugen einen Wortlaut, der mit einigem Recht für den Text des Archetypus zu halten ist, von dem RMSt als Abschriften mit leichten Bearbeitungsspuren abzuleiten sind, doch reicht das vorhandene Material bei weitem nicht aus, diesen ursprünglichen Wortlaut zurückzugewinnen. Auch methodische Bedenken sprechen gegen einen solchen Versuch: denn die eigentliche Überlieferungs- und Wirkungsgeschichte des Textes, aus der wir unsere Kategorien beziehen, hat sich nicht am Original, sondern in der dialektgeographisch nicht fixierbaren Vielfalt zeitlich und regional weit verstreuter Zeugen vollzogen. Das Nebeneinander solcher Überlieferungsbreite zu erkennen und unretuschiert festzu-

---

tet, die nie erschienen ist) jegliche wissenschaftliche und menschliche Fairneß aus den Augen verloren, wurde vor allem in der Germania und in der ZfdA ausgetragen: K. Bartsch: Germ. 23 (1878) S. 345-361, Germ. 25 (1880) S. 365-376, darauf die Entgegnung Lichtensteins: ZfdA 26 (1882) S. 1-18, die Bartsch seinerseits quittiert in Germ. 27 (1882) S. 359-367, worauf Lichtenstein AfdA 8 (1882) S. 374 noch einmal pariert.

114 An Versuchen und Vorankündigungen hat es nicht gefehlt, siehe K. Bartsch, Germ. 23 (1878) S. 361; E. Gierach, AfdA 48 (1929) S. 115; H. Eggers, Euphorion 45 (1950) S. 277 und K. Wagner.

halten, sichert mehr literarhistorische Realität als die Rekonstruktion eines mit noch so viel philologischer Akribie bewiesenen vermeintlichen Originals.

Die vorliegende Ausgabe verfolgt daher vor allem zwei Ziele:
1. Eine möglichst objektive und übersichtliche Bereitstellung der gesamten handschriftlichen und gedruckten Überlieferung in den durch die Fragmente bezeugten Passagen. Eine solche vollständige Darbietung aller Textzeugen in möglichst zeilengetreuem Paralleldruck ist die Voraussetzung für eine genaue Überprüfung der Verhaltensweisen der einzelnen Textzeugen, die zu kennen für die Beurteilung der rund achttausend Verse des Gesamtepos, die nicht durch die alte Überlieferung kontrolliert werden können, unerläßlich ist.

2. Wiederherstellung und Ergänzung der rund fünfhundert durch das Messer des Buchbinders zerstörten Fragmentverse. Da es sich bei den Fragmenten um Bruchstücke dreier Hss. verschiedener Provenienz – d. h. auf jeden Fall verschiedenen Lautstandes, vermutlich aber auch verschiedener Bearbeitungsstufen – handelt und eine Einigung über den Dialekt des Originals bis heute nicht erzielt worden ist, muß auf eine „kritische" Herstellung des Originals im Sinne der klassischen Textkritik verzichtet werden. Vielmehr sind die notwendigen Textergänzungen im Einklang mit dem Gebrauch der jeweiligen Handschrift vorzunehmen. Ein solches Verfahren unterstellt zwar der einzelnen Handschrift eine größere Konsequenz, als ihr nachweislich zugestanden werden darf, dennoch kann aus methodischen Gründen von solcher Normierung der Formen und Fügungen nicht abgewichen werden.

Ein weiteres Problem liegt in der Gefahr allzu großer Beliebigkeit der Ergänzungsmöglichkeiten. Dieser scheinbaren Beliebigkeit jedoch sind Grenzen gesetzt: einmal die mehr oder minder große Übereinstimmung der übrigen Textzeugen und deren Verhalten an parallelen Stellen, zum andern aber die von Wagner auf

Grund der Originale vorgenommene Abschätzung oder Auszählung der weggeschnittenen Buchstaben, die keine allzu großen Über- oder Unterschreitungen des ursprünglichen Wortlautes zulassen. — Ein metrisches Idealschema wurde nicht angestrebt.

Dieses Editionsverfahren — Paralleldruck der kritisch revidierten und ergänzten Gesamtüberlieferung[115] — scheint nicht nur für die durch die Fragmente bezeugten Passagen angemessen. Die Rekonstruktion eines Archetypus von DHB ist aus überlieferungsgeschichtlichen Bedenken abzulehnen, eine Entscheidung für D oder H aber bietet den Text entweder in qualitativ guter, aber stark gekürzter Form oder aber zwar vollständig, doch auf bedeutend niedrigerer Qualitätsstufe. Eine Kontamination aus beiden aber kommt nicht zuletzt wegen der verschiedenen mundartlichen Herkunft nicht in Betracht. Mit andern Worten: der von einer großen zeitlichen und formalen Fluktuation der Textzeugen geprägten Überlieferungssituation ist weder durch eine kritische Rekonstruktion einer fiktiven Überlieferungsphase noch durch einen einzelnen gebesserten Handschriftenabdruck gerecht zu werden. Einzig die übersichtliche Darbietung der gesamten Zeugen vermag das durch die Ungunst der Überlieferung lückenhafte Bild so zu ergänzen, daß der Leser für das Fehlen einer guten und vollständigen alten Handschrift entschädigt ist, indem ihm die Möglichkeit geboten wird, den gesamten Prozeß der Tradierung nachvollziehen zu können.

Der textkritische Kommentar dient vor allem der Rechtfertigung der Textergänzungen in den Fragmenten. Diese Ergänzungen haben Entwurfscharakter und sind — wo ihre Genese sich

---

115 Einen ähnlichen Weg beschreitet A. Arfwidsson in vorbildlicher Weise mit ihrer „Zeno"-Ausgabe (Lund 1940), wobei sie allerdings noch einen Schritt weitergeht und den parallelen Abdruck der gesamten Überlieferung durch den Versuch einer Rekonstruktion der gemeinsamen Vorlage der W-Gruppe (S. 85) krönt. Die „Zeno"-Überlieferung bietet diesem Unterfangen einen weit besseren Rückhalt, als es beim „Tristrant" der Fall ist.

nicht unmittelbar aus der Synopse der Überlieferung erklärt — textkritisch zu begründen und gegebenenfalls gegen Alternativvorschläge der Forschung abzusichern. Zudem schien es im Hinblick auf die nicht durch die alte Überlieferung gesicherten Textpassagen wichtig, in charakteristischen Fällen auf die unterschiedlichen Verhaltensweisen der einzelnen Zeugen hinzuweisen. Diese Beobachtungen sind nur exemplarisch, nicht vollständig mitgeteilt. Wort- und Sacherklärungen sind angeführt, wo die handschriftliche Verwendung vom lexikalischen Gebrauch abweicht oder in den Handbüchern nicht berücksichtigt ist.[116] Außerdem wird auf mundartliche Besonderheiten hingewiesen, soweit sie für die einzelnen Fragmente charakteristisch sind oder auf eine Differenzierung zwischen Vorlage und Schreiber hinzudeuten scheinen.

In allen Fällen wurde die vorliegende Forschung vollständig berücksichtigt, an allen einschlägigen Stellen ausdrücklich auf sie verwiesen.

2. Zum Druckbild des Textes

Fragmente: Der Text beruht, da die Hss. mit Ausnahme von Rd und Rm seit dem letzten Krieg verschollen sind, auf dem diplomatischen Abdruck von Kurt Wagner und bietet so eine im allgemeinen buchstabengetreue Wiedergabe der Handschriften, einschließlich übergesetzter Buchstaben. Folgende Änderungen gegenüber der Überlieferung wurden ohne Nachweis im Apparat durchgeführt: 1. Auflösung aller Abkürzungen. 2. Großschreibung von Eigennamen. 3. Die Worttrennung und Wortverbindung wurde, da sie in den Hss. nicht immer deutlich zu unter-

---

116 Entgegen der Vermutung im Quellenverzeichnis des „Lexer" (I, S. XV) stammen die im Wörterbuch verzeichneten Eilhart-Belege nicht aus der Heidelberger, sondern aus der Dresdener Handschrift, auf die sich auch die angegebenen Verszahlen beziehen.

scheiden ist, sinngemäß durchgeführt. 4. Im Hinblick auf die Ergänzungen wurden folgende orthographische Eigentümlichkeiten, die in den Hss. nebeneinander und ohne Unterscheidung gebraucht werden, sachgemäß geregelt: *u, v* und *i, j* wurden nach ihrem Lautstand geschieden, graphisch ausgespartes *u* nach *w* ergänzt, ſ und *s* einheitlich durch *s* wiedergegeben.
Alle Eingriffe in den hs. Text sind kursiv gedruckt, Textergänzungen des Herausgebers ohne hs. Grundlage stehen zudem in eckigen Klammern, Korrekturen an den Hss. sind im Apparat nachgewiesen. Außerdem werden dort abweichende Lesartenvorschläge der Forschung verzeichnet, insofern sie zu einer weiterführenden Diskussion beitragen.

HDB

Die Texte von HD sind handschriftengetreu wiedergegeben, diakritische Zeichen, die besonders in H vielfältig, inkonsequent und mit unterschiedlicher lautlicher Relevanz verwendet werden, sind soweit wie möglich beachtet. Alle Kürzel wurden aufgelöst. B, dessen Text auf mit D verwandte Vorstufen schließen läßt, aber weit unter dessen Qualität zurückbleibt (siehe S. XLVIII f.), wird unredigiert in diplomatischem Handschriftenabdruck wiedergegeben.
Vorsichtige Textkorrekturen in DH, die sich auf offensichtliche Versehen und gröbere syntaktische und grammatikalische Verstöße beschränken, sind kursiv gesetzt und die handschriftliche Variante im Apparat aufgeführt. Sinnentstellungen bleiben weitgehend unangetastet, da die bessere Version sich in jedem Fall unschwer aus der vollständig dargebotenen Überlieferung erschließen läßt.

Die Prosa (P)

Der Prosatext folgt dem ältesten Druck von 1484 nach der Ausgabe von Alois Brandstetter. In der Prosa erhaltene Reimwörter aus den Fragmenten sind gesperrt gedruckt.

Tschechischer „Tristram" (C)

Dem deutschen Text des tschechischen „Tristram" liegt die Übersetzung von J. Knieschek zugrunde. Geringfügige Korrekturen, die sich bei einer kritischen Überprüfung ergaben, wurden berücksichtigt.[117] Die gesperrt gedruckten Wörter kennzeichnen die Reimwörter des tschechischen Originals, soweit sie in der deutschen Übersetzung nicht am Schluß des Verses erhalten werden konnten.

Für alle Texte gilt:
1. Groß- und Kleinschreibung: Einheitlich in allen Texten wurde Großschreibung der Namen durchgeführt. Im übrigen bleiben die Eigentümlichkeiten der einzelnen Zeugen gewahrt: RM markieren Absatz, St Verspaare, HDB jede Reimzeile durch großen Anfangsbuchstaben. Ob der scheinbaren Willkür von P dennoch ein Prinzip zugrundeliegt, ist einstweilen ungeklärt.
2. Interpunktion: Die auch hier auffällige Systemlosigkeit von P ist zum Teil vermutlich auf satztechnische Ursachen zurückzuführen, zum Teil aber akzentuieren die Satzzeichen noch alte Reimzeileneinheiten. Trotz des erschwerten Verständnisses schien es daher sachgerecht, auf regulierende Eingriffe zu verzichten. Die übrigen Texte wurden – mit Ausnahme des diplomatischen Abdrucks von B – vorsichtig nach modernem Gebrauch interpungiert.
3. Verszählung: Aus praktischen Gründen werden alle Texte auf die Verszählung von Lichtenstein bezogen (linke Randzählung).

---

[117] Der Vergleich der Übersetzung mit dem tschechischen Original konnte mit der freundlichen Hilfe von Fräulein cand. phil. Cornelia Schacht durchgeführt werden.

Bei der Prosa muß man sich daher mit unregelmäßigen Versverweisen als erster Orientierungshilfe begnügen. Von Lichtenstein unberücksichtigt gebliebene Verse werden mit a, b, c ergänzt. Den Fragmenten wurde außerdem die Zählung von Wagner, dem C-Text die Zählung von Kniescheks Übersetzung beigefügt (rechter Rand), auf die Brandstetter-Zählung wird bei der Prosa in eckigen Klammern verwiesen. Auslassungen ganzer Verszeilen sind durch Leerzeile, Zusammenziehungen mehrerer Zeilen in D in eine Zeile durch stufenweises Einrücken gekennzeichnet.

Tabellarische Übersicht über die Fragmente, ihre Überlieferung und Inhalte

Frgg.	Lichtenstein		Überlieferung	Szene
Rm^r	I	1608-1623	C D H P	Vorbereitung zum Drachenkampf
Rm^v	II	1655-1679	C D H P	Sieg über Drachen
Rd	III	1726-1843	C D H P	Falsche Ansprüche des Truchseß. Isalde findet Tristrant.
M 1^r	IV	2809-2853	C* D H P	Hochzeitsnacht. Brangenes Stellvertretung.
M 1^v	V	2863-2995	D H P	Isaldes Mordanschlag auf Brangene.
M 2^r	VI	2911-2955	D H P	Brangenes Verteidigung.
M 2^v	VII	2963-3005	D H P	Brangenes Rettung.
Rr 1	VIII	3028-3131	D H P	Versöhnung. Tristrants Stellung am Hof.
M 3/4	IX	3404-3601	R** D H P	Baumgartenszene.
St		7064-7524	B D H P	Tristrant vollzieht Ehe mit Isalde II. Zweiter Besuch bei Isalde I (Pilger).

* C bis 2833
** Rr2 = 3449-3559

Synoptischer Text

(R, M, St; C, B)

[Li.]	**Rm^r**	[Wa.]
1608	] da war*t* abir wol schin,	1
1609	daz der herre Tristrant	2
1610	was ein chůne wigant.	3
1611	er gedaht er wold sinen lif	4
1612	wagen umb daz magedin	5
1613	und ioh durh den willen,	6
1614	daz die sin gesellen	7
1615	des baz gedingen můsen.	8
1616	und sold er den lip verliesen,	9
1617	daz taete er vil gerne von dem wurme,	10
1618	den *daz* er an wer sturbe.	11
1619	Zehant des morgens vrů	12
1620	do wafenot sih dar zů	13
1620a	Tristrant der helt gůt	14
1621	vil hart vlizichliche	15
1622	und reit vil manliche,	16
1623	wan er was ein chůn degen.	17
1624	aleine reit er after [*wegen*].	18

Rm^V

1655	. . .] svert in der hant.	1
1656	ioh brant der serpant	2

Rm
1608 war.
1617 gerner *Li.*
1618 daz *fehlt.*

D
1609 vnvorverthe.

[Li.]	C		[Kn.]
1608	Da ward wieder offenbar,		
1609	daß dem Tristram das garnicht furchtbar war,		
1610	und daß der weise Mann	58,1	
	war aller Tapferkeit voll.		
1611	Er gedachte bei sich und sagte:		
1612	„Ich werde wagen mein Leben		
1613	und will mich deshalb der Not unterziehen,		
1614	ob ich könnte meine Genossen befreien		
1615	vom Tode und von dieser großen Not		
	und von aller Arbeit.		
1616	Das will ich freiwillig lieber tun.		
	Denn es wird mir auch zu sterben lieber sein		
1617	im Kampfe mit diesem bösen Wurme,		
1618	als daß ich hier ohne Kampf überwältigt würde."		
1619	Gleich morgens sehr früh		
1620	seine Rüstung ward zugerichtet.		
1620a			
1621	Mit dieser rüstete er sich tüchtig zu		
1622	und ritt dorthin sehr tapfer.		
1623	Und wie er war ein tapferer Mann,		
1624	dorthin ritt er auf diesen Weg allein.		

1655	
1656	So verbrannte ihm Sarpand der Drache

H
1616 im *fehlt*.
Nach 1618 Überschrift:
    Trystrand erschlůg den serpant
    Vnd ward by der schartten erkant.

1657	daz ros undir im ze tôt.		3
1658	an lief in der helt gůt.		4
1659	er hiv in vil vaste		5
1660	mit dem besten sahse		6
1661	daz inchein sin genoz trůch.		7
1662	sva man iz mit zorne slůch,		8
1663	dar ne mohte niuht vor bestan.		9
1664	der helt do den sich genam.		10
1665			
1666			
1667	den chŏft er vil tiure,		11
1668	wan er was von dem fiure		12
1669	nah ze tode verbrunnen.		13
1670			
1671			
1672	er sneit im uz die zungen		14
1673	und stah si in sin hosin.		15
1674			
1675			
1676	do chert er gegen einem mose.		16
1677	da wold er sih chůlen.		17
1678	do war der *helt* schone		18
1679	von dem fiure s[*war*]z [*a*]ls [*ein*] b[*rant*].		19

Rm
1678   helt *fehlt*.

D
1661   Dar.
1673   an.

1657		sein gutes Pferd, daß er allein stand, / daß es da unter ihm auf der Stelle starb, / weshalb er viel übles litt.
1658		Zu Fuß lief auf den Drachen der Held tapfer
1659		und verwundete ihn mit dem Schwerte sehr,
1660		dem allerbesten, allerschärfsten - man hätte es ihm nicht mit purem Gold bezahlt -
1661		wie kein Mann ein so gutes hatte, mit dem man so hauen konnte.
1662		Denn rasch vertilgte er den Drachen / und verwundete ihn mit dem Schwerte an der Seite.
1663		Es konnte vor ihm nichts bestehen, 61,1 es mußte alles auseinander gehen.
1664		Da nahm Herr Tristram den Sieg.
1665		
1666		
1667		Doch kam ihm dies freilich teuer;
1668		denn von dem Feuer dieses Drachens
1669		war er beinahe zu Tode gebrannt.
1670		
1671		
1672		Dann schnitt er ihm aus dem Rachen die Zunge
1673		und steckte sie in die Tasche in den Beutel.
1674		
1675		
1676		Und es wandte sich der Held zum Wasser,
1677		damit er von diesem Brennen nicht käme zu Schaden.
1678		Da ward der Held so verbrannt,
1679		daß er davon war wie eine Kohle schwarz.

C
Nach 1664 Überschrift: Da tötete Tristram den Sarpand und ward von ihm sehr verbrannt.

Rd

1726	. . .] im gaebe sin tohter	1
1727	der chu[nic]h erne mohte	2
1728		
1729	des niht wol wider chomen.	3
1730	ioh het er gerne baz vernomen	4
1731	wer den trachen slůge.	5
1732	„daz waere vil ungevůge,"	6
1733	sprah der truhsatze,	7
1734	„daz ih mih vermeze,	8
1735	ob iz waere gelogen."	9
1736	den herren het er nah betrogen.	10
1737	er want iz war waere.	11
1738	der chunich do daz maere	12
1739	siner tohtir selbe sagete,	13
1740	daz der truhsatze habete	14
1741	si gewunnen ze wibe	15
1742	mit sin selbes libe	16
1743	vil harte maenliche	17
1744	und sprah offenliche,	18
1745	er sold si im ze wibe geben.	19
1746	ŏch mohte si in gern nemen,	20
1747	wan er het erslagen den serpant.	21
1748	do sprah diu vrowe al zehant:	22
1749	„vater, daz gelŏbet mir,	23
1750	erne hat niht rehte gesaget dir!	24

Rd
1734   mih des vermeze *Li.*
1737   er wânde daz ez *Li.*

3b	C	*Falsche Ansprüche des Truchseß*

	...
1726	dass er ihm seine Tochter wolle geben.
1727	Er gab ihm darauf die Antwort,
1728	dass er ihm das alles erfülle.
1729	
1730	Aber der König wollte gerne Sicherheit gewinnen,
1731	wer den Drachen mochte erschlagen.
1732	Da sagte der treulose Schaffner:
1733	„Das wären sonderbare Nachrichten,
1734	dass ich dürfte je sagen
1735	eine Lüge und dies als Wahrheit erzählen."
1736	Und damit täuschte er den König so,
1737	dass er glaubte, es wäre Wahrheit.
1738	Da begann der König diese Mären
1739	selbst seiner Tochter sagen,
1740	dass der Schaffner, sein Dienstmann,
1741	sie erwarb für sich zur Frau.
1742	
1743	
1744	Und er begann offen zu sprechen zu ihr,
1745	dass er sie solle haben zur Frau,
1746	und sie ihn könnte gerne nehmen,
1747	denn er habe sich nicht gefürchtet,
	diesen Drachen zu töten.
1748	Es zögerte darauf die Jungfrau nicht
	zu antworten: 64,1
1749	„König, Vater! du kannst das wohl glauben,
1750	dass er ihn selbst nicht tötet hat,

1726	[718] hiermit kam er zům küng vermanet den seiner gelübt vnd das er jm sein to ch te r geben solt. dem küng wz aber sŏllichs nit vermeint. das er sein tochter seinem trucksåssen solt geben. Auch so wisset er vormalen sŏllicher manheyt
1744	von jm nicht. darumb widerriet er das vnd saget jm o ffe n - lich. er gelaubet sŏlliches von jm nit. vnd in het ein ander

1751	ioh begieng er nie dehein vrumicheit.	25
1752	wa nam er nu die manheit,	26
1753	daz er in torste bestan?	27
1754	nu la dinen mût zigan	28
1755	und vernim die warheit rehte:	29
1756	sage dem gûten chnehte,	30
1757	daz er bite biz morgen vrû."	31
1758	do tet der chunich also.	32
1759		
1760		
1761		
1762	Der truchsatze manete	33
1763	den chunich des er habite	34
1763a	gelobet mit siner warheit.	35
1764	im was innechliche leit	36
1765	daz er iz so lange vriste.	37
1766	nu vernemet, mit welhen listen	38
1767	vrowe Ysalde do ervûre	39
1768	ob er den trachen slûge.	40
1769	si sprach zû Peronise	41
1770	daz er braehte lise	42
1771	driu phaerith als iz tagete.	43
1772	Brangenen si do sagete	44
1773	einer ir junchvrŏwen,	45
1774	si wold selbe schŏwen	46
1775	wie der wurm gewunt waere.	47
1776	Peronis, der chameraere,	48
1777	der brahte diu pharit fro.	49

C
Nach 1767 Überschrift: Da wollte die Jungfrau Izalda fahren, wo der Drache erschlagen war.

D
1770 balde *statt* pferde.

4b   C *Falsche Ansprüche des Truchseß*

1751   denn er begieng nie eine Tüchtigkeit.
1752   Wie durfte er nun diese Mannestat verrichten
1753   und den wilden Drachen bestehen?
1754   Lass jetzt deinen Gedanken fahren
1755   und vernimm die Wahrheit recht
1756   und sage dem guten Knechte,
1757   dass er bis morgen lasse seine Frist."
1758   So tat der König ihm das,
1759   und keine Antwort gab er darauf.
1760
1761
1762   Dann begann der Schaffner den König zu mahnen,
1763   was er ihm versprochen,
1763a dass er ihm wolle erfüllen.
1764   Das war ihm zu hören leid;
1765   denn er dürfte sie nicht so lange betriegen.
1766   Nun vernehmet das alle, wie mit sehr grosser List
1767   die Jungfrau Izalda das erfuhr,
1768   ob er den Drachen erschlug. Sie sagte
1769   zu Permenys, ihrem Kämmerer,
1770   dass ihr die Pferde wären bereit, wenn es sein wird
1771   morgen sehr früh, wenn es schon Tag würde.   65,1
1772   Zu Brangenena, ihrer Kammerfrau, sie sagte:
1773   „ob der Schaffner den Drachen erschlug,
       das weiß ich nicht,
1774   doch will ich das selbst morgen sehen,
1775   wie dieser Drache erschlagen worden."
1776   Permenis brachte der Frau
1777   die Pferde früh,

1752   [736] Wo nam der nun sŏllich m a n h e i t. der doch ye eyn
       zag gewesen ist. gelaubet es nicht. Jch weiß das er den Ser-
       pant nicht erschlagen hat. auch in hat nye getürren ansehen.
       Got wŏl. das der held funden werd der den wurm erschlagen
1813   hat. jch hab aper sorg. der verzagt bŏßwicht hab in e r s c h l a-
       g e n. wo er in in vnkrefften ligend funden hat. Sŏlich rǎt sy
       wol von warn schulden. wann er vnd sein helffer. sůchten
1715   fleissiklichen nach jm. vnd wo sy in f u n d e n hetten.
       wŏlten sy in ertŏt haben. vnd als sy nicht vanden. meinet der
1719   trucksǎß alle seine not ü b e r w u n d e n haben. Darumb was
       er mit worten so kěck gegen dem künig. vnd getrauet nicht

5a	Rd Isalde findet Tristrant	

1778	uf sazen si do	50
1779	und riten geliche.	51
1780	diu schone vrǒwe riche	52
1781	Tristrandis slawe do gesach.	53
1782	ze Peronise si do sprah:	54
1783	„sih, wa diz ros was beslagin,	55
1784	daz den helt ha[t her] getragen,	56
1785	der den trachin bestůnt!	57
1786	daz ist uns allen wol chunt:	58
1787	man besleht niht diu ros hie.	59
1788	svane so er chomen si,	60
1789	dirre der hie geriten is,	61
1790	des sit ze war gewis,	62
1791	der h[a]t geslagen den serpant."	63
1792	do quamen die vrǒwen al zehant	64
1793	da der trache lach tôt.	65
1794	do vunden sie den schilt gůt	66
1795	verbrunnen also garwe,	67
1796	daz si in bi der varwe	68
1797	ne mohten niht erchennen.	69
1798		
1799		
1800	ǒch lach daz ros besenget,	70
1801		
1802		
1803	daz si chûme erchanden,	71

Rd
1794 schilt *von späterer Hand aus ursprünglichem* helt *korrigiert.*

C Isalde findet Tristrant

1778	auf die er mit Brangenena sich setzte,	
1779	und sie ritten hin ganz heimlich,	
1780	wo dieser Drache lag.	
	Die Jungfrau, des Königs reiche Tochter	
1781	verfolgte da Tristrams Spur,	
	und als sie dieselbe ganz erblickte,	
1782	sagte sie zu Brangenena unverzüglich:	
1783	„Sieh, wie war dies Pferd beschlagen,	
1784	auf dem hieher gekommen war der heldenhafte Mann,	
1785	der den Drachen bestand / und ihn des Lebens beraubte!	
1786	Doch uns ist das wol bekannt:	
1787	So beschlägt man bei uns die Pferde nicht.	
1788	Woher er immer gekommen ist,	
1789	der, der hier geritten ist,	
1790		
1791	der hat diesen Drachen erschlagen /	66,1
	und ihn seines Lebens beraubt."	
1792	Und es ritten gleich die Jungfrauen dorthin,	
1793	wo des Drachen toter Leib lag.	
1794	Da fanden sie einen Schild gut	
1795	vom Feuer sehr verbrannt,	
1796	und sie konnten nach seiner Farbe	
1797	nicht haben eine Unterscheidung	
1798	(wessen Schild das mochte sein	
1799	oder woher er mochte dorthin kommen).	
1800	Und auch erblickten sie dort	
1801	sein armseliges Ross,	
1802		
1803	dass sie es kaum unterschieden,	

D
1783	Urspr. beslayn was *durch Verweisungszeichen* a *über* was und b *über* beslayn *umgestellt.*
1798	daz.
1802	erntstlichen.

H
1789	her.
1791	der.

1804	daz iz in dem lande	72
1805	niht was gezogen.	73
1806		
1807		
1808	„owi, war ist der helt chomen	74
1809	der ditze ros her reit?"	75
1810	sprah diu vrowe gemeit,	76
1811	„wie gern ih daz wiste."	77
1812	si sprah aber enrihte:	78
1813	„in habent die mordaere erslagen.	79
1814	er liget hie etteswa bigraben!"	80
1814a		
1815	Zů Peronis si do sprah,	81
1816	daz er suhte daz grab,	82
1816a	ob er iz vinden mohte.	83
1816b	sie sprah, sver so sŏhte,	84
1817	daz er funde den degen,	85
1818	si wold im hundirt mark geben.	86
1818a		
1818b		
1819	do ne sohten si niht lange,	87
1820	ê Brangene cham gegangen	88
1821	zů dem mose da er lach.	89
1822	diu junchvrowe in gesah	90
1823	den helm glizen	91
1824	sam ein carbuncel wîze.	92
1825		

D
1811   gerne] daz ich dez.

	C Isalde findet Tristrant
1804	dass in diesem Lande das Pferd nicht war
1805	aufgezogen noch wußten, woher es gekommen wäre.
1806	
1807	
1808	Und sie sagten: „O weh! wohin ist der Held gekommen,
1809	der dieses Pferd hatte?
1810	
1811	Weh mir! wie gerne würde ich ihn sehen,
1812	ob ich ihn lebend fände!
1813	Vielleicht haben ihn diese Treulosen getötet
1814	und irgendwo heimlich begraben."
1814a	
1815	Zu Permenis sie begann zu reden,
1816	dass er wollte das Grab suchen,
1816a	ober es könnte wo finden, 67,1
1816b	
1817	und wenn er ihn irgend fände,
1818	dass er dafür ein großes Geschenk erhalte,
1818a	
1818b	sie wollte ihn reich machen,
	dass er ihr müßte dafür danken.
1819	Da suchten sie ihn sehr lange, bis sie suchend
	zur Seite auseinander liefen.
1820	Dann lief Brangenena dorthin
1821	zum Sumpfe, da wo Tristram lag.
1822	Da erblickte ihn die Jungfrau bald
1823	und sah den Helm leuchtend wie Gold.
1824	Bald kam sie dorthin zu ihm
1825	und fand ihn noch lebend.

C
Vor 1820 Überschrift: Da fand Brangenena Tristram.

1826		
1827	„ih han den helt funden	93
1828	vil harte ungesunden.	94
1829	nu chomit ilande here,	95
1830	ob ir in mohte ernern!"	96
1831	sprah diu gůte Brangene.	97
1832	der vrowen wart vil liebe	98
1833	do si des siechen wart gewar,	99
1834	vil schier cham si dar.	100
1835	den helm si im ab bant.	101
1836	do gehorte wol Tristrant,	102
1837	daz da waren vrowen.	103
1838	uf warf er die ŏgen	104
1839	und vragete, wer da waere,	105
1840	der im den helm naeme.	106
1841	Diu vrowe antwurt im do:	107
1842	„ne habe ne hein vorhten nu	108
1843	er wirt [. . .	109

D
1841   jn. entworcht.

7b	C	*Isalde findet Tristrant*

1826	Zu ihrer Frau sie eilte,
1827	keine Verzögerung sie tat und sagte zu ihr:
	„Ich habe diesen Helden gefunden
1828	und gar sehr ungesund:
1829	darum eile schnell zu ihm,
	wenn du ihm Gesundheit gönnen willst,
1830	ob wir ihn irgendwie heilen können
	und damit seine Gesundheit verlängern."
1831	
1832	Der Jungfrau war dies sehr lieb, und auf alle
	Weise war ihr das angenehm. 68,1
1833	Und als ihn die Jungfrau erblickte,
1834	sprang sie zu ihm sehr schnell.
1835	Seinen Helm band sie ihm vom Kopfe los,
1836	und mit weißer Hand verband sie seine Wunden.
	Das hörte Herr Tristram wohl,
1837	daß dies Jungfrauen wären,
1838	und fragte sie, weshalb sie zu ihm gekommen
	wären - aufblickend -
1839	und warum sie zu ihm gekommen wären
1840	und den Helm ihm vom Kopfe genommen?
1841	Die Jungfrau ihm da antwortete:
1842	„Hab keine Furcht, das wisse,
1843	daß dein Helm dir wird gegeben ...

M 1ʳ

2808	...	
2809	[*Tristr*]ant zu sime heren:	1a
2810	„waz m[*ac*]h iz uc[*h gewerren,*	1b
2811	des uch diu frowe heizit biten,	1
2812	daz ir irn [*lantsiten*	2
2813	*mit*] ir wellent began?"	3
2814	do vragite der cůning [*san,*	4
2815	*was siten*] ir lant habite.	5
2816	Tristrant ime sagete,	6
2817	da[*ne sold niht*] lihtis sin,	7
2818	suwenne so diu cůnigin	8
2819	z[*ů dem ersten bi im lege*],	9
2820	durh daz si nieman ne sage	10
2821	biz si [*morgens wider uf*] stunde.	11
2822	wie wol er ir des gunde,	12
2823	sprac[*h der cůning zuo*] sineme neben.	13
2823a	er wolt im den gewa[*lt geben,*	14
2823b	*daz er*] selbe were	15
2824	des nahtis kamerere.	16
2825	daz [*er diu liht leschte*],	17
2826	wann er wol weste,	18
2827	wie iz gescien solt[*e*	19
2828	*und suwaz diu*] frowe wolte,	20
2829	daz er daz alliz tete,	21

M
2820 sêge *Li.*
2821 biz siu morgens ûf gestunde *Li.*

8b C *Hochzeitsnacht*

2808
2809 Da sagte Tristram zu dem Könige klug:
2810 „Du kannst das tun wohl,
2811 was sie dich bitten wird,
2812 das kann dir nicht schaden,
       daß du ihr das zu liebe tust   105,1
2813 und ihres Landes Sitten nicht veränderst!"
2814 Da fragte ihn der König, dass er ihm das zeige,
2815 welche Gewohnheit das sein sollte.
2816 der er sich sollte unterziehen. / Da sagte ihm Tristram:
2817 „Es soll da kein Licht sein, das weiß ich,
2818 wo meine Jungfrau mit dem Manne liegen
2819 und das erste Nachtlager mit ihm soll haben,
2820 damit sie niemand sehe,
       daß sie sich davon nicht schäme".
2821
2822 Es sprach der König zu seinem Neffen,
       indem er ihm darauf seine Hand gab:
2823 „Diese Gewohnheit will ich nicht ändern,
2823a
2823b
2824 und du sei ihr Kämmerer
2825 und lösche die brennenden Kerzen!"
2826 Tristram wußte wohl von dieser Sache:
2827 das mußte alles sein,
2828 was der Frau gefallen konnte.
2829 Das tat er alles,

2830	m[it vliz er in des bete].	22
2831	Der kamerere Tristrant	23
2832	sich der kameren underwant.	24
2833	da der ců[ning slafen solde],	25
2834	lazin er des niht ne wolde	26
2834a	des im s[in herre gebot],	27
2834b	suwi di frowe duhte gůt,	28
2835	also tet er [rehte iren wil]len.	29
2836	Brangenen br[a]cht er stille	30
2837	ze b[ette deme cůnin]ge.	31
2838	daz was diu meiste trugine,	32
2839	di [Tristrant ie ge]tete,	33
2840	wan er rehte an der selbin stete	34
2841	[lag bi siner] frowen.	35
2842	doch ne was iz niht unt[ruwe,	36
2843	wan er] tet iz ane sinen danc.	37
2844	der vil uns[elige tranc]	38
2845	het iz an die rete bracht.	39
2846	rehte an der m[itternacht]	40
2847	do quam Brangene gegan.	41
2848	ir frow[en hiez siu uf]stan,	42
2849	daz siu gienge ze ir man.	43
2850	su[s wart das ane]gevan,	44
2851	daz der cůning wart bet[rogen.	45
2852		
2853	do was Tristrant] in deme hove	46
2854	ein jar so steticlich. [	47

M
2830 unde niht wider hete *Ho*.
2834a des im sagite sîn muot *Li*.
2845 in *statt* iz *Li*. brach *M*.

H
2836 er *fehlt*.

9b   C *Hochzeitsnacht*

2830	auf keine Weise er das änderte.	
2831	Der Kämmerer Tristram da	106,1
2832	der Kammer selbst sich unterwandt.	
2833	Als der König sollte schlafen gehen ...	
2834		

*(Ende des tschechischen
‚Tristram' nach der
Vorlage von Eilhart.)*

2831	[1417] Her Tristrant was nun kamerer vnnd stůnden alle geschǎfft in seiner hand. Auch was der nun füran tet gen der
2834b	küngin. het er gůt recht. wann es in der küng vor geheyssen
2834a	vnd gebeten het. der vnderstůnd sich der kemnaten. fůrt
2837	dem küng Brangeln zů pedt. vnd lag er bey der küngin. dicz
2838	was vnd ist die größt betrieglicheyt. die her Tristrant ye
2839	gethet. doch mag

M 1ᵛ

2863	[*Darnach uber*] niut lang	1
2864	gewan diu frowe den [*gedang,*	2
2865	*daz*] man Brangenen solte totin	3
2866	mit vil [. . .	4
2866a	*und*] harte unscone.	5
2866b	daz wurde ir ze [*lone,*	6
2867	*daz si i*]r gedienet habite.	7
2868	sie vorhte, daz si von [*ir sagite,*	8
2869	*suwaz*] siu von ir wiste,	9
2870	und wolde ir mit [*liste*	10
2871	*den lip a*]ne gewinnin.	11
2872	daz waren ubile min[*nen!*	12
2873	*zuwen*] armen riteren siu bot	13
2874	- daz si ir te[*tin den tot -*	14
2875	*s*]echzik marh silberis.	15
2876	iene weren [*willig des*].	16
2877	si lobitin, daz si taten,	17
2878	suwes sie di[*u frowe bate.*	18
2879	*d*]az silbir siu in ze hant gap	19
2880	unde [*wisete sie an*] eine stat,	20
2881	daz si hůtin eines brun[*nen,*	21
2882	*und suw*]er den wolte *h*ollin,	22
2883	daz sie ime na[*men den lib*],	23
2884	iz were man eder wib,	24
2885	und ir [*diu leberen b*]rachten.	25
2886	iene zuwene dachten	26
2887	an [*daz silbir vil*] harte.	27

M
2863 abir *Li.*
2866 unsanften nôten *Ho.*
      unsanftem môte *Ba. Li.*
2871 abe *Li.*
2876 waren *Li.*
2882 wollin *M.* wellin *Li.*

10b *Isaldes Mordanschlag auf Brangene*

D
2875　　jm.

H
2870　　ir *fehlt*.
2875　　sú *fehlt*.

11a   **M**   *Isaldes Mordanschlag auf Brangene*

2888	sie hůbin sich zů der warte,	28
2889	[*da diu cůnigin*] si legite.	29
2890	ze Brangenen siu redite,	30
2891	[*daz ir unsa*]nfte were.	31
2892	daz clagite vil sere	32
2893	[*Brangene diu*] getrůwe.	33
2894	do sprach diu falsce fro[*we*,	34
2895	*daz siu i*]r holite des brunnin,	35
2896	der uzir [*deme bomgar*]ten queme gerunnin	36
2897	[*Brangene des*] niwt ne liez	37
2898	des diu cuniginne [*sie hiez.*	38
2899	*ein*] goltvaz siu an die hant gevienc,	39
2900	[*in den bo*]mgarten siu gieng	40
2901	und wolde scef[*fen des br*]unnin.	41
2902	iene zuwene quamen ge[*sprungin*].	42

M 2^r

2911	]sus sprach [*di juncfrowen:*	1a
2912	„*ich engelde miner grozin trů*]wen.	1
2913	min frowe heizit mich [*irslan.*	2
2914	*nu sult*] ir uwer tugent began	3
2915	und tů[*t iz durch die gotes*] hulde,	4
2916	wane ich ne mach iz ni[*t versculden*,	5
2917	*und*] lant mich leben eine wile,	6
2918	und [*einer zů der cůnigin*] ile	7
2919	und ie, daz ich irsclagen si.	8
2920	u[*nd sage ir da bi*	9

M
2898	ir *Li.*
2911	*fehlt Li.*
2912	grozin *fehlt Li.*
2915	daz *statt* iz *Li.*
2918	ûwer eine gê achter wegen *Li.*
2920	sage] mîner froun *Li.*

2889 [1458] Die künigin aber. le g e t sich nider vnd ward sich
fast klagen. vnd begert von der Brangel des wassers auß
dem baumgarten. die getrew Brangel ward betrübt vmb
jrer frauen blödikeit. nam ein guldin trinckuaß nach
2898 h e y ssen jrer frawen. sy weßt aber nit den verborgen

12a   M   *Brangenes Verteidigung*

2921	*daz*] ich wider uch spreche:	10
2922	ich ne w[*eiz waz si an mir*] rache	11
2923	daz siu mich ane scult vi[*rriet.*	12
2924	*got weiz wol*], ich ne gedenke niet,	13
2925	daz ich ie [*iewt getete*	14
2926	*dar umbe*] siu zorn hete.	15
2927	wene ich liez alle [*mine mage*	16
2928	*und vur*] uf ir genade	17
2929	mit ir in vremede [*riche.*	18
2930	*sol ich dan so je*]merliche	19
2931	minin lip verliesen?	20
2932	do [*wir von lande schieden*],	21
2933	do gab uns ire muter	22
2934	zuwei hem[*ide,*	23
2935	*diu*] waren geliche cleine.	24
2936	siu weiz w[*ol, waz ich meine*].	25
2937	e wir quemen her an in diz lant,	26
2938	[*do waz daz ire so zet*]rant	27
2939	und so garwe zebrochen,	28
2939a		
2939b		
2940	[*daz si iz mit eren*] niht ne mohte	29
2941	bi dem cŭninge [*angehaben.*	30
2942	*do waz*] daz min ungetragen,	31
2943	iz was ga[*nz und nuwe.*	32
2944	*siu bat*], daz ich iz ir luwe.	33
2945	daz tet ich v[*il ungerne.*	34
2946	*do bat*] siu mich also verne,	35
2947	daz ich iz [*ir zelest le.*	36

M		D	
2921	sprache *Li.*	2932	risen *Li.*
2922	weste *Li.*	2939b	*Urspr.* tuchte *durch*
2925	têt *Li.*		*übergeschriebenes* o
2928	gieng *Li.*		*in* tochte *gebessert.*
2932	dô wir unsir lant liezen *Li.*	2942	vnbetragin.
2934	*Li. ergänzt* alsô gûte.		
2942	so was *Li.*	H	
		2940	sú *fehlt.*

2921	[1472] dz jch wider sy sprech. ich wißs nicht. was sy
2922	rech an mir. das sy mich on schuld so mörtlich verraten
2924	hab got waiß. das jch nicht gedenck ye jchcz gethan
2926	haben. darumb sy zoren gen mir hab. jch ließ freünd vnd
2927	mag. vnd füre auff genad in fremde land darinnen jch
2930	on schuld meinen leib so jämerlichen verliesen sol

2948	*ich*] ne weiz waz ir inbietin me,	37
2949	w[*ane daz ich*] uber mere	38
2950	min hemide mit m[*ir here*	39
2951	*ganz und*] nuwe bracht.	40
2952	daz le ich ir an der [*nacht,*	41
2953	*do siu*] zerist lach bi dem cůninge.	42
2954	do w[*art iz mir vil u*]bile	43
2955	in irme dieniste gevort. [	44

M 2ᵛ

2962		
2963	. . .] h[*ielt d*]en lip.	1a
2964	si dahten, [*irslugen si daz wib,*	1b
2965	*si*] ne verwunden *iz* nimer mere	1
2966	zir [*wertlichen ere.*	2
2967	*do*] quam ein hunt dar gegan.	3
2968	der [*riter einer irslug i*]n san	4
2969	und nam die leberen ze hant,	5
2970	[*in sin hemide er*] si bewant	6
2971	und truch si verhonli[*che*	7
2972	*zů der cůnigi*]nne riche.	8
2973	siu dankete *im* sere	9
2974	[*und vragete in der*] mere:	10
2975	„sprach siu iewt?" 'Ja, siu tete'.	11
2976	„[*nu sag mir waz!" e*]r hub ze stete	12
2977	und sagite ir rehte, [*wie siu sprach*	13
2978	*vo*]n deme hemide und wie siu jach:	14

M
2949	alsus het ich u. m. *Li.*
2965	iz *fehlt* M. verwunnen *Li.*
2968	der eine der irsluoc *Li.*
2969	und nam ze hant die leberen /
	und bewant si mit sîm hemide *Li.*
2973	un *M.*

13b *Brangenes Verteidigung*

D
2970 sjnen.
2971 sie *fehlt*.
2975 ich.

H
2978 Vom.

2979	[*siu habite iz*] ir luwin.	15
2980	„Nu zů dinen tru[*win,*	16
2981	*sprah*] siu mer?" 'Zu waren nit,	17
2982	wene ir [*wer von herzen li*]ep,	18
2983	hete wir ir den lip illazen'	19
2984	„[*nu můz mich go*]t virwazen,"	20
2985	sprach diu frowe [*lussam,*	21
2986	*„daz ich den*] lip ie gewan,	22
2987	daz můze got ir[*barmen!*	23
2988	*waz sol i*]ch nu vil arme,	24
2989	daz ich mich sus [*gevelshet han*]?	25
2990	e sol mir wib noch man	26
2991	getro[*wen nimerm*]e!	27
2992	got laz iz an min ere	28
2993	und an [*minen lip gan*	29
2994	*den*] mort, den ich han getan."	30
2994a	siu be[*gan do sere wei*]nen,	31
2994b	alsiz do torste besceinen.	32
2995	„der [*tubil*" sprach siu, „*ne*]me mich!"	33
2996	siu sloch und rŏfte sich	34
2997	[*so vrevellichen hart*]e,	35
2998	daz ienir von der warte	36
2999	si ze [*wundir angesac*]h.	37
3000	grozir ruwin siu do phlach.	38
3001	[*do der riter daz vor*]nam,	39
3002	daz ir von der grozir lei[*de quam*	40
3003	*und diu*] ruwe, di siu habite	41
3004	niwet langer [*er do dagite*].	42
3005	er sprach: „frowe, trostent uwe[*rn můt!*]	43

M
2979	siu hêt iz von *Li.*
2987	in[*M.*
2990	nune sol *Li.*
3003	und *fehlt Li.*

H
| 2994 | das. |

15a   *Rr*   *Versöhnungsszene*

Rr 1

...

3028	[zů d]er vrowen chemenaten.	1
3029	Do si diu [chunegin] gesah,	2
3030	nu horent wie si sprah:	3
3031	„willechomen lie[bez wip,	4
3032	daz d]u behalden hast den lip,	5
3033	des lob ih got von hime[le.	6
3034	er w]as zvare hie nidere	7
3035	und hat dir geholfen [uz der nôt.	8
3036	tet] er mir nu den selben tôt,	9
3037	den ih dir hat ge[daht,	10
3038	oder ver]senchit mih sin chraft	11
3039	also verre in abgrun[de,	12
3040	oder verg]ebe mir mine sunde,	13
3041	so riht er cheiserliche!"	14
3042	do [mit viel] diu vrowe riche	15
3043	Brangene ze vůze.	16
3044	sie bot ir [groze bůze	17
3045	und] minnechlichiu wort,	18
3046	daz sie vergaeze den mort,	19
3047	[den sie wold m]it ir began.	20
3048	och suhte Brangene san	21
3049	der chu[neginne gena]de,	22
3050	daz si ir vergaebe	23
3051	ob siu ieht hat getan,	24
3052	[daz si vermid]en solde han.	25
3053	da lagin si beide,	26
3054	mit michelm [leide	27

Rr
3034   ze wâre er was *Li.*
3042   mit *fehlt Ba. Li.*

D
3044   jm.

15b   Versöhnungsszene

3028   [1540] ... vnnd fůrten die zu der künigin in jr k e m e n a t e n.

**Abenteür. Wie die küngin vnd Brangel wider freünt wurden.
Auch wie Tristrant ser gegen dem küng versagt ward.**

3030   Nun hörent wie die fraw s p r a c h. als Brangel zů der thür
3031   ein gieng. bis willkommen vil liebes w e i b. mein frau. meyn
3043   künigin. vnnd du mein gebieterin. Jch vall dir zů fůß. jch

3055	*waren*] si bevangin.	28
3056	dar lagin si so lange,	29
3057	daz sie niemen [*uf hůb*,	30
3058	*biz e*]z si beide duhte gůt,	31
3059	daz si uf stůnden	32
3060	und den nît versunden.	33
3061	[*Do chust*]in sih die vrowen zvô.	34
3062	[*diu ch*]uneginne daht do,	35
3063	wie si ergezte Brangene	36
3064	[*diu leide mit*] liebe,	37
3065	die si ir habite getan.	38
3066	do was der vil chů[*ne man*	39
3067	*Tris*]trant da niht ze huse.	40
3068	er was mit dem chuni[*ge uz*	41
3069	*gerite*]n birsen in den walt.	42
3070	do im daz maere wart [*gezalt*	43
3071	*von*] Kurvenale sinem trût,	44
3072	do wart dem herren [*an sim můt*	45
3073	*beide*] leid und zorn.	46
3074	„dizze waere bezzer verborn,"	47
3075	[*sprah er zů de*]r chuneginne,	48
3076	„nu des niht moht sin,	49
3076a	nu sal [*den mort Brangene*]	50
3076b	verchiesen durh min liebe.	51
3076c	ir můzint ge[*suonet wesi*]n.	52
3076d	daz si chume ist genesin,	53
3077	des ergetzint si [*mit eren*]!"	54
3078	do sprach diu chunigin here,	55
3079	daz si iz gerne tâete.	56

Rr
3058	unz *Ba.*
3064	der michelen liebe *Ba.* leve *Li.*
3067	hûs *Li.*
3072	in *Li.*
3073	lieb *M. Li.*
3076	niht ne mac gesîn *Li.*
3076a	nv sal ... verchiesen / durh min liebe *Ba.* Nu sal sî ûf û verchiesen / *Li.*

16b *Versöhnungsszene*

3056 [1561] vnd lagen lang bis sy wider zů sinnen kamen. do
3059 stůnden sy auf. Vnd versůneten jren neid. wann es
was niemant bey in. der in geholffen het. die zwen gesellen
giengen hinweg zehand. als sy Brangeln wider zů der frauen
brachten do sich die sachen verhandlet heten. wz herr Tri-
strant nicht anheyme. Sunder mit dem künig pirsen. vnd
3069 kurczweil geriten in den w a l d. zů stund als der kame.

3080	do wart die sůne staete.	57
3081	Do chustin sih die vrŏwen.	58
3082	do wart an[e wunden	59
3083	Tris]trant sere versniten.	60
3084	nu merchet r[eht wa mite]:	61
3085	er wart geveht an dem hove	62
3086	von einem rich[en herzoge]	63
3087	und von vier gravin,	64
3088	die des chuniges hoves [phlagin.	65
3089	ih wil] iu sagin umb waz:	66
3090	sie hatin micheln haz,	67
3091	daz e[r mit tugen]den lebete	68
3092	und nah den eren strebite	69
3093	und daz [beste tet zallir] zît.	70
3094	dar umb hatin si den nît,	71
3095	wan si warin s[elb niht fru]me,	72
3096	als iz vil diche is schin chomen	73
3097	und geschi[ht noh mani]gem frumen manne,	74
3098	daz im der bôse niht en[gan	75
3099	daz man] wol spreche sin wort.	76
3100	svenne so er in lobin hor[t,	77
3101	so mag er] iz niht wider reden,	78
3102	er get lihte von dem weg[e	79
3103	und spri]chet lihte: „iz ist ein lugene."	80
3104	daz gezaeme uns al[lin ubele	81
3105	wol]den wir iz merchin,	82
3106	wand mit solichin werc[hin	83
3107	selten oder] nie nehein man	84
3108	so grozin bris ne gewan.	85

Rr
3082 Do wart aber ... / *Ba.* âne gezouwe *Li.*
3091 vrouden *Ba. Li.*
3097 noh gein *Ba.* noh *fehlt Li.*
3105 solden *Ba.*

3109	und [. . . . .] also stǽte an der minne.	86
3110	Nura, jungelinge,	87
3111	ged[*enchet an diu*] vrumecheit	88
3112	und lazint iu die bosheit wesin [*leit!*]	89
3113	Sver gôt mit herzin minnet	90
3114	und nah d[*en tugenden rin*]get,	91
3115	dem volgit selten unheil.	92
3116	ŏch mag [*er wol sin teil*]	93
3117	gewinnen al des er bedarf.	94
3118	ôwol in, daz er ie [*des warp!*	95
3119	*sver*] biderbe und getriu ist	96
3120	und dan wisliche list	97
3121	[*mit gutem si*]ten an sin herze hât,	98
3122	der mag des habin gůtin [*rat,*	99
3123	*daz in diu*] bosin niden,	100
3124	wan sie ne mugin iz niht vermid[*en:*	101
3125	*si můzint*] im unwillich sin.	102
3126	so is im abir min traehtin	103
3127	[*und alle gůte lute*] holt.	104
3128	daz hat er verdienet und verscholt	105
3129	und [*noh al tage*] tůt.	106
3130	dennoh so ist der bosin můt	107
3131	so hart zů [*im erbolgen.*]	108

M3ʳ
. . .

3404	[*und er*] in solde cundin,	1
3405	wi iz dar umbe stunde.	2

Rr
3109	und noch tuot, alsô stêt an der minne *Li.*
3114	êren *Ba. Li.*
3118	wart *statt* warp *Ba. Li.*
3123	ob *Ba. Li.*
3125	muozin *Li.*
3129	alle *Ba. Li.*

D
3119   beddirwe.

19a   M   *Baumgartenszene*

3406	der valant do begunde	3
3407	daz gestirne scowin.	4
3408	er sprach: „mine frowin	5
3409	Tristant sigerliche hat,	6
3410	und wil der cůning minin rat	7
3411	tůn, ich wil in lazin sehen,	8
3412	daz er selbe můz jehen,	9
3413	daz ich iu rehte han gesagit,	10
3414	und ob ich liege, daz ir habint	11
3415	minin lip gewunnin	12
3416	ze suwelehen marterungin	13
3417	so min herre welle."	14
3418	ich wene, sin geselle	15
3419	der tubil uzzir im sprach,	16
3420	biz daz er allis des verjach,	17
3421	daz Tristant were lugensiech.	18
3421a		
3422	er sprach, ne si daz war niet,	19
3423	„so heizint mir min hŏbit abesclan!"	20
3423a		
3423b		
3423c		
3424	do brachtin si in vor den cunig san	21
3425	und sagitin, wes er sich vermaz.	22
3426	„ich will iz iu ŏch noch bieten baz",	23
3427	sprach der unholde,	24
3428	„ob min here selbe wolde,	25
3429	er mŏt iz wol irvindin.	26
3430	er neme sin gesin[de]	27

M   H
3414   habit *Li.*   3422   es ist.

D
3429   Das.

Baumgartenszene

20a   M   Baumgartenszene

3431	und rite jagen in den walt.	28
3432	so worde Tristant so ba[lt],	29
3433	daz *er* niwt ne mide de frowin.	30
3434	so saget ich iz ime in trůwen,	31
3435	wenne er zo ire queme,	32
3436	und brachte in da er vername	33
3437	selbe wol die warheit."	34
3438		
3439		
3440		
3441		
3442		
3443		
3444	der cůnig do sciere jagen reit	35
3445	mit allin den da waren	36
3446	und sprach opinbarin,	37
3447	er wolte siben naht uze sin.	38
3448	des frowede sich diu cůnigin.[	39

M
3433   er *fehlt*.
3435   ir quâme *Li*.

H
3435   ín *statt* zů.
3437   Vnd sich selber.
3440   Das můst er in volgen.

Baumgartenszene

3449	Do der cůning an den walt quam	40
3450	und der wenige man	41
3451	vil rehte hete vernomen,	42
3452	daz Tristant [	43
3453		
3454		
3455		
3456		
3457		
3458		
3459		
3460		
3461		
3462	**M 3ᵛ**	
3463		
3464	[*ich*] sage iu, here, waz ir tůnt,	1
3465	sprach der gote leide tuwerk,	2
3466	„wir ne han anderes nehein geberc,	3
3467	wene ir sulint hi uf stigen	4
3468	und sulit vil stille suwigen!	5
3469	ufe *disem* selbin bǒme	6
3470	sule wir neme*n* gǒme,	7
3471	waz hie gescie von diesen zuwein.	8
3472	der mane so lihte scein,	9
3473	als iz tach were.	10
3474		
3475		

M		D	
3469	sidem.	3454	heym.
3470	nemer.	3457	daz.

Rr
3456   si vil *Ba. Li.*

Rr 2

3449	Do der chunich in den walt quam	1
3450	und der wenige man	2
3451	vil reht het vernomen,	3
3452	daz Tristrant zů der vrowen solde chomen,	4
3453	er sprah zů dem chunige san:	5
3454	„herre, ir sult mir mit mir gan	6
3455	und tůn, als ih iuh heizen!"	7
3456	do giengen [si] ageleize	8
3457		
3458		
3459		
3460		
3461		
3462		
3463	zů der linden, diu bi dem brunnen stůnt.	9
3464	„ih sag [iu h]erre, waz ir tůnt,"	10
3465	sprah der gotleidige twerch,	11
3466	„wir ne habin anders neheinen berch,	12
3467	wan ir sult her uf stigen	13
3468	und vil stille svîgen.	14
3469	uf disem selben bŏme	15
3470	sule wir [ne]men gŏme,	16
3471	waz ir gesehet van disen zvein."	17
3472	der mane so liehte schein,	18
3473	als iz tach waere.	19
3474		
3475		

H
3457 Wer.
3459 er] sich hinder sich.
3462 Vnd *statt* Er.
3465 Das *statt* Sprach.

22a   M   Baumgartenszene

3476	do steich der cůnig here	11
3477	uf in bŏm, als er in heiz.	12
3478	der tuwerk daz niwt ne liez	13
3479	er ne stige na im da ůf.	14
3480	ich wene, in sin geselle hůf,	15
3481	satanas der tubil.	16
3482	ich bin is och ane zuwibil:	17
3483	er hůb in sicerliche,	18
3484	wane er wil sin riche	19
3485	mit im han gemeine.	20
3486	wi moht er in da so einen	21
3487	uffe den bŏm stigin lazen?	22
3488	daz sie beide got verwaze!	23
3489	Dar ne stundin si niwt lange,	24
3490	e Tristant quam gegangen.	25
3491	das lŏbis brach er in den wach,	26
3491a		
3492	do liez er den span nach,	27
3493	dar daz cruce ane was gescriben.	28
3494		
3495		
3496	in den brunnin sah er bi den scimen	29
3497	dise zuwene *obin* im stam.	30
3498	do tet er als ein wis man,	31
3499	daz er niwt uf ne sach.	32
3500	zo im selbin er do sprach:	33
3501	„nu můz ich leider tot sin!	34
3502	owi, wiste diu cůnigin	35
3503	di hute, di uns is getan!"	36

M
3477   ûfin ... hiez *Li.*
3478   des *statt* daz *Li.*
3497   bo : in *M,* bobin *Li.*

H
3495   den.

3476	do steich der chunich here	20
3477	[uf] den bŏm, als er in hiez.	21
3478	der twerch des niuht ne liez,	22
3479	er ne stige nah im dar uf.	23
3480	ih waene, in sin geselle dar uf	24
3481	hůb, Satanas der tievel.	25
3482	ih bin ioh an zvivel:	26
3483	er hulfe im sicherliche,	27
3484	wan er wil sin riche	28
3485	mit im han gemeine.	29
3485	wie moht er in dan so eine	30
3487	uf den bŏm stigen lazin?	31
3488	daz si beide got verwazze!	32
3489	Do ne stůnden sie niht [l]ange,	33
3490	e Tristrant cham gigangen.	34
3491	des loubes er brah	35
3491a	[und] warf iz in des brunnen wach,	36
3492	er liez ir den span nah,	37
3493	[do d]az chruze uf was angescriben.	38
3494		
3495		
3496	in dem brunne sah [er bi]me schimen	39
3497	dise zvein oben im stan.	40
3498	do tet er als ein wise man,	41
3499	daz er niuht uf ne sah.	42
3500	zů im selben er do [spr]ah:	43
3501	„nu muz ih leider tôt sin!	44
3502	owi, westu chunegin	45
3503	[diu] hůt, diu uns ist getan!"	46

Rr
3487   lazin stigen.

D
3494   Das do der koning was geblebin.

3504	do floz daz lŏb und der span	37
3505	durch die kamenaten.	38
3506	diu frowe do vil drate	39
3507	zo irme nezziline ginc,	40
3508	da siu den span mite vinc,	41
3509	und begunde daz cruce scowin.	42
3510	do wiste [	43
3511		
3512		
3513		
3514		
3515	**M 4ʳ**	
3516		
3517	] ne,	1
3518	„was ist disim jungelinge,	2
3519	daz er niwt uf ne stat	3
3520	noch er ingegin mir niht ne gat?	4
3521	des was ich harte ungewone,	5
3522	ich ne weiz, wa vone iz nu come."	6
3523	Do gesach siu daz wenkin	7
3524	und begunde san denkin,	8
3525	im wirrit suwaz, so iz si,	9
3526	ich wene, hi etuswer si bi,	10
3527	der uns habe gehŭt."	11
3528	bi dem brunnin siu stunt	12
3529	und wart der spehere geware.	13
3530	der mane trŭch den scate dare	14
3531	in den brunnin uon den mannin zuwein.	15
3532	der frowin wisheit da scein,	16

M
3532 wischit, descein.

Rr
3528 stût Li.

3504	do floz daz lo̊p und der span	47
3505	durh die chemnatin.	48
3506	diu vrowe do vil drate	49
3507	zů dem nezzeline giench,	50
3508	da si den span mit viench.	51
3509	si begunde daz chruze schowen.	52
3510	do wiste wol diu vrowe	53
3511	Tristranden in der warte.	54
3512	do ilete si harte	55
3513	da si den chůnen helt vant.	56
3514	do saz der herre Tristrant	57
3515	und winchte alliz wider sih.	58
3516	„der riche got gesegen mich,"	59
3517	daht diu chuneginne,	60
3518	„waz ist disem jungelinge,	61
3519	daz er niht uf nest[et]	62
3520	und niht engegin mir get?	63
3521	des was ih harte ungew[ane],	64
3522	ich ne weiz niht, wa von iz cham[e."]	65
3523	Do gesah si daz winchin	66
3524	und begund san denchin,	67
3525	„im wirret svaz, so iz si.	68
3526	ih waene, hier is etteswer bi,	69
3527	der unsir habe g[ehů]t."	70
3528	bi dem brunne si gestůnt	71
3529	und wart der spehaere gewar.	72
3530	der mane trůch den schat dar	73
3531	an den brunnen von d[en] mannen zvein.	74
3532	der vrowen wisheit da schein,	75

24a *M Baumgartenszene*

3533	daz siu ir ŏge dar niht ne karte	17
3534	und rehte also gebarte,	18
3535	alse si ir da niht ne wiste	19
3536	und sprach mit grozir liste:	20
3537	„Tristant, waz sold ich her zo dir?"	21
3538	'frowe, daz ir helpint mir,	22
3539	daz mir min here sine hulde gebe	23
3540	und laze mich wesin	24
3541	als ich was an sineme hobe.'	25
3542	„vil ernirsthafte ich dir gelobe:	26
3543	dar zů ne helben ich dir niet,	27
3544	wane mir liebe is gesciet,	28
3545	daz er dir so gram is.	29
3546	des wis zuware gewis,	30
3547	daz ich dir dar zů niht ne vrome,	31
3548	wane ich bin ze worte comen	32
3549	von dir ane mine scult.	33
3550	ich was dir durch minin heren holt,	34
3551	wane du sin nebe werist	35
3552	und siner eren plegist	36
3553	baz den di anderen alle.	37
3554	nu bin ich ze scalle	38
3555	wordin [. . .	39
3556		
3557		
3558		
3559		

H
3534   sú *fehlt.*

3533	daz si diu ŏgen niht dar ne carde	76
3534	und reht also gebarde,	77
3535	als si ir niene wiste	78
3536	und sprah mit grozem liste:	79
3537	„Tristrant, waz sold ih her zů dir?"	80
3538	'vrowe, daz ir helfent mir,	81
3539	daz mir min herre sin hulde gebe	82
3540	und mih abir laze wesin	83
3541	[als] ih ê was in sinem hove.'	84
3542	„ich wil dir zvare gelŏbin:	85
3543	d[ar zů] ne hilf ih dir niht,	86
3544	wan mir ist harte liep,	87
3545	daz er d[ir so] gram is.	88
3546	des wis zeware gewis,	89
3547	daz ih dir dar zů n[iht] ne frume,	90
3548	wan ih bin ze worte chomen	91
3549	von dir an[e] schult.	92
3550	ih was dir durh minen herren holt,	93
3551	wan du si[n] neve waerist	94
3552	und siner eren phlagest	95
3553	baz denne d[ie] andirn alle.	96
3554	nu bin ih ze schalle	97
3555	von dir chomen [ane] nôt.	98
3556	taete dir min herre nu den tôt,	99
3557	daz waere mir unmaere."	100
3558	'Nein, vrowe, durh din ere	101
3559	du salt mih des ge[. . .	102

M 4ᵛ

3562	...] doch wesin leit,	1
3563	daz er mir unrehte tut!	2
3564	wiltu mir eine wesin gŏt,	3
3565	so werdint mir de hulde,	4
3566	wane er ane sculde	5
3567	hat gezornit wider mich.'	6
3568	do sprach diu cůninginne rich:	7
3569	„ich ne helfe dir niht da zo.	8
3570	wil dir min herre genade tů,	9
3571	des gan ich dir wol und ist mir lieb.	10
3572	ich ne bitten in aber dar umbe niet."	11
3573	Do sprach der here Tristant:	12
3574	'so můz ich rumen daz lant	13
3575	suwi luzil iz min herre clage.	14
3576	iedoch ne mach er den scaden	15
3577	nimer mer verwinnin,	16
3578	ob ich mit unminnin	17
3579	uzir sime lande vare.	18
3580	is wirt gůt rat: ich wil ritin dare,	19
3581	dar man iz mir wol butit	20
3582	und mich gůte lůte	21
3583	erint und habint liep.	22
3584	min here ne wil des wizzin niet:	23
3585	suwenne ich ze lande kere,	24
3586	so bin ich ein cuning here	25
3587	und also riche als er is.	26
3588	ŏch bin ich selbe des gewis,	27

M
3571   ich *fehlt, von späterer Hand nachgetragen.*
3580   wil *fehlt Li.*

25b   *Baumgartenszene*

3589	suwa ich wil beliben,	28
3590	daz ich ane nidin	29
3591	al eine wol verdiene *daz*,	30
3592	daz man mich liepliche ane haz	31
3593	behaldit ungehazzit	32
3594	und mich ze riter vazzit	33
3595	und gift mir ros und perit.	34
3596	frowe, were ich is wider iu wert,	35
3597	daz ir batent minin heren,	36
3598	daz er durch sin selbis ere	37
3599	mir wolte losen min phant,	38
3600	so wold ich [...	39

St

7064	...] stille	1
7065	Niet gesprechen noch gesie	2
7066	– ir si wol oder w[e –	3
7067	*E diz iar si vorgan.*"	4
7068	*do gelobe*]tiz der helit san	5
7069	In trůwen an sine han.	6
7070	do vork[*os Tristrant*	7
7071	*Uf Kagenisen*	8
7072	*unde ge*]wan ze wibe	9
7073	Sine swester durch den zorn.	10
7074	do w[*art och die veh vorkorn,*	11
7075	*Die ir va*]ter zu ime truch.	12
7076	do hette vrȯwede genuch	13

M		D	
3591	daz *versehentlich vom Schreiber ausradiert*.	3590	nicht *fehlt*.
3592	daz *fehlt* Li.	**H**	
3594	mit zehenzic rîtern Li.	3597	tätten.
3595	in *statt* mir Li.	3599	pferd.
		7064	Das ich úch
St			
7076	das De.		

B

...

7064 Das sie wede laut noch stille
7065 Auch bespreche oder gesehe
7066 Wie ewch halt dar vmb beschehe
7067 Ditz nechste gantze jare
7068 Das gelopt jm Tristan zware
7069 Getrewlichen an sein hant
7070 Secht, also verkoß sie Tristan
7071 Des frewte sich her Kaedein
7072 Vnd nam den gesellen sein
7073 Sein schwester durch den zorn
7074 Und was die vientschafft verkorn
7075 Die ir vatter zu jm trüg
7076 Do hetten frewden gnüg

3589 [1857] wa jch b e l e i b. vnd da jch nit also g e n e i d e t vnd
3592 v e r h a s s e t wird als da vnd da man mir tausent ritter helt.
3595 den allen darczů gibt harnasch vnnd p f e r d. auch alles was
      die bedürffen. dann wĕr jch so selig. fraw das jr noch meinen
3597 h e r r e n bĕtet. das er mir durch sein selbs e r e. meine p f a n d
3600 lŏset. so wil jch z e h a n d dz land raumen.

27a   St   Versöhnung mit Isalde II

7077	Tristr[*ant unde daz wif sin.*	14
7078	*niet enrůcht*] in umbe die kuningin,	15
7079	Of si ruwe havete.	16
7080	si[*ne vroude die was staete*].	17
7081	An deme meien was geschien,	18
7082	daz Tristrant hett [*gesien*	19
7083	*die kůninginnen*	20
7084	*unde*] er mit unminen	21
7085	Von ir was gescheiden.	22
7086	[*do gewerte dise groze leide*	23
7087	*biz an sante Mi*]chaheletage.	24
7088	do begunde die vrŏwe clagen,	25
7089	Daz [*si Tristrand nit ensach.*	26
7090	*Peronis zu i*]re sprach:	27
7091	„Er tut uch harte rechte,	28
7092	ir hat deme gu[*ten knechte*	29
7093	*gar ubele getan,*	30
7094	*daz*] ir ine saget slan,	31
7095	Wanter was unsculdich."	32
7096	'du spot[*es!*' „nein ich."	33
7097	'so lugestu'. „nein, ich] ne tůn."	34
7098	'unde meinistuz so?'	35
7099	„Ja, ich, intruwen."	36
7100		
7100a	do w[*art ir ruwen*	37
7101	*Und gewan an irem*] herze	38
7102	da von michel smerze,	39
7103	Daz si durch irn zorn	40
7104	[*mit rechte hette vorlorn*	41

St
7086   der haz werote beiden *De.*
7087   unde *statt* biz; Michahelstage *De.*
7089   nit *fehlt De.*
7093   lastere *De.*

27b B *Versöhnung mit Isalde II*

7077 Tristan und das weibe sein
7078 Vnd rücht sich vmb die kunigein
7079 Ob sie rwe hette
7080 Sein frewd die was stette
7081 Es was in dem mayen geschenhen
7082 Das Tristan hett da gesenhen
7083 Sein frawen die kuniginne
7084 Vnd er mit vnmynne
7085 Von ir geschaiden was
7086 Den zorn wert an jn baiden sas
7087 Pitz vff sant Michels tage
7088 Do hett die kunigein grosse clage
7089 Das sie Tristan nit ensach
7090 Paranise ir do zu sprach
7091 Ffrawe ir hapt vnrecht getan
7092 An dem hochgebornen man
7093 Das ir jn schlachen hiesset
7094 Vnd jn sust von ewch stiesset
7095 Wann er was vnschuldig
7096 Du spottest zware nain ich *
7097
7098
7099
7100
7100a
7101 Ysot gewan jn irem hertzen
7102 So pitterlichen schmertzen
7103
7104

B
Einschub nach 7096
    Jr solt rechte wissen das / Das er ewer nie vergas / Vnd auch nie nicht verlies / Des man durch ewch jn tün hies / Seine tugende seint nit claine / Er was doch ye der eyne / was man ycht guttes solte thün / Do gewan er preis vnd rům / Dar zu so haüt er seinen leip / Durch ewch vil schönes weipp / Gesetzt in gröse freise / Vnd hat vil manche
                                (Fortsetzung s. S. 28b)

28a   St   Isalde schickt Pylose zu Tristrant

7105	*Tristran*]des hulde.	42
7106	si dachte an ir schulde	43
7107	Und weinete die [*missetat.*	44
7108	*zu ir holden nam sie rat*],	45
7109	Waz si dar umbe tate.	46
7110	do wart ir geraten,	47
7111	Daz si [*ime brief sante*	48
7112	*unde des bekante*],	49
7113	Sie hette ubele getan,	50
7114	des wolte si ime zu buzen stan,	51
7115	[*Wie ime were lief.*	52
7116	„*iz is besser ane*] brief,"	53
7117	Sprach die schone kůningin,	54
7118	„want wurden die [*boten min*	55
7119	*Gevan mit dem brie*]be,	56
7120	so wurde vile liebe	57
7121	Den bosen nideren.	58
7122	durch [*daz iz besser were*	59
7123	*Ane brief ich sen*]de dare.	60
7124	des nimet alle samet ware,	61
7125	Wene ich dar [*senden můge,*	62
7126	*der mir beste tůge*]."	63
7127	Do was ein garzun an me hove	64
7128	der was an [*gutem love*	65
7129	*Hubsch unde gevuge*	66
7130	*unde*] unbekant genuge.	67
7131	Pylose er hiez.	68
7132	die vrŏ[*we in ir rufen liez*	69
7133	*Und claget*] ime, waz ir war:	70

St
7109   teate.
7111   briefe *De.*
7123   ich ane brief sende dare *De.*

H
7116   Es ist ain.
Nach 7126 *Überschrift:* Von zorns wegen ain bott gesant / Von Ysalden ward zů Trystrand.

	B Isalde schickt Pylose zu Tristrant
7105	Durch das sie sein hülde
7106	Verlos von ir selbs schulde
7107	Vnd wainte vmb ir missetat
7108	Zu ir holden nam sie raut
7109	Was sie darvmb tet
7110	Da beriet sie sich stet
7111	Das die sie jm ain brieff sande
7112	Vnd jn des sere mante
7113	Das sie vil vbel hett gethan
7114	Des welt sie gerne zu bús stan
7115	Wie jm selber wer lieff
7116	Es ist vil besser ane brieff
7117	Gedacht da do kunigein
7118	Wann wurden die botten mein
7119	Mit brieffen begriffen
7120	So wer der wan entschliffen
7121	Den bösen niederen
7122	Da von vil besser weren
7123	Botten ane brieff alldar
7124	Nú sult ir rechte nieman war
7125	Wenn ich zu jm gesenden müge
7126	Vnd der mir aller beste tüge
7127	Nvn was ain gartzun jn dem hoff
7128	Gewissen gnüg zü güttem loff
7129	
7130	
7131	Pelois der selbe hies
7132	Die frawe bald jn kumen hies
7133	Vnd begund jm clagen das ir war

(Fortsetzung des B-Einschub nach 7096)

weise / Sorglich durch ewch geuarn / Ja wolt er nie kain angst sparn / Vor ewch das was sein wille / Weder lütt noch stille / Verzagte der helt nie / In dem sumen was er ie / Das er das beste gerne tet / Wie mocht er da an der stet / Durch solche lüt vnuerzagt / Von den er solte sein gejagt / Des tüt jm werlich not sein zorn / Jr mocht in hon vil wol verlorn /

7134	„ich wil dich bitten, of ich t[*ar*";	71
7135	'*albalde, sprechet nu!*'	72
7136	„*ja, ich wen*], iz is zu vru."	73
7137	'*Zvare, vrowe, nein, iz niet.*'	74
7138	„so sprech ic[*h*", '*ja, waz uch is lief.*'	75
7139	„*Wiltu iz*] tun?" '*waz weiz ich?*'	76
7140	„do must." 'so lant horen m[*ich,*	77
7141	*Of ich mach.*' „ja, du wol."	78
7142	'*so tůn*] ich iz.' „Hei, wie ich iz sol	79
7143	vorschulden." '*Daz ha*[*t ir wol getan.*'	80
7144	„so wil ich iz] bestan	81
7145	Unde williz tun dir sagen." 'also tut!'	82
7146	„so mirk[*e rechte minen mut,*	83
7147	*Mir is vil u*]*bele geschen,*	84
7148	des saltu mir helfen ihen.	85
7149	Want [*ich han durch minen zorn*	86
7150	*mit rech*]*ten schulden vorlorn*	87
7151	Tristrandis vruntschaf.	88
7152	w[*ant ich sach ime einen slach*	89
7153	*Slan*] unde aver einen.	90
7154	dar umbe solt ich weinen,	91
7155	Of ic[*h sinnic ware.*	92
7156	*do lachete ichs offenbare*].	93
7157	Von disen selben schulden	94
7158	han ich sine hul[*de*	95
7159	*Nu vorlorn manigen tach,*"	96
7160	zu Py]losen si sprach,	97
7161	„Nu wilich, daz tu min bot[*e sis,*	98
7162	*ich wil iz dir - des si ge*]wis -	99

St
7142 Hei wie ich iz vorschulden sol.
7147 gar *De.*
7149 minen *fehlt De.*
7155 vorsinnet *De.*
7159 nu *fehlt De.*

29b   B   *Isalde schickt Pylose zu Tristrant*

7134 Jch wil dich bitten ob ich getar
7135 Albalde frawe wann ich das twe
7136 Jch vorcht es sye mir all zu frwe
7137 Zware frawe nain es nicht
7138 So sag ich dirs was mir geschicht
7139 Wiltu es tün getrwlich
7140 Ja fraw laut es horn mich
7141 Ob ich es wag ja du wol
7142 Wann ichs gern versüchen sol
7143 Das hapt ir doch vil dick getan
7144 Jch wil mich recht an dich verlan
7145 Vnd wil dirs sagen also tüt
7146 Nu mercke recht meynen müt
7147 Mir ist vil vbel geschenhen
7148 Das soltu mir helfen jenhen
7149 Wann ich durch meinen grossen zorn
7150
7151 Herrn Tristrandes früntschafft manchen tag
7152 Wan ich sach jm manchen schlag
7153 Slahen dem wil werden man
7154 Dar vmb solt ich gewainet han
7155 Ob ich so sinnig were
7156 Da lacht ichs offenbere
7157 Von der selben schulde
7158 Hön ich verlorn sein hulde
7159 Laider mir nu manchen tag
7160 Des ich nit frewden haben mag
7161 Nu soltu zu im botte sein
7162 Des wil ich dich nu bitten sein

D
7152   jm geben einen.
7153 *und* 7154 *fehlen.*

30a St Isalde schickt Pylose zu Tristrant

7163	Harte wole miten.	100
7164	of ich iz ime tar [enbiten,	101
7165	*So saltu ime minen dienest sa*]gen	102
7166	unde mine not clagen,	103
7167	Die ich nach im [*lide.*	104
7168	*aller nest mime libe*	105
7169	*Tra*]ge ich ein hemede herin,	106
7170	daz tun ich ime zu [*erin.*	107
7170a		
7170b		
7171	*Daz weiz er selber wol, min*] trut,	108
7172	daz min edele cleine hut	109
7173	Ubele iz [*erliden mach,*	110
7174	m̊uz *ich nacht unde*] tach	111
7175	Daz herin hemede ane tragen,	112
7176	iz si d[*an - saltu ime sagen -*	113
7177	*Sin mut wil*] sich bekeren.	114
7178	ich trach iz iemermere,	115
7179	Daz ich [*daz nimmer uz getu.*	116
7180	v̊ch *sage ime*] da zu,	117
7181	Ich muze schire wesen tot,	118
7182	nach i[*me lide ich groze not,*	119
7183	*Daz ich niet*] ne ma[*g genesen,*	120
7184	*wil er mir niet genedig wesin*].	121
7185	Pylose", sprach die kůningin,	122
7186	„irwerbestu mir die hulde sin,	123
7187	Du salt iz iem[*er vromen han."*	124
7187a		
7188	*do hůf sich der knape san*	125

St
7165	im min dinst *De.*
7174	daz ich *De.*
7176	iz si, daz saltu ime sagen *De.*
7177	daz er wil sich bekeren *De.*
7183	ich en kunne niet genesen *De.*
7184	mir *fehlt De.*

7163		Vnd gib dir dar vmb reiches güt
7164		Vnd wil dir tragen hochen müt
7165		Vnd du solt jm meinen dienst sagen
7166		Vnd auch meynen kümer clagen
7167		Den ich hon nach seim leibe
7168		Jch armist aller weippe
7169		Trage ich ain hemdlein herin
7170		Das thün ich von den schulden sein
7170a		Wan ich wider jn hon getan
7170b		Hie mitte ich jm zu büsse stan
7171		Das er das spur mein lieber trüt
7172		Das es mein edel zartte hüt
7173		Vil kumme doch erleiden mag
7174		Wann ich nacht vnd tag
7175		Das selbe hemdlein wolle tragen
7176		Dü solt jm getrulich sagen
7177		Es sei danne das er sich bekere
7178		Jch trage es ymmer mere
7179		Das ich es nymmer ab getü
7180		Du solt jm sagen dar zü
7181		Jch enmüg nit genesen
7182		Er welle mir dann gnedig wesen
7183		Wann ich bin sicherlichen tot
7184		Er helff mir dann schier vß not
7185		Pelois sprach die kunigein
7186		Erwurbest du mir die hülde sein
7187		Du solt es ymmer frummen han
7187a		
7188		Dar hüp sich der knappe san

H
7188   Es.

7189	*Uz kornewalischem lande*]	126
7190	nach heren Tristrande.	127
7191	Do er so na Karechte quam,	128
7192	daz [*er iz sach vor ime stan,*	129
7193	*Do r*]eit Tristrant der degen	130
7194	an den velde bime wege	131
7195	Mit [*eime sperwere beizen.*	132
7196	*einen vog*]el wizen	133
7197	Hatt er do gevangen.	134
7198	do was sin wille [*irgangen,*	135
7199	*Darumbe was der her*]e vro.	136
7200	och hette der spwerwere do	137
7201	Sinen vogel getzen.	138
7202	[*des was er och vormetzen*	139
7203	*Unde st*]unt vroliche uf der hant.	140
7204	do sach der helit Tristrant	141
7205	Py[*losen an dem wege gan*	142
7206	*unde dach*]te an sinen mut san,	143
7207	Daz er ein bote were	144
7208	unde [*sagete lihte mere.*	145
7209	*Darumbe huf*] er sich dare.	146
7210	do wart der knappe sin geware	147
7211	Unde [*ginc ime entgegene,*	148
7212	*er wolt*]e an deme degene	149
7213	Irvaren och mit listen,	150
7214	des er nicht ne wiste.	151
7215	**Do** si zu samen quamen	152
7216	unde] sich under sagen,	153
7217	[*Do irkanten si sich zuhan*]t.	154

St
7189 kurnevalischem *De.*
7197 hait er *De.*
7199 des was der edile here vro *De.*
7201 vlogel.
7204 salt.
7208 vnde brachte vrŏdemere *De.*
7215 doe *De.*

31b   *B*   *Pylose bei Tristrant*

7189	Von Kurwelhschlichem lande
7190	Zu dem herrn Tristande
7191	Do der Karck so nahen kam
7192	Das er die burgk senhen began
7193	Do rait Tristan der degen
7194	An dem veld an den wegen
7195	Mit amein sperbere
7196	Baissen offenbere / Als man durch kurtzweil tüt /
7197	Do hett der herr wol gemüt / Ein wachtlen gevangen /
7198	Vnd was jm wol ergangen
7199	Durch des was der herre frö
7200	Vnd hette der sperbere do
7201	Des selben vogels gessen
7202	Da von was er gesessen
7203	Hart frolich vf der hant
7204	Da gesach der herre Tristant
7205	Poloisen an den wegen
7206	Da gedachte san der degen
7207	Das er bott were
7208	Vnd sagt leicht ettwas mere
7209	Dar vmb hüb er sich all dare
7210	Da wart der knapp sein gewere
7211	Vnd gieng jm auch engegene
7212	Er wolt an dem tegene
7213	Erfarn mit seinem liste
7214	Das er ee nit enwißte
7215	Do die zu samen kamen
7216	Vnd ain ander wol vernamen
7217	Do erkantten die sich wol zu hant

H
7191   er] her Karkes.

7218	do hiez der here Tristrant	155
7219	Pylosen wille kume sin	156
7220	[unde vragete umbe die kůnigi]n,	157
7221	Wie si sich gehavete.	158
7222	Pilose ime sagete:	159
7223	'[Sie hat sich als ein armes wif]'	160
7224	„war umbe?" 'si hat den lif	161
7225	Von uwen schulden nach [vorlorn.'	162
7226	„durch waz?" 'si vor]h uwen zorn.'	163
7227	„Ie, si tut?" 'ia, in truwen.'	164
7228	„sine darf." '[doch si is in ruwen.'	165
7229	„Umbe wa]z?" 'du weistiz wol umbe waz.'	166
7230	„nein ich." 'Du bist [ir gehaz'.	167
7231	„Waz weistu?" 'ich w]eiz wol.'	168
7232	„wiltuz mir sagen?" 'ia, ich sol.'	169
7233	„So sprich [an!" 'si sach dich slan.'	170
7234	„du hast] war." 'da zornestu san.'	171
7235	„Iz was mir leit." 'du hat[test recht.'	172
7236	„also is iz noch." 'n]eina, gute knecht.'	173
7237	„Solt ich iz vorgetzen?" 'here, [ia.'	174
7238	„ich ne mach." 'iz ligt dir z]u na.'	175
7239	„Wie na?" 'an dime herzen.'	176
7240	„du hast war." 'des [hat si smerze.'	177
7241	„Jch habe in." 'er is]t dir vorgan.'	178
7242	„noch niet." 'so wiltu si irslan?'	179
7243	„Wa [mit?" 'daz du ir vremde bist]!'	180
7244	„Daz is ir lief?" 'zvare, iz nist!'	181
7245	„Ich wene, iz si." 'nei[n, iz niet'.	182
7246	„iz was ir doch lief,	183

St
7218	doe.
7220	vragete in vmbe *De.*
7227	vntruwen.
7234	daz is war *De.*
7236	so *statt* also *De.*
7238 ff.	*siehe Kommentar!*
7243	met *De.*
7245	neine iz niet *ergänzt De. als Tristrants Worte.*
7246	harte *De.*

7218	Do hies der herr Tristant	
7219	Poloisen wille kummen sein	
7220	Vnd fragt jn von der kunigein	
7221	Wie jm ir leben behagette	
7222	Polois jm sa sagette	
7223	Sie gehapt sich als ain arms weipp	
7224	Vnd hat auch iren stoltzen leip	
7225	Von ewern schulden nahen verlorn	
7226	Wie so so vorchte ewern zorn	
7227	Tüt sie das jn trwen	
7228	Sie darff gutter rwen	
7229	Das ich bin also gehaß	
7230	Du weist leicht wol vmb was	
7231	Ja ich zwar ich wais es wol	
7232	Wiltu ich dirs sagen sol	
7233	Ja sie sach schlahen ewch vil sere / Des lachette	
7234	sie vil here / Dar vmb zurnetet ir do san /	
7235	Des wil ich ewch zu büsse stan	
7236	Vnd bit ewch des vil tür durch got / Das ir ver-	
7237	gebet ir den spot / Sol ich ir vergeben herre ja /	
7238	Jch enmag es get mir zu nah	
7239	Vnd leit mir andem hertzen	
7240	Vnd bret mir grossen schmertzen	
7241		
7242	Jr ist vil lieb wisse crist	
7243	Das ich sie mide zware es enist	
7244		
7245	Zware ich wene wol es sey	
7246	Nain es nicht	

7218	[3943] hieß her Tristrant Pyloisen will kumen sein.
7220	vnd fraget zestund wie sich die künigin gehabet.
7223	diser antwurtet. sy gehabet sich als ein armes weib Sag an
7224	warumb. herr da hatt sy jren leib von euren schulden na-
7225	hend verloren. Her Tristrant sprach vmb was doch. jch
7227	kan des nitt gelauben. Ja herr in rechten trewen sye
7226	thůt. wenn sy fürchtet ewren zoren. vnd. versteet auch
7230	wol. das jr jr gehaß seyt was waist du. ob jch jr gehaß
	bin oder warumben. aber waist du es so sag mir es. Herr

7247	*Do*] si selbe daz hiez,	184
7248	daz man mich sluch unde stiez	185
7249	[*Unde mich von ire treif,*	186
7250	*do n*]e was iz ire niet leit.	187
7251	Sie lachetes sere."	188
7252	'daz [*wil si iemermere*	189
7253	*Buzen, wie*] du butes.	190
7254	der merre teil des lutes	191
7255	Brechet und [*buzet echt,*	192
7256	*wan genade is besser*] danne recht.	193
7257	Sy suchet die genade,	194
7258	nu saltu si untfahen.	195
7259	[*Waz si dir hat zu leit getan*],	196
7260	des wil si dir zu buzen [*stan*	197
7261	*Nach genade, niht nach recht*]e.	198
7262	sie ne mach dir niet gevechten	199
7263	Unde ne hat is [*nein ruoche.*	200
7264	*sie wil genade suc*]hen.	201
7265	Daz recht dunket si zu swar.	202
7266	unde of siz [*dir inbuten tar,*	203
7267	*So intbutet*] si dir irn dienest	204
7268	unde allet, daz dir lief ist,	205
7269	[*Daz si daz alles gerne tu,*	206
7270	*unde in*]tbutet dir dar zu,	207
7271	Daz si dir zu erin	208
7272	trage ein [*hemede herin*	209
7273	*Aller nest irem lib*]e.	210
7274	Wiltu si lange miden,	211
7275	So ne wirt ir leides [*bůz.*	212

St
7248   men *St. De.*
7261   wan nach rechte *De.*
7263   is niet gerůchen *De.*
7273   deme *De.*

H
7254   Des.
7263   sin *statt* din.

7247	Ja hies mich sie
7248	Geschlagen vnd stossen
7249	Mit knütlen also grössen
7250	
7251	Und lachette des vil sere
7252	Das wil sie ymmer sere
7253	Büssen wie gebiettet ir
7254	Das solt ir wol gelauben mir
7255	
7256	
7257	
7258	
7259	Wann hat mein fraw icht getan
7260	Des wil sie ewch zu büsse stan
7261	Nach gnaden nit nach rechten
7262	Sie mag ewch nit beuechten
7263	Gnade wil sie süchen
7264	Ob ir es welt gerüchen
7265	Wanns recht ist ir zu schwere
7266	Schoner degen mere / Sw enbüt ob si getar /
7267	Jrn dienst von ir mynne gar / Sie enwunscht
7268	ewch haile an frist / Vnd was ewch selb lieb ist /
7269	Das sie das alles gerne tü
7270	Vnd enbüt ewch dar zü
7271	Das sie ewch zu eren alle tage
7272	Ain herin hemdlein an trage
7273	Aller nechst an irem leibe / Dennocht tüt wirs
7274	dem weibe / Welt ir sie lenger meiden / Des
7275	enmag sie nit erleiden / Vnd wurt ir ymmer leides

7248	[3966] do man mich schlüg vnnd stieß. vnd gancz von jr
7249	traibe. als sy daz selbs geheissen vnd geschafft hett.
7250	wäre es jr laid gewesen. sy het so sere nicht gelachet
	O lieber herr bedenckt euch das sy euch darumb will zü
7260	büß steen. wye vnd jr selbs gepietet. Auch wißt jr
7256	wol. das genad besser ist dann recht. vnd darumm sücht
7257	sy genad bey euch. die soll sy auch billichen vinden.
7254	Seind doch der merer teyl der leüt missethünd. vnnd

34a St   Pylose bei Tristrant

7276	*here, dar umbe suche ich dine*]n vuz,	213
7277	Daz du kumest, da sie si,	214
7278	so wirt sie den[*ne sorgen vri.*'	215
7279		
7280		
7281	„*Ich wil sie niet sen*],	216
7282	so muchte lichte mir geschen	217
7283	Also nest mir ges[*chach.*	218
7284*	*ich mach niet*", er sprach,	219
7287	'*So sa*]l dir mine truwe is geben,	220
7288	daz sie heilet dine slege,	221
7289	[*Of iz dir si lief.*'	222
7290	„nein, ich n]e kŭmer niet,	223
7291	Iz ne were mir nein vrome."	224
7292	'here, du [*salt dare kumen*	225
7293	*Durch miner vrŏwe*]n liebe,	226
7294	unde ich iz muze vordinen	227
7295	Unde durch di[*n selbes vromheit*	228
7296	*unde den grozen ar*]beit,	229
7297	Den min vrŏwe na dir havet,	230
7298		
7299		
7300	daz sie ein [*herin hemede traget*	231
7301	*Alle nest ire*]r hut.	232
7302	here, du bist ire trut	233
7303	Vor allen die si ie ge[*sach.*	234
7304	*nu la dich ir unge*]mach	235
7305	Durch dine gute irbarmen	236
7306	und troste si vil armen!'	237

St
7281   wiltu auer si niet sen *(als Rede des Piloise)* De.
7292   dare *fehlt* De.
7303   alle *St. De.*

*   7285 und 7286 *beruhen auf falscher Zählung von Lichtenstein.*

34b   B   *Pylose bei Tristrant*

7276   püs / Herre ich süch ewern füs /
7277   Das ir schir kümpt da sie sei
7278   So würt sie aller sorgen frei
7279   Pelois des hab kainen müt
7280   Wann dann wer mir nit güt
7281   Des soltu mir selber jehen
7282   Mir mocht vil licht alsam geschehen
7283   Als nachste da sie das hies
7284   Das man mich schlüge vnd sties
7287
7288
7289
7290
7291   Das wer mir lait mere vernummen
7292   Herre ir sült schier kummen
7293   Zü der lieben frawen mein
7294
7295   Vnd tünd durch ewer frümckait
7296   Vnd durch das grös hertznlait
7297   Das mein fraw nach ewch hat
7298   Wann es ir kumerlichen stat
7299   Vnd ir das hemd vil we tüt
7300   Das sie durch ewch herre güt
7301   Tret aller nechst ir wissen hüt
7302   Ja seit ir gar ir sunder trüt
7303   Von allen den die sie ye gesach
7304   Nu last ewch ir vngemach
7305   Durch ewer güt erbarmen
7306   Vnd trost die vil armen

H
7289   du sin gerůchest ist.
7299   Vnd] sú ŏch.

7307	[„Piloise, du bist ein bote gut,	238
7308	ic]h bekere minen mut.	239
7309	Du sages [mir werlichen,	240
7310	daz die kůninginne riche	241
7311	Nach mir si in ruwen?"	242
7312	'die havet si, in] truwen!	243
7313	So g[ro]ze ru[w]e ich nie vornam.'	244
7314	„ich was ir ein teil gram,	245
7315	Nu wil ich ir echt holt sin."	246
7316	'des lone dir min trechtin!'	247
7317	„Vornim, mich noch ein weinich baz:	248
7318	du solt ir von mir sagen daz,	249
7319	Daz sie die heren uz zie.	250
7320	unde ich ne wart ir so gram nie,	251
7321	Daz ich ire gunde,	252
7322	daz si zu langer stunde	253
7323	Sulich hemede truge.	254
7324	iz si mir genuge.	255
7325	Ich wil si durch genade untfan	256
7326	unde si genizen lan,	257
7327	Daz du so gut bote bist,	258
7328	(das weiz der heiliger Crist	259
7329	Durch dich selben aller meist).	260
7330	also schyre ich han geleist	261
7331	Ein dinc, daz *ich* gelobet haven,	262
7332	so machtu ir werliche sagen,	263
7333	So wil ich zu ir kůmin,	264
7334	iz si mir schade oder vrome.	265
7334a	E ne mach is niet sin.	266

St
7307 Tristrant sprach, 'du bote gut *De*.
7314 iets *statt* teil *De*. gra *St*.
7315 fin *statt* sin.
7331 ich *fehlt*.

	B	*Pylose bei Tristrant*
7307		Polois du bist botte güt
7308		Jch wil verkeren meinen müt
7309		Du sagst mir werliche
7310		Von der kunigein reiche
7311		Das sie habe rwe
7312		Das ist wär vff mein trwe
7313		Das ich so grosse nie vernam
7314		Jch was ir ain lutzel gran
7315		Jch wil ir aber holt nü sein
7316		Das lone ewch mein trechtein
7317		Nu vernym auch mein lutzel mer
7318		Ditz das soltu sagen ir
7319		Das sie das herin hemd abzieche
7320		Jch ward ir doch so grane nie
7321		Daz ich ir des ycht günde
7322		Das sie kain kang stunde
7323		Das herin hemdlein trüge
7324		Es wer auch nit gefüge
7325		Jch wil sie vf gnade bestan
7326		Vnd wil sie des genissen lan
7327		Das du so güt botte bist
7328		Das wais der hailig crist
7329		Durch deinen willen allermaist
7330		Als schier so ich hon gelaist
7331		Ain ding das ich gelobet han
7332		So magt du ir sagen san
7333		Das ich sie danne wol gesenhen
7334		Was mir joch dar vmb sull geschenhen
7334a		

D
7311 zo.
7314 wegning.

H
7324 Mich nun wol benůg.
7325 Vnd *statt* Jch.

7334b	daz sage der vrŏwen din:	267
7335	Ich han gelobet vor war,	268
7336	daz ich si miden sal ein iar,	269
7337	Daz si mich niet sien ne sal,	270
7338	ir si we oder wal.	271
7339	Swen iz iar vorgangen is,	272
7340	so mach min vrŏwe sin gewis,	273
7341	Daz ich nach ire vare:	274
7342	an den meie kum ich dare."	275
7343	**P**ylose wart do	276
7344	beide ruwich unde vro:	277
7345	Vro daz er vorkos,	278
7346	unde dar umbe vrŏweden los,	279
7347	Daz er si niet ne wolde sien	280
7348	e *das iar* was vorgien,	281
7349	Als er gelobet havete.	282
7350	Pilose do sagete:	283
7351	'Here, nu gebut mir,	284
7352	ich wille scheiden von dir	285
7353	Unde wil miner vrŏwen sagen	286
7354	von vrŏweden unde clage,	287
7355	Als ich hie vornomen han.'	288
7356	„du salt an die statt gan	289
7357	Zu den herbergen min	290
7358	sam ich niet ne irkenne din	291
7359	Unde salt mines gutes biten	292
7360	- des is hir zu lande site -	293
7361	So he*i*z ich dir waz geben.	294
7362	unde hebe dich balde after wege	295

St
7348   e dar was vorgien.
7361   héez.

D
7353   nymmir.

7334b
7335 Jch hon gelopt offenbar
7336 Das ich sie meiden sol ain jar
7337 Das ichs bespreche noch ensehe
7338 Wie ir halt ymmer geschehe
7339 Wann das jar nympt ain zil
7340 Zu ir ich dann kummen wil
7341 Vnd ane zwifel zu ir far
7342 Jn dem mayen kum ich dar
7343   Pepelois der wart aldo
7344 Baidw trurig vnd fro
7345 Ffur das er den zorn verlos
7346 Vnd dar vmb frewdelos
7347 Das er ir nicht wolt senhen
7348 Vor des liechten mayen prechen
7349 Vnd das versprach der her weis / Das clagte
7350 vil sere pelois / Vnd het es michel vngemach /
7351 Zu dem herrn er do sprach / Herre nü gebiettet
7352 mir / Jch wil keren wider zu ir /
7353 Vnd trösten mein frowen jnzeit
7354 Wann sie in großen rwen leit:
7355 Du müst ain wil baitten
7356 Jn die stat wil ich reitten
7357 Da kere jn die herberg mein
7358 Als ob ich nit erkenne dein
7359 Des güttes des du mich bit
7360 Wann das ist hie der lant sit
7361 So gib ich dir ettwas
7362 Du macht so faren dester bas / Vnd was ich

7363	Unde sage der vrŏwen din,	296
7364	daz sie durch *den* willen min	297
7365	Daz herin hemede uz tu	298
7366	Unde ein sidin ane tu,	299
7367	Unde sage, als ich ir han inboten."	300
7368	Pylose danchkete gote	301
7369	Unde tete als in der here hiez.	302
7370	Tristrant ime geben l*i*ez	303
7371	Hundert sillinge	304
7372	guter sterlinge.	305
7373	Do nam Pilose urlof	306
7374	unde rumete den hof,	307
7375	Daz in nieman ne kande.	308
7376	do was an eime lande	309
7377	Iarmarket zu einer stat.	310
7378	Pilose Tristrande ba*t*,	311
7379	Daz er in da wisen liez.	312
7380	Kornewales och hiez	313
7381	Ein stat rechte also du.	314
7382	vor war wil ich sagen iu,	315
7383	Daz sie heizen beide	316
7384	zu Sancte Mychele Alagrevie.	317
7385	Si waren nach eben rich,	318
7386	ire iarmarket was gelich	319
7387	Zu Sante Michyles misse.	320
7388	so was *do* ie gewisse	321
7389	Groz market alle. iar.	322
7390	do lief Pylose dar	323
7391	Unde koufte, swaz er wolte.	324

St.		D	
7364	den *fehlt*.	7363	Vnd] den.
7370	leiz.	7365	Das sie daz.
7376	ieme *De*.		
7378	baz.		
7386	iar maket.		
7388	zv *statt* do.		

7363	dir gesaget hon / Vnd volbring die botschafft dein /
7364	So es schiar müg gesein
7365	
7366	
7367	
7368	
7369	
7370	
7371	
7372	
7373	Peloys wart so frö
7374	Von dannen schiede er do
7375	Das jn nieman erkante
7376	Do was do jarmarckt jn dem lande
7377	Jen ainer stat
7378	Peloys vil schier dar trat
7379	Vnd gewan da mit claider an sich
7380	Das jm da gab der herre reich
7381	
7382	
7383	
7384	
7385	
7386	
7387	
7388	
7389	
7390	
7391	

H
Nach 7372 Überschrift:
  Do Trystrand der frowen laid vernam / Haímlich so er zů ir kam.
7374 Durch] als.
7380 das.

7392	do tet er, als er solte.	325
7393	So er sin dinc gescuf,	326
7394	zu hant er sic dannen huf.	327
7395	Er vur ze lande ober se.	328
7396	ware er do snel als ein re,	329
7397	Daz were ime innelichen lief,	330
7398	des ne muchte wesen niet:	331
7399	Er muste gan als ein man.	332
7400	do er zu Tyntariol quam	333
7401	Unde er vor den kůning ginc,	334
7402	vile wol in der here untfinc	335
7403	Und die kůninginne dar zu.	336
7404	der kůning vragete ine do,	337
7405	Wannin er queme	338
7406	unde wa [er dise] have neme,	339
7407	Daz er so riche were.	340
7408	do [vorcht] di vrowe sere,	341
7409	Daz er solte missesprechen.	342
7410	do begunde ir uz brechen	343
7411	Daz sveiz ober al den lif,	344
7412	an grozen sorgen was daz wif.	345
7413	Pylose wol gesach,	346
7414	daz sin vrŏwe sorgen plach	347
7415	Unde sprach wisliche:	348
7416	„here kůning riche,	349
7417	Swe[r so wol gebeiten mach,	350
7418	er gelebet dichke den tach	351
7419	daz ime ervrŏwet wirt sin mut]	352
7420	unde ime lief unde gut	353

St
7411 liif.
7417 gebiten *De.*

7392	
7393	Do er do geschick was er wolde
7394	Do fůr er als er solde
7395	Zu lande wider vber see
7396	Vnd enwolt da nit lenger me
7397	
7398	
7399	
7400	Nun er zu Tintaniel kam / Seine claider er do
7401	an sich nam / Ffur den künig er do gieng /
7402	Der jn da gar wol enpfieng
7403	
7404	Vnd fragt jn wannen er keme
7405	
7406	Vnd wa er die claider neme
7407	Das er so claidet were
7408	Die kunigein mere / Die wart plaich vnd röt /
7409	Sam es die frewd ir da gebot / Wart sie an ir varbe /
7410	Sie vorcht ob er garbe
7411	Seit wa vnd ers hette
7412	Das er dar an missetette
7413	Pelois do wol sach
7414	Das die frawe hett vngemach
7415	Er sprach vil listigliche
7416	Zů dem künig reiche
7417	Wer so gebietten mag
7418	Er gesicht leicht wol den tag
7419	Das jm gefrewt wirt sein müt
7420	Vnd jm geschicht leicht ain güt

7421	Geschiet dichke beide.	354
7422	zu Sante Michele Alagrevie	355
7423	Was ich dise market tage,	356
7424	da is mir worden die have,	357
7425	Daz ich nu bin so riche."	358
7426	do wande si al geliche,	359
7427	Daz erz spreche umbe daz,	360
7428	want er nu vore baz	361
7429	Dan er hette getan.	362
7430	do merktiz die vrŏwe san,	363
7431	Waz er da mite meinete.	364
7432	von liebe sie weinete,	365
7432a	Daz ir daz ouge ober ginc.	366
7432b	nu [v]ornemet, wie siz ane vinc:	367
7433	An eine swasheit si ginc,	368
7434	zu ire qu[am] d[er] iungelinc	369
7435	Pylose zu han	370
7436	und sagete, waz Tristrant	371
7437	Ir inboten havete.	372
7438	wol si do vorclagete,	373
7439	Daz ir zu leide ie geschach.	374
7440	doch was ir vil ungemach,	375
7441	Daz si den liebesten man,	376
7442	den ie vrŏwe gewan,	377
7443	Niet ne muste gesien,	378
7444	e der winter was vorgen.	379
7445	Zu han so der mei quam,	380
7446	Tristrant grawe cleider nam,	381
7447	An sine vuze stumpe schu,	382

St
7424   mi.
7431   meite *statt* mite.
7447   wuze.

H
7432a   geschicht.

7421	Jch kam vnder wande
7422	Mit schwacher halber hande
7423	Da jarmarckt was jn einer stat
7424	Einen graffen ich da güttes bat
7425	Der gab mir gütliche
7426	Da wondens all geleiche
7427	Das peloys der frumme knecht
7428	Het war vnd recht
7429	
7430	
7431	Die fraw hört wie ers mainde
7432	Von frewden sie da sere weintte
7432a	
7432b	
7433	Vnd erkos ir aine stat
7434	Da sie jn da kumen bat
7435	Des was peloys berait
7436	Ein rechte warheit
7437	Er von dem held ir sagette
7438	Vil lützel sie da clagette
7439	Was ir zu laid ye geschach
7440	Ye doch was ir vngemach
7441	Das sie der aller beste man
7442	Des sie kunde gewan
7443	Ee nicht wolt gesenhen
7444	Wann bitz des liecchten maygen brechen
7445	Nvn zu hant do der maye kam
7446	Tristan da grawe claider nam
7447	An sich vnd frümte schüche

7448	schurpen unde staph da zu,	383
7449	Als er wer ein pelegrim.	384
7450	och cleidete sich der knappe sin	385
7451	Kurvenal ime geliche.	386
7452	do begunden si slichen	387
7453	Zu heren Tynases hus.	388
7454	do was er geriten ut,	389
7455	Daz si sin niet ne vunden.	390
7456	Tristrant do begunde	391
7457	Denken was er teate.	392
7458	do wart *er* zu rate,	393
7459	Er wolte bi der strazen gen	394
7460	unde wolte einen bespien,	395
7461	Der sin bote ware.	396
7462	do ginc der wallere	397
7463	Ligen an den selben dorn,	398
7464	da er och da bevorn	399
7465	Mit Kagenise inne lach.	400
7466	des volkes er vile sach	401
7467	Zogen here unde dare.	402
7468	do ne wart er niemannes geware	403
7469	Deme er torste truwen,	404
7470	daz *er* ime zu der vrŏwen	405
7471	Wurbe sine boteschaf.	406
7472	al dar bleif er die nach,	407
7473	Daz er die vrŏwen niet ne sprach.	408
7474	a*l*so schire so iz do wart tach,	409
7475	Dar nach an kurzer stunt	410
7476	quam ein sin lieber vrunt	411

St
7458   er *fehlt*.
7464   beorn.
7470   er *fehlt*.
7474   asso.

7448	Taschen vnd stab dar züe
7449	Alsam ain armer bilgerein
7450	Auch claitte sich der knappe sein
7451	Kurneual jm geleiche
7452	Do für der müttes reiche / Hin haim zu
7453	Tinas veste / Das ducht sie das beste /
7454	Wann es Kurneuale riet / Doch was er
7455	da haimet miet / Als sie sein doch nit
7456	fünden / Peide die begunden /
7457	Bedencken was sie tetten
7458	Do giengen sie zu reten
7459	Sie solten zü der strassen besenhen
7460	Ob sie yeman kunde erspechen
7461	Der gütt zu botten were
7462	Da giengen die wallere
7463	Ligen in dem selben dorn
7464	Do auch Tristan auch beforn
7465	Mit Kaedissen jnne lag
7466	Des volckes sach er vil den tag
7467	Vil wandlen her vnd dar
7468	Vnd wart doch niemans gewar
7469	Der jm dar zu ycht dochte / Vnd dem er
7470	getrwen mochte / Vnd das er sein botte were /
7471	Zür kunigein mere / Nach der sein hertz ser
7472	facht / Da belaib er aber vber nacht / Das er
7473	der frawen nit en sach / Des hett er michel
7474	vngemach / Vnd begund er es vil sere clagen /
7475	Als es do morgen solte tagen
7476	Do kam ain sein frünt

7477	Al eine geriten,	412
7478	deme was der slaf so mite,	413
7479	Daz er slief so harte,	414
7480	daz er sin bi der warte	415
7481	Niet ne sach vor i[me] stan.	416
7482	er was doch gegen ime gegan,	417
7483	Als er in wolte sprechen.	418
7474	do ne wol[t] er niet brechen	419
7484a	Sinen slaf, e er untwachete.	420
7484b	Der here vor sich stafete,	421
7485	Daz er niet umbreit.	422
7486	daz was groz gezogenheit,	423
7487	Daz er slafen liez den degen.	424
7488	er dachte, er hette gelegen	425
7489	Bi siner amien.	426
7490	er wolte e vorzien	427
7491	Siner boteschaf,	428
7492	dan er brache sinen slaph.	429
7493	An den manen er sin ros vienc,	430
7494	lange er bi ime ginc,	431
7495	Daz *er* sin niet ne wachte,	432
7496	e daz ros irschracte	433
7497	Unde vor uzme wege.	434
7498	do untwachete der degen	435
7499	Unde kante Tristrande.	436
7500	Do wurden die wigande	437
7501	Beide samet vile vro.	438
7502	Der here Tristrande do	439
7503	Untfinc mineliche	440

St
7495   er *fehlt.*

H
7479   er *fehlt.*

41b   B   *Tristrants Besuch bei Isalde*

7477	geritten
7478	Dem was der schlauff so sere mitte
7479	Vnd so wunderlich hartte
7480	Das er jn by der wartte
7481	Vor jm sach all do nit stan
7482	Er was gen jm gegangen dan
7483	Vnd wolte gerne zu sprechen
7484	Vnd wolt jm doch nit brechen
7484a	Den schlauf ee er jn verlie
7484b	Tristan als neben jm gie
7485	Das was ain gros gezogenhait
7486	Das er den ritter gemait
7487	Lies schlaffend ritten an den wegen
7488	Er dacht das er wer gelegen
7489	Des nachtes bey seiner frundinne
7490	Vnd schlieffe von der minne
7491	
7492	
7493	Dem pfert er jnn die men gefie
7494	Jn ainer kürtzen stünde
7495	Der ritter wachen begunde
7496	Vnd sach den ritter vor jm stan
7497	Vnd erkant jn alsan
7498	
7499	
7500	
7501	Er wart vil frö vnd das was recht
7502	Vnd entpfieng den gütten knecht
7503	Vil hartte jnniclich

7504	unde sprach vromeliche,	441
7505	Of er icht wolte,	442
7506	des er tun solte.	443
7507	Wie gerne er daz teate!	444
7508	„ia, ich dich gerne bate,	445
7509	Daz tu wurbes mine boteschaf."	446
7510	'daz tun ich, so ich beist mach	447
7511	Vile truweliche'.	448
7512	„des lone dir got der riche!	449
7513	So nim du diz vingerin	450
7514	unde bring iz der kŭningin,	451
7515	Daz sus getruwe da bi,	452
7516	unde sage ir, daz ich hir si	453
7517	Unde wil si gerne gesien.	454
7518	daz mach ubele geschien,	455
7519	Sine williz vliz haven,	456
7520	daz der kŭning rite iagen	457
7521	Zu Blanklande an die wese.	458
7522	sage ir, daz ich wille ligen	459
7523	Amme dorne, dar *ich* lach,	460
7524	dasí neist mich gesach. [	461

St
7523   ich *fehlt.*

7504	Vnd sprach gar frwntlich
7505	Ob er sein zu ychte wolte
7506	Das er tün solte
7507	Wie gern er das tette
7508	Tristan sprach ich bette / Dich gerne das du
7509	gerüchtest sein / Mein bott zu der künigein /
7510	Do geschach mir so nie lieber tag / Jch würbe
7511	so ichs beste mag / Vnd vil getruliche /
7512	Des lon dir got der reiche
7513	So nymm hin das fingerlein
7514	Vnd bring es der kunigein
7515	Das sie sehe wol dabey
7516	Das ich jn dem lande sey
7517	Vnd sie vil gern wil senhen
7518	Doch das vil kum mag geschenhen
7519	Es sei dann das sie den künig bitte
7520	Das er nach seinem sitte
7521	Zu Plancken land welle jagen
7522	Auch soltu meiner frawen sagen
7523	Jch wolle jn dem dorne sein
7524	Do ich vnd der geselle mein
7524a	Nu nachst jnne lagen.

Bei Fragen zur Produktsicherheit wenden Sie sich bitte an:
If you have any questions regarding product safety,
please contact:

Walter de Gruyter GmbH
Genthiner Straße 13
10785 Berlin
productsafety@degruyterbrill.com

Synoptischer Text

(D; H)

[Li.]	**D**
1608	Do wart abir offinberlich schin,
1609	Das die *vnveryorhte* Trystrant
1610	Was gar ein kůner wygant.
1611	He dochte he wolde sinen lip
1612	Wagin vmme daz selbe wip
1613	Vnd ouch
1614	das sine gesellin
1615	mochten genesin.
1616	Vnd dochte jm sulde libir wesin
1617	Das he von dem worme vortorbe,
1618	Denne daz he ane wer irstorbe.
1619	Zu hant vnd ez waz dennoch vru
1620	Wapente he sich wol darczu.
1620a	
1621	
1622	He reit
1623	do he pris gewan.
1624	

1655	Do hatte he sin swert in der hant.
1656	Ouch brante jn der serpant

[Li.]	**P**
1619	[Br. 671] Do herr Tristrant das hŏrt. nam er keyn lenger bit. Sunder wappnet sich nach noturfft. vnd rayt gegen der not. wann er was zemal ein kleiner vnuerzagter helt . . .

[Li.]   **H**

1608   Da ward aber wol schin,
1609   Das der herr Trystrand
1610   Was ain küner wygand.

1611   Des wolt er waugen sinen lib
1612   Vmb das selb schön wib
1613   Vnd ouch durch den willen,
1614   Ob er möcht den zorn stillen
1615   Vnd möcht so genesen.

1616   Ouch ducht es *im* besser wesen,

1617   Das er von dem wurm stúrb,
1618   Wann ön wer so verdúrb.
1619   Zů hand des morges frů
1620   Waupnet er sich dar zů
1620a
1621   Gar vlissenglich
1622   Vnd rait vermessenlich
1623   Da hin da er grössen briß gewan.
1624

1655   Das schwert ruckt er ze hand.
1656   Do brant im der serpant

[Li.]   **P**

         [Br. 686] vnnd ee der schafft gar volbracht het er sein
1655   schwert in der h a n d .

1657	Sin starke ros undir jm tod.	
1658	An liff jn der helt gut.	
1659	Wen he sines libes gerte.	
1660	Her hew jn mit dem swerte.	
1661	Das he an siner hant trug.	
1662	Wo he ez mit zcorne hin slug,	
1663	Dar en mochte nicht vor bestan.	
1664	Do gesegete der helt san	
1665	An dem trachin, der was gros,	
1666	Wie vele her dez sint genos,	
1667	Her kouftes zcwar vil thure,	
1668	Wen he was von dem vure	
1669	Czu tode na vorbrunen.	
1670	Den sege hatte he gewunnen	
1671	Mit menlichir deginheit.	
1672	Die zcungin her jm us sneit.	
1673	Her stackte sie *in* sine hute.	
1674	Vnd ist uch wol zcu muthe,	
1675	So mogit jr daz gerne losen:	
1676	Do karthe he zcu eynem mose,	
1677	Vnd da wolde he külen sich.	
1678	Do was der degin herlich	
1679	gewordin swarcz alz ein brant.	

1660 [687] vnd hawet mit ganczen kreften auff in so lang. das er mit grosser arbeit vnd manheit den syg gewan. Aber der wurm verbrannt das pfärde vnder jm vnd er müst zü füssen vechten als er den wurm erschlagen het.
1672 schneid er jm die zungen auß. vnd trůg die mit jm

1657	Das röß bis vff das gebain
1658	An in lieff do der held rain,
1659	Wann er sins libs gert.
1660	Er schlůg in mit dem schwert,
1661	Das er in der hand trůg
1662	Wä hin er es mit zorn schlůg,
1663	Da vor mocht nútz beston.
1664	Da gesigt der kün man
1665	An dem tracken, der was grös.
1666	Wie vil er sin ouch syd genös,
1667	Er kouft es doch gar túr,
1668	Wann er doch von des tracken fúr
1669	Was vil nach zů tod verbrunnen.
1670	Den sig het er gewunnen
1671	Mit grösser küner manhait.
1672	Die zungen er jm vß schnait
1673	Vnd hielt sie wol jn hůt.
1674	Jm was wol ze můt,
1675	Da von wolt er nun laussen.
1676	Zů ainem moß gieng er sin straussen,
1677	Da wolt er erkülen sich,
1678	Wann der tegen so herlich
1679	Was worden schwartz so ain brand.

1668	hinweg. Nun het in der wurm sőllich f e ü e r angeworffen.
1669	das das harnasch schyere an jm v e r b r u n n e n was. do
1676	sahe er eyn m o ß vor jm. darein er gieng vnd woltt sich
1677	e r k ů l e n. das er in dem harnasch nit verbrunn.

3c D *Falsche Ansprüche des Truchseß*

        . . .

1726   He solde sine tochtir han.
1727   Do sprach der koning riche:
1728   „Jch welde denne boslichen
1729   Thun, ich mag des nicht wedir komen.
1730   Jdoch hette ich gerne baz vornomen,
1731   Wer den trachen in warheit sluge."
1732   He sprach:
1733   „here, daz were mir vngefuge,
1734
1735   Wenn daz von mir were gelogin."
1736   He hatte den koning na betrogin.
1737   He wente, daz ez war were.
1738   Der here do die selbe mere
1739   Siner tochtir balde saite,
1740   Wie der trogsesse habete
1741   Sie gewunnen zcu eyme wibe
1742   Mit sines selbis eigenn libe.
1743
1744
1745   Des solde he sie jm zcu wibe gebin.
1746   Das mochte sie vil gerne lebin,
1747   Darvmme daz he irslug den serpant.

1748   Do sprach die vrauwe alzcu hant:

1749   Here vatir, dez gloube mir,
1750   He hot nicht recht gesait dir.

1742   erschlagen nicht er. sŏllich red den trucksåssen zů zorn erwegten vnd sprach. er het den wurm erschlagen allein mit sein eynes leib. vnd wolt das genůgsamklichen beweisen mit vier mannen. die das von jm gesehen heten. man solt in auch nit darfür haben. das er sich der ding an nặme der er nicht gethan het. Er hoffet auch. das jm nicht abgeschlagen

. . .

1726	Vnd sin tochter abtriegen.
1727	Do sprach der kúng rich:
1728	„Jch wölt dann tůn boustlich,
1729	So mag ich sin nit wider komen.
1730	Doch het ich gern bas vernomen,
1731	Wer den tracken schlüg."
1732	„Das wer vngefüg",
1733	Sprach der truchsäss,
1734	„Das ich mich des vermäss,
1735	Das doch wär erlogen."
1736	Den kúng hett er gern betrogen.
1737	Er wänd das es waur wär.
1738	Do der kúng das mär
1739	Siner tochter selber sagt,
1740	Wie sie der truchsäß hat
1741	Gewunnen zů ainem wib
1742	Mit sin selbs lib
1743	Gar hart minneglich,
1744	Sprach er offenlich,
1745	Er wölt sie im ze ainem wib geben.
1746	Das mocht sú gern geleben,
1747	Das er durch sie erschlůg den serpant.
1748	Dú frow sprach do ze hand:
1749	„Vatter, das geloub mir,
1750	Er haut nit wär gesagt dir.

1739 1743	werden möchte die junckfrauen zů geben. mit söllichen vnd mer worten Rett er den küng das der die wort gelaubt. doch sprach er jch wil vor mein tochter darumb besprechen. vnd gieng damit hin zů jr. saget ir wie der trucksaß sy eruochten vnd den wurme manlichen erschlagen het. die junckfraw mit namen die schön Ysalde erschracke. vnd gelaubet der geschicht nicht. vnd sprach Herr vnd vatter.

1751	Her en beging ny vromigheit,
1752	Wo nam he nu die manheit,
1753	Das her jn torste bestan?
1754	Las dinen mut zcu gan
1755	Vnd vornym die warheit rechte:
1756	Vnd sage du dem guten knechte,
1757	Das he beite bis morgen vru!"
1758	Der koning sprach: „ich wil daz thu."
1759	Do dis was irgangin,
1760	Do begunde harte irlangin
1761	Deme trogsessin sundir wan.
1762	Den koning manete he wedir an,
1763	Sinen heren, vnd daz he tete,
1763a	
1764	Alz he gelobit hette
1765	Bie siner rechtin warheit.
1766	Vornemet, mit welchir wisheit
1767	Frauwe Jsalde vornam in cluge,
1768	Wer den trachin do irsluge:
1769	Sie sprach zcu jrem knechte Perenise,
1770	Das he ir *pferde* brechte lise.
1771	
1772	Sie sprach zcu iren juncfrauwin,
1773	
1774	Wie daz sie balde wolde schauwin,
1775	Wie der worm gewant were.
1776	Perenys der kemmerere
1777	Brochte ir die pferd vil vro.

1745	das kein ander abred do sein wurde. dann dz man jm die schön Ysalden geben solt. vnd als die nun mit der vater geret het. antwurt er vnd sprach zů jr also. Nun mag kein lenger verzug sein. dich jm z ů g e b e n. Jch hab so hoch gelobet. wer den wurm erschlag. der sol dich zů weib haben. vnd wie wol du dich darjnnen widerst. doch můß es sein. Er will es auch redlich beweisen. mit vier mannen. das er dich erfochten hab. Hyerauff antwurt sy. So sagent jm das er beyt bis morgen. Doch weiß jch das er nicht gefochten hat alls er sagt. Gelück fůg mir den. der mich erfochten hat. Hiermit gieng der küng
1762	von jr. der trucksäß v e r m a n e t den herrn aber vnd sorget jm

1751		Er begieng doch nie kain frümkait.
1752		Wä nam er nun die manhait
1753		Das er in ietz dorst beston?
1754		Laus dinen můt ergon
1755		Vnd vernim die wärhait recht:
1756		Sag dem gůtten knecht,
1757		Das er bait bis morn frů!"
1758		Der kúng sprach: „da kompt es zů."
1759		Do dis was ergangen,
1760		Do begund ser belangen
1761		Den truchsässen sunder wan.
1762		Den kúng manet er sän,
1763		Das er dar an gedächt
1763a		Vnd nun volbrächt,
1764		Das er gelobet het, / Ze fromlicher stät,
1765		By siner rechten wärhait.
1766		Verniempt, mit welcher wyshait
1767		Die frow erfůr gefůg,
1768		Wer den wurm erschlůg!
1769		Sú sprach zů Perenise,
1770		Das er brächt lyse
1771		Die pferdt, wenn es tagte.
1772		Brangenen sú sagte,
1773		Jrer junckfrowen,
1774		Sú wölt morn schowen,
1775		Wie der wurm gewundt wär.
1776		Perenis der kamerer
1777		Frü die pferdt braucht.

wurd sein freüd zů lang verzogen. Do saget jm der künig das er verzug het bis morgen. Des ward er zemal hoch erfreüet. vnd meinet sich selbs yecz küng zesein.

Abentewr: Wie fraw Ysalde herren Tristrant vand ligend bey einem brunnen. vnd wie es jm darnach ergieng.

1766 Nun vernement mit wellichen lüsten fraw Ysalde erfůr vnd auch befand den helden der sy eruochten het. Sy het einen
1769 kamrer mit namen Peronis. dem sy gar wol getrauet. den bat sy wol bald bringen drew pfärd.

1778		Vff so saszin sie do
1779		Vnd retin jlentlichin.
1780		Czu hant do die vrauwe riche
1781		Tristrandes slauwe gesach,
1782		Brangilen sie zcu sprach:
1783		„Sich, wie daz ros was beslayn,
1784		Das hat den helt her getragin,
1785		Der den trachin irslug.
1786		Merke ebin des gevug:
1787		Die ros man hir nicht besleit,
1788		Alz an desir slauwin geit.
1789		Desir, die hir geretin ist,
1790		— Des wes sichir vnd gewis —
1791		Der hat irslagin den serpant."
1792		Do quamen die vrauwin alczu hant,
1793		Do der trache lag tot.
1794		Do vundin sie einen schilt rot
1795		Besengit alz garwe,
1796		Das sie jn bie der varwe
1797		Nicht wol mochtin irkennen
1798		Die waz doch etteswenne
1799		Gar licht und thüre.
1800		Ouch vunden sie von dem vüre
1801		Ein ros vorbrant vil gare.
1802		Des namen sie ernstlichen ware,
1803		Jdoch daz sie wol bekandin,

1771 [768] vnd zů morgens ee es taget. rayt sy selbs mit Peronis.
1773 vnd einer jr junckfrauen namlich Brangel. vnd kamen
1781 gerichcz auf herr Tristrants schlage do die fraw das sahe
bat sy fleissigklichen dem schlag nach zereiten. vnd sprach
1804 dz pfărd ist nit in dem lant erzogen. ach got wo ist der
held den es getragen hatt. aber die morder haben in ertȫt.

5d	H	Isalde findet Tristrant

1778	Frow Ysald gedaucht
1779	An ire selbes eren.
1780	Darvmb begund sú dar keren,
1781	Do sú Trystrands schlag besach,
1782	Zů Brangenen sú do sprach:
1783	„Sich, wie das roß ist beschlagen
1784	Das haut den held her getragen,
1785	Der den serpent erschlůg!
1786	Merck recht den fůg:
1787	Die roß man hie nit so beschlecht
1788	Als an diser spúr hie stet.
1789	Diser der hir geritten ist,
1790	Des bis sicher vnd gewiss,
1791	Der haut erschlagen den serpant."
1792	Dar nach komen die wib ze hant
1793	Do der track lag töd.
1794	Do funden sie ain schilt röt
1795	Besenget also gar,
1796	Das sie in by der farb
1797	Nicht mochten erkennen.
1798	Der was etschwenn
1799	Gewesen lúcht vnd dúrr.
1800	Ouch funden sie von fúr
1801	Ain roß besenget gar.
1802	Des namen sie ernstlich war.
1803	Ye doch sie wol erkantten

1793	Sůchtt nun nach dem grab. er ligt etwo in der nehin hiebej begraben. Als sy die wort redet. kamen sy do der tod wurm lag. vnd dz verbrunnen pfĕrd. auch der versegnete schilt. das
1795	alles was als g a r versengett vnd verbrant. das sy weder
1796	f a r b noch wappen sehen noch e r k e n n e n mochten

1804	Das ez dar jn iren landin
1805	Nicht geczogen noch gevallen was,
1806	Alz ich an dem buche las,
1807	Ouch habe ich die rede vornommen.
1808	„Owe, wo ist der helt hen komen,"
1809	So sprach die edele vrauwe gemeit,
1810	Der dis ros hute reit?
1811	Wie gerne *ich mir des* gunde,
1812	Das ich on vmmir vinden kunde!
1813	Die mordere habin jn irslagin,
1814	He liet hir etwar begrabin."
1814a	
1815	Di vrauwe Perenysin bat,
1816	Das he vorbas suche daz grab,
1816a	
1816b	
1817	Ab he irne vunde den degin,
1818	Sie welde jm gute salbe gebin
1818a	
1818b	
1819	Do suchten sie nicht lange.
1820	Brangile quam gegangin
1821	Czu dem mose, da he lag.
1822	Do die vrauwe an gesach
1823	Den helm gliszen so ein glas,
1824	Schire sie do komen was.
1825	Jr duchte, daz her sich noch bewagete.

1816a   [779] dye frau hůb an mit sunder grosser klag vmb den werden manlichen leib. vnd bat stätlich für sich zů sůchen. ob man in totten vinden mőcht. vnd wer in fund. dem

1804		Das es in den landen
1805		Nicht erzogen was,
1806		So ich es in dem bůch las,
1807		Sust hab ich die red vernomen.
1808		„Owe, wä ist hin komen
1809		Der dis roß her rait?"
1810		Sprach dú frow gemait,
1811		„Die morder hand in erschlagen.
1812		Vnd von dem weg getragen
1813		Vndanck müssen sie haben.
1814		Er lyt hie etschwa begraben.
1814a		Gern ich in fúnd, / Ob ich in finden kúnd."
1815		**Die** frow bat Perenis,
1816		Das er sůchte lys,
1816a		
1816b		
1817		Ob er fúnd den tegen,
1818		Sú wölt sin wol pflegen.
1818a		Vnd gelobt im wärlich,
1818b		Sú machte in ymmer rich.
1819		Sie sůchten vnlang.
1820		Brangenen kam zů letst gegangen
1821		Zů dem moß, do er lag.
1822		Do die junckfrow ersach
1823		Den helm glysen als ain glas,
1824		Schier sú dar komen was.
1825		Sie ducht, wie er sich regte.

1818	wolt sy g e b e n hundert marck goldes. die zwei warn dester fleissiger zesůchen. vnd Brangel sahe vonn verren. den helm
1823	ge l e i s s e n

1826	Jsaldin sie das schire sagete:
1827	„Jch habe den helt gevundin
1828	Mit vil jemirlichen wundin!
1829	Nu komet balde jlende her,
1830	Ab wir ön vmmir mochten irnern,
1831	Sprach Brangile, die gute.
1832	Der vrauwen wart wol zcu mute,
1833	Do sie dez heren wart geware.
1834	Sie quam schire jlende dare,
1835	Den helm sie jm abe bant.
1836	Do irhorte wol her Tristrant,
1837	Das da warin vrauwin.
1838	He begunde sie an zcu schauwin
1839	Vnd vragete sie, wer da queme,
1840	Der jm sinen helm abe neme.
1841	Di vrauwe *jm* gar schire entwort:
1842	„Nu en habe, helt, keine vorcht,
1843	He wirt dir vil wol wedir.

	[784] die eilet wol bald zů der frauen. vnd sagett sy het den
1827	helden f u n d e n. do riten sy mitt grosser eyl. vnd kamen do
1828	er lag bey dem brunnen. kranck vnnd v n g e s u n d. Dye
	schőn Ysalde enstricket jm den helm. vnd nam jm den von

| 1826 | Zů der frowen sú do redte: |
| 1827 | „So ich hon den helden funden, |

| 1828 | Vngesund vnd vngebunden, |
| 1829 | Nun kumpt bald her so, |

| 1830 | Vnd lůgt, mögt ir in erneren noch," |

| 1831 | Sprach Brangenen die gůt. |
| 1832 | Der frowen ward wol ze můt, |

1833	Do sú des herren ward gewar,
1834	Sú kam gar schier dar.
1835	Den helm sú im ab band.
1836	Do hort herr Trystrand,

| 1837 | Das da waren frowen. |
| 1838 | Er begund sie schowen |

1839	Vnd fraugt, wer da käm
1840	Vnd im den helm ab näm.
1841	Dú frow im do zů sprach:
1842	„Habt, herr, nun gemach,
1843	Er wirt úch wol wider".

1836	dem haubt. Herr T ristrant der hort wol. das fraw en
1838	bey jm warn. warff die augen auf vnd sprach Wer nim-
1840	met mir den helm. die frau warde on massen fro do sy in
1841	reden hort. vnd antwurt jm bald. hab nicht sorg. er wirdet
1843	dir wol wider.

2808	. . .	
2809	Sprach zcu syme liben heren:	
2810	„Es en mag uch nicht geweren,	
2811	Des uch myn vrawe lest bethin,	
2812	Das ir jren lant setin	

2813	Mit ir wollit began."	
2814	Do vragete jn der koning an,	
2815	Was setis sie in jrem lande hette.	
2816	Do sprach der helt vil stete,	
2817	Bie demm bette sold nicht lichts sin,	
2818	Wen so de edele koningin	
2819	Czu dem irsten bie jm lege,	
2820	Das sie nymant an gesege	

2821 Bis dez morgens, daz sie uff stunde.
2822 Wie wol daz he ir dez gunde,

2823 Sprach der koning zcu sinem nebin
2823a
2823b
2824 Vnd his jn kemmerere wesin,
2825
2826 Wen he wuste, wie ez wesin sold
2827
2828 Vnd waz die frauwe haben wold.
2829

[1408] Herr Tristrant gieng zů dem küng. vnnd sprach Herr
2811 wz ligt euch daran. ob jr die frauen gewert des sy bitet.
2812 sy begert. das jr. jren lantsitten. mit dem beyligen
2813 begeet. Der küng fragt wz lantsiten sy hete. her Tristrant
2816 saget jm. so sy beylåg der ersten nacht. soll kein liecht

2808 ...
2809 Sprach zů sinem herren:
2810 „Herr, jr sond irs nit verkeren,
2811 Min frow laust úch bitten,
2812 Das jr jrn lant sitten

2813 Welt mit jr begön."
2814 Do fraugt der kúng sön,
2815 Was sitten ir land hette.
2816 Do sprach der held stete:
2817 „By úch sol nicht liechtes sin,
2818 So zů dem ersten die kúngin
2819 Zů úch legen gaut, als ich jench,
2820 Das sie dann niemend sench,

2821 Wann des morgens, so sú vff stůnd."
2822 Gar wol er ir das gund,

2823 Sprach der kúng zů sinem nefen
2823a
2823b
2824 Vnd hieß jn kamrer wesen,
2825 Das er die liecht leste,
2826 Wann er wol weste,
2827 Wie es sin sölt.
2828 Vnd was dú frow wölt,
2829 Das er das alles tät.

2817 da sein. vmb das man sy nit såhe biß zů morgens das sy
2821 widerumb auf stůnde. Do sprach der küng. daz er jr das
2822 wol vergunt. vnd hieß seinen öheim her Tristrant selbs
2824 kamerer seyn. das er auch thet vnd ließ. was die künigin
2828 begert vnd haben wölte.

2830	
2831	Der kemmerere Trystrant
2832	Der kemenatin sich vndirwant.
2833	Do der koning slaffin solde
2834	— Vnd alz es die vrauwe wolde —
2834a	
2834b	
2835	So ted he jren willen:
2836	Brangilen brachte he vil stille
2837	Czu bette dem koninge.
2838	Des waz die meiste trugene,
2839	Die Tristrant y getete,
2840	Wen he rechte an der selbin stete
2841	Lag bie siner vrauwin.
2842	Das enwaz ny kein vntruwe,
2843	Wen he ted daz ane sjnen dang.
2844	Das machte der vil ledige trang.
2845	
2846	An der mitnacht
2847	quam Brangile gegan.
2848	Jre frauwe his sie uff stan,
2849	Das sie ginge zcu jrem manne.
2850	Vnd so wart das ane vangin,
2851	Das der koning wart betrogin.
2852	Tristrant hatte jm gelogin,
2853	Das en mochte nymant gloubin.
2854	Do waz Tristrant ein jar in dem hofe.

	es rechtlich. nicht betrieglicheyt sein. Weil herr Tristrant sŏlichs nit auß aigen mŭtwillen vnd frefel getan hat sunder auß schickung vnd würckung materlicher kunst. vor oft be-
2846	nennt. Vnd als nun die n a c h t jren lauf aines teyls volpracht
2847	het. vnd sich wider umb kert gegen orient. g i e n g Brangel mit betrŭbtem herczen vnd versertem leib vnd gemŭt. von
2848	dem küng hin zŭ Ysalden. hieß die a u f s t e e n. vnd sich

2830	Mit vlis er jn des bät.
2831	Der kamerer Trystrand
2832	Der kemmenautten sich do vnderwand.
2833	Do der kúng schlauffen solt
2834	— Vnd als dú frow wolt —
2834a	
2834b	
2835	So tett er iren willen.
2836	Brangenen braucht *er* in dem stillen
2837	Zů bett dem kúng.
2838	Das was die maist trúg,
2839	Die Trystrand ye getet,
2840	Wann er recht an der stet
2841	Lag by siner frowen.
2842	Vntrúw was dar an nicht schowen,
2843	Wann er tet es sunder danck:
2844	Der gar vnselig tranck
2845	Hett es dar zů braucht.
2846	Recht ze mitter nacht
2847	Kam Brangenen gegän.
2848	Jr frowen hieß sie vff stän,
2849	Das sú gieng zů jrem man.
2850	Do stůnd sú vff vnd gieng dan.
2851	Der kúng so ward betrogen.
2852	Trystrand hett jm gelogen.
2853	Do was Trystrand jn dem hoff stätlich ...
2854	

	zů dem küng legen dicz ward getan. mit vnwilligem můt vnd was jr vil zů frů. auff zů steen von herren Tristrant. bey dem ließ sy jr hercz. vnd gieng mit dem leib czů dem künig. Also
2851	ward der küng b e t r o g e n. vnd dye fraw bey eren behalten.
2853	es belaibe auch her Tristrant ein gancz jar in dem h o f f vngemeldet.

2863	Dar nach abir nicht lang
2864	Gewan die vrauwe den gedang,
2865	Das sie mit dez todes done
2866	Brangilen wolde lonen,
2866a	
2866b	
2867	Daz sie ir so wol gedinet habete.
2868	Sie vorchte sich, daz sie sagete
2869	Allis, daz sie von ir wiste.
2870	Sie wolde ir mit listen
2871	Den lip abe gewynnen.
2872	Das warin bose synne!
2873	Zwen armen rittern sie gebot,
2874	Das sie Brangilen tedin den tod,
2875	Sechczig mark gebe si jn silberes.
2876	Die ritter warin willig des
2877	Vnd sprachin, das sie gerne tetin,
2878	Wes sie die vrauwe bethe.
2879	Das silber sie jn zcu hant gab
2880	Vnd wisete sie an eine stad,
2881	Dar sie eines brunnen hutin soldin.
2882	Vnd wer daz brunnen scheppin wolde,
2883	Das sie deme nemen den lip,
2884	Es were man adir wip,
2885	Vnd die zcungen ir brochtin.
2886	Die ritter beide do gedochtin
2887	An das silber vil harte

Wie die künigin jr getrewe Brangel schűff czů tödten.
vnnd doch nicht geschahe.

2863	[1448] Darnach über v n l a n g. bedacht die frau jr wesen.
	her Tristrants halben. vnd viel jr zů. Brangel möcht sölichs nun
2868	von jr s a g e n vnd offenbaren. des sy doch wol sicher was.
2866b	vnd wolt der mit dem tod l o n e n. Schicket nach zweyen

2863	Dar nauch nit lang
2864	Gewan die frow den gedanck,
2865	Das sú Brangenen der schönen
2866	Vnrecht wolt lonen,
2866a	
2866b	
2867	Das sú ir so wol gedient hat.
2868	Sú vorcht, das sú sagt,
2869	Was sú von ir wiste.
2870	Sú wolt *ir* mit sölicher liste
2871	Den lib abgewinnen.
2872	Das wär bös sinne!
2873	Zwain armen rittern sú geböt,
2874	Das sie sy schlügen ze tod,
2875	Vnd wären *sú* des willen starck,
2876	Sú geb in silbers sechzig marck.
2877	Sy sprächen, gern sy es tätten,
2878	Wes sú sie bätten.
2879	Zů hand gab sú das silber jn
2880	Vnd wyst sy an ain stat hin,
2881	Da sie ains brunnen hütten solten.
2882	Welch dann schöpffen wolten,
2883	Den solten sie nemen den lib,
2884	Es wär man oder wib,
2885	Vnd ir die leber brechten
2886	Vnd es wol gedechten.
2887	An das gedauchten dis hart

2875	armen gesellen. gab den sechczig marck silbers. vnd weißt
2881	in einen prunnen in einem garten. beualch in bey jrem leben. wer mit einem guldin trinckuaß zů dem prunnen käm.
2884	er wär man oder weib den solten sy tödten. vnd zů einem
2885	zaichen solten sy jr die leber bringen. die zwen gelobeten der frawen. das also zethůn. namen das silber. vnd wurden des zemals ser erfrewt.

2888		Vnd hubin sich an die warte.
2889		Die koningynne sich do legete,
2890		Mit Brangilen sie do redete
2891		
2892		
2893		
2894		
2895		Und bat sie ir holin dez brunnen,
2896		Der dorch den bomgarten runne.
2897		Brangile dez nicht en lis,
2898		Das ir die koningynne his.
2899		Ein goltvas sie in die hant geving,
2900		Jn den bomgarten sie ging
2901		Czu dem brunnen, da sie jn vant.
2902		Die ritter quamen alczuhant.

2911	So sprach die junge vrauwe:
2912	„Jch entgelde myner groszin truwe!
2913	Min vrauwe heiszet mich irslan.
2914	Nu solt ir uwir togent began
2915	Vnd tud daz dorch gotis meyne,
2916	Wen ich ez nicht kan vordinen,
2917	Vnd laszit mich eine wile lebin.
2918	Vnd uwir ein ghe achtir wegin.
2919	Vnd spreche, daz ich irslagin sie,
2920	Vnd sage myner vrauwe dar bie,

2900   mord vnd vntreü jrer frawen. noch nicht. dz sy yecz sterben sollt. vnd gieng zů dem prunnen. als sy des wassers schöffen wil. treten die zwen herfür ...

[1466] Vnd sprach. jr herren was sol das sein. nun waiß

2888	Vnd machten sich vff die vart.
2889	Dú kúngin sich do legte,
2890	Zů Brangenen sú do redte,
2891	Das ir vnsanft wär.
2892	Do clagt sy offenbär.
2893	Der getrúwen Brangenen
2894	Gebŏt Ysald valsch getän,
2895	Das sú ir holti des brunnen,
2896	Der in dem bŏmgartten runne.
2897	Brangenen das nicht ließ,
2898	Sú tet das sy die kúngin hieß.
2899	Ain goldfaß sú in ir hand fieng,
2900	Jn den bomgartten sú da hin gieng
2901	Zů dem brunnen, do sú den fand.
2902	Do komen all zů hand ...

2911	Sprach dú gehúr:
2912	„Jch engilt miner trúw.
2913	Min frow haist mich erschlachen.
2914	Nun sölt ir úwer tugent begän
2915	Vnd tůnd es durch gottes lieb,
2916	Wan ich mag das nit verdienen,
2917	Vnd land mich ain wil leben!
2918	Vnd úwer ainr gang after wegen
2919	Vnd jench, das ich erschlagen sy.
2920	Vnd sag miner frowen da by,

2912	jch doch nichts getan haben. darmit jch den todt verdient hab. aber wol waiß jch. das jch meiner grossen t r e w e n entgilt. nun thůt es durch ewer tugent auch durch die
2915	liebe gotes. vnd last mich leben. biß ewer einer gee zů
2919	der künigin. vnd jr sag. jch s e y e r s c h l a g e n. vnd sagt
2920	jr d a b e y.

2921	Das ich wedir uch spreche:
2922	Jch enweis nicht, waz sie an mir rechin,
2923	Das sie mich ane schult vorryt.
2924	Got weis wol, ich vordines nyt.
2925	
2926	
2927	Wen ich vorlis alle myne mage
2928	Vnd vur mit ir uff wilde wage.
2929	
2930	Nu mus ich arme mynen lip verlisen.
2931	
2932	Do wir von dem lande begundin stisen,"
2933	Sprach die juncfrauwe gute,
2934	„Do gab vns myn müter
2935	Zwei hemmde harde cleine.
2936	Sie weis wol, was ich meyne!
2937	Eir wir do quomen in dis lant,
2938	Do was daz ire so zcutrant,
2939	
2939a	
2939b	Daz ez zcu nichte en tochte
2940	Vnd sie daz mit eren en mochte
2941	Bie dem koninge an gehaben.
2942	Do was das myne noch vngetragin,
2943	Das waz gancz vnd nuwe.
2944	Sie bat, daz ich ez ir lege dor truwe.
2945	Da thed ich daz vil ungerne.
2946	Do bat sie mich alzo verne,
2947	Das ich ez zcu lestin leig ir.

	Waffen des grossen mordes wz maint dises ding vnd groß vnpild. Es sey dann das. da wir von jrland in dises küng-
2929	reich faren solten. da gab vns mein alte fraw jr m ů t e r
2935	zwai weisse hemd geleich k l e y n. vnd sy solt die erst nacht in jrem hembd bey dem küng ligen. ward jr hemd z e r-
2938	t r e n n t vnd zerbrochen. das sis mit eren bey dem küng

2921		Das ich wyder úch spräch:
2922		Jch enwaiß, was sú an mir räch,
2923		Das sú mich ân schuld verriet.
2924		Got waist, erdencken mag ich nit,
2925		Das ich ye ichtz getät,
2926		Dar vmb sú billich zorn het,
2927		Wann ich ließ all min maug
2928		Vff ir ainig gnåd
2929		Vnd zouch mit ir in frömde rich.
2930		Sol ich dann so jemerlich
2931		Vnuerschuldt den tod liden?
2932		Do wir von land schieden,
2933		Do gab vns ir můtter lut
2934		Jn frúntlichem můt
2935		Zway hemd gar clain,
2936		Sú waist wol, was ich main.
2937		E wir kamen in das land,
2938		Do was das ir zů hand
2939		Zerrissen vnd zerbrochen gar
2939a		— Niempt der red war —
2939b		Das es ze nichten tougt
2940		Vnd *sú* es mit kainen eren mocht
2941		By dem kúng anhaben.
2942		Do was das min vngetragen,
2943		Es was schön vnd núw.
2944		Sú batt es ir lyhen durch trúw.
2945		Das tet ich gar vngern.
2946		Do batt sú mich also ser,
2947		Das ich es ze letst laich ir.

2940	nit mocht anhaben. do wz das mein noch vngetragen.
2943	gancz vnd neü Sy erbat mich mit großer bete. gelobet mir
2944	souil trew vnd freüntschafft. das jch jr mein hembd lih e.
	nur die ainig nacht das sy bey dem küng mit eren in dem
	hembt geschlaffen möcht. sölchs wz mir nit gemaint. vnd
2945	tet das zemal vngeren. yedoch erweget sy mich. mit
2947	sölicher jrer bet vnd geheyß. das jch jrs zů jüngst lih e.

2948		Jch weis nicht, daz ich ir bete mer:
2949		
2950		
2951		Daz ich gancz vnd nuwe hatte her bracht,
2952		Das leig ich ir die irste nacht,
2953		Do sie bie dem koninge lach.
2954		Do wart es mir zcu nichte gemacht.
2955		

2962	So bleib sie leben
2963	von dem jemerlichen spreche.
2964	
2965	
2966	
2967	Do quam dar ein hunt gegan,
2968	Der eine irslug jn von stunt an
2969	Vnd sneit jm us sine zcunge
2970	Vnd brachte sie in sjn hemde gewundin
2971	Vnd trug *sie* gar vorholentliche
2972	Hen zcu der koningynne riche.
2973	Sie saite jm dez guten dang
2974	Vnd vragete jn alczuhant:
2975	„Sprach sie ich*t* zcu uch?" 'ja, sie tete.'
2976	„Nu sage mir waz!" Her antworte stete
2977	Vnd saite ir recht, wie sie sprach,
2978	Von dem hemde vnd wez sie jach.

2948 2952	[1490] jch waiß nit wz jch jr m e r erbewt. dann an der selben ersten n a c h t. als sy bei dem kü n g̈ lag. ward mir mein hembd mißhandelt zertrennt vnd vntȫchtig in jrem dienst Dicz sagt jr von mir. wann jch nichcz waiß gehandelt haben. damit jch den tod verschuldet habe.
2965 2966	[1500] wir mȫchten es n y m m e r überwinden. ja wir kǟmen auch von allen vnseren e r e n wo man sȫlichs von vnß jnnen

2948	Jch wais ir nit embietten mer,
2949	Wann das ich über mer so
2950	Min hemd mit mir her jo
2951	Núw braucht mit mir,
2952	Das lich ich in der ersten nacht ir,
2953	Do sú by dem kúnig lag.
2954	Dar zů kam ain sölich schaden schlag,
2955	Das es was ze mal zerfürt.

2962	Jr derbärmblichs sprechen
2963	Behielt jr do den lib.
2964	Sie gedauchten, erschlügen sy das wib,
2965	Sy überwindentz nimerme
2966	An ir weltlichen er.
2967	Do kam dar ain hund gegan.
2968	Ain ritter schlůg in san,
2969	Er nam die leber so fremd
2970	Vnd wand sie in sin hemd
2971	Vnd trůg sie verholenglich
2972	Fúr die kúnginge rich.
2973	Sú hieß in haben gůtten danck
2974	Vnd begund in fraugen sunder wanck:
2975	„Sprach sú icht?" 'jo, sú tet.'
2976	„Nun sag mir was!" er sagt vff stett.
2977	Er sagt ir, wie sú sprach,
2978	Von dem hemd, wie sú jach.

2971 ... wurd. wir wöllen vns an jr nicht vermailigen. vnd weil sy also mit einander redten. lieff ein hund vergebenlich für den tötten sy. vnd namen die leber von jm. mit der gieng der ein zů der künigin gar verholenlich jr sagen dye geschickte. Sy hieß in grossen danck haben vnd fraget ob Brangel in jchcz gesaget het. Er sprach ja. darauff begert die frau zů wissen. was doch die sag wär. er hůb an vnd sagt jr von wort zů wort. wie sie jr

2978 erboten. vnd was sy geredt het. da jahe die künigin.

2979		
2980		
2981		„Sprach sie icht mer?" 'nein, sie nicht,
2982		Wen daz were or von herczin lip,
2983		Hette wir ör den lip gelaszin.'
2984		„Wanne nu müsze mich got vorwaszin!"
2985		Sprach die vrauwe wol getan,
2986		„Das ich daz lebin y gewan,
2987		Das musze vmmir gote irbarmen!
2988		Was sal ich nu vil arme,
2989		Das ich mich sus gevelschit han?
2990		Nu en sal mir wip noch man
2991		Getruwin nymmir mere!
2992		Got vatir, laszit an myn ere
2993		Vnd schire an myn lip gan
2994		Den mort, den ich habe getan!
2994a		
2994b		
2995		Der tufil", sprach sie, „der neme mich!"
2996		Sie slug vnd roufte sich
2997		
2998		
2999		So sere, daz he sie zcu wundir an gesach.
3000		Vil groszir ruwe sie doch phlach.
3001		Do der ritter daz gesach,
3002		Das ir daz von leide geschach,
3003		
3004		
3005		He sprach: „vrauwe, trostet uwern müt!

2980	[1510] sag auff dein treü ob sy jcht mer redt entreüen
2981	nain. sy redtt nit mer. dann das sy gern gesehen het. dz wir
2983	jr den leib lassen heten. Do das die frawe höret. mercket vnd verstůnd. die grossen trew vnd lieb. So Brangel noch zů jr het. vnd in söllichen grossen vnd letsten nöten sy noch nicht offenbaret. ward sie sich selber veinten vnd hassen.
2987	vnd sprache. Nun mūß es got erbarm. das jch den tag
2988	nie erlebt hab. Was sol jch nun Jch arme. das jch mich
2989	selbs also gefelschett vnnd söllichen mort begangen hab.

2979	Sú hett es nicht vermitten,
2980	Durch trúw hett sú irs gelichen.
2981	Ysald fraugt: „sprach sú icht me?" 'nain,
2982	Wann ir wer lieb gewest das allain,
2983	Das ir der lib wer gelaussen.'
2984	„Nun můs mich got verwaßen,"
2985	Sprach dú frow lustsam,
2986	„Das ich das leben ye gewan!
2987	Got das erbarme!
2988	Was sol ich nü vil arme,
2989	Das ich mich so gevelschet hän?
2990	Mir sol wib noch man
2991	Getruwen nimmer me!
2992	Got lauß das an min er
2993	Vnd schier an minen lib gon,
2994	Den mord *den* ich hab geton."
2994a	
2994b	
2995	Sú sprach: „der túfil niem mich!"
2996	Sú schlůg vnd rouft sich
2997	So fräuenlichen hart,
2998	Das ainer von der wart
2999	Zů wunder sie do an sach.
3000	So grŏs tet sú ir do vngemach.
3001	Do der ritter das vernam,
3002	Das es von rechtem laid kam
3003	Dú rúw die sú habt,
3004	Nit lenger er verdagt.
3005	Er sprach: „frow, verdegt úwer nöt!

	Sy ward so gar betrůbt vnd bekümmert das sy jr selbs gancz vergaß. vnd in dem selben grossen herczenlichen laid. recht als auß einer vnsinnikeit oder vnuernunfft begert sy. das sy der bŏß geist sŏlt hin nemen. vnd ward gar herczenlich
2994a	w a i n e n klaget auch so starck vnd ser das der gesell. der
2999	die mǎr bracht. geleich still stůnde. vnd s a h e sy durch wunder an. Alls aber sŏllich groß vngefůg rew vnd laide er an jr sahe. mocht er sich nit lenger enthalten. vnd sprach
3005	fraw trŏstent eür g e m ů t.

15c   D   Versöhnungsszene

```
              . . .
3028    Czu der vrauwin kemmenatin.
3029    Do sie die koningynne gesach,
3030    Nu moget ir horen, wie sie sprach:
3031    „Wes willekome, libes wip.
3032    Das du behaldin hast den lip,
3033    Des lobe ich got vil sere.
3034
3035    He halff dir werlich ane swere,
3036    Der werde koning riche."
3037
3038
3039
3040
3041
3042    Des vil die vrauwe jnnygliche
3043    Brangilen zcu iren füsze.
3044    Sie bot ir grosze busze
3045    Vnd darczu lipliche wort,
3046    Das sie vorgesze den bosin mort,
3047    Den sie an 'or wolde han began.
3048    Ouch suchte Brangile san
3049    Gnade, alz sie zcu rechte solde
3050    Vnd bat sie, daz sie ir vorgebin wolde,
3051    Ab sie bie ir icht hette getan,
3052    Das sie vormedin solde han.
3053
3054
```

```
3049    sůch dein fůß. vnd begere genad von dir vmb
3044    mein groß schuld. will dir auch ewiklich darumb zů bůß
        steen. nach dein selbs geuallen. gott sey gelobet ewigklich.
3032    das du den leybe behalten hast. er ist auch wol mit seinen
3034    genaden herniden gewesen. vnd dir geholffen auß der
3035    not. das aber er mir den selben tod thãt. den jch dir
3037    erdacht hett. oder mich sein kraft vnd macht in
3039    abgrunde versencket. So richtet er recht. vnd nach
```

15d   H   *Versöhnungsszene*

...

3028   Zů der kúngin kemnaut.
3029   Do sú die kúngin ersach,
3030   Vernimpt, wie sú sprach:
3031   „Bis wilkomen, vil liebes wib,
3032   Das du behalten haust den lib,
3033   Des lob ich got von himel.
3034   Zwar, er was hie niden
3035   Vnd halff dir vss diser nǒt.
3036   Tättest du mir nun den selbin tǒd,
3037   Den ich dir hett gedaucht,
3038   Oder versenck mich sin macht
3039   All hie jn des meres grund,
3040   Oder vergeb mir min súnd
3041   Darvmb so richt ouch ich.
3042   Da mit fiel die kúngin rich
3043   Brangenen zů fůße.
3044   Sú bott ir größ bůße
3045   Vnd so mineglich wort,
3046   Das sú ir vergeb das mort,
3047   Das sú an ir wolde begön.
3048
3049
3050
3051
3052   Das sú vermitten solt hön.
3053   **All da laugen sie baid,**
3054   **Jn grössem laid**

3040   meinem verdienen. mir vor nun all mein s ü n d vergåb.
3045   Sy bot jr so vil freüntlicher w o r t vnd grosser geheyß.
3046   das sy des m o r d e s gegen jr vergessen solt. durch sǒllich hoch erbieten. ward Brangel gesenfftet. vnnd bat dye
3050   frawen jr auch ze v e r g e b e n. ob sy ye jchtes g e t h a n
3052   hette. das sy solt vermiten h a b e n. in dem wurden sy
3053   b e y d vor l a i d vnd auch vor liebe stumm vnd vngesprǎch. vielen vnuersunnen ernider.

16c   D   Versöhnungsszene

3055
3056   Do lagin sie beide so lange,
3057   Das ein ebin wile waz vorgangin.
3058
3059
3060
3061   Do kusten sich die vrauwen zcwu.
3062   Die koningynne gedachte do,
3063   Wie sie ez Brangilen irgeczte
3064   Vnd sie vil werdiglichen seczte.
3065
3066
3067   Do en was Trystrant nicht zcu hus.
3068   He was mit dem koninge us
3069   Geretin beiszin in den walt.
3070   Do jm dese mere wart geczalt
3071   Von Kurnevale dem guten,
3072   Do wart jm an synen mute
3073   Beide leide und zcorn.
3074   „Des were bessir vorborn,"
3075   Su sprach he zcu der koningin,
3076   „Nu abir dez nicht mag gesin,
3076a
3076b
3076c
3076d
3077   Nu vorgeldet ir daz mit eren!"
3078   Do sprach die vrauwe here,
3079   Das sie daz vil gerne tete.

3073   ward jm die sach geöffnet durch Curneualen. Do ward herr Tristrant laide on massen vnd zorn. gieng zů der künigin. vnd sy mit worten ser straffent vmb söllich jr fürgenommen übel vnd boßheyt. so aber dz ye geschehen wår. wår nun an-
3076a   derst nichcz darjnn fürzenemen dann dz Brangel dye vnthat vnd den mort verkiesen solt. vnd füran zů arg nimmer gedencken. darwider auch solt die künigin sy ergeczen

3055	Wauren sie befangen.
3056	Do laugen sie so lange
3057	Das sie niemen vff hůb.
3058	Do es sie baid ducht gnůg,
3059	Baid sie do vff stůnden.
3060	Sie hetten baid gnᵛåd funden.
3061	Do kusten sie sich do.
3062	Die kúngin gedaucht do,
3063	Wie sú es Brangenen ergetzt
3064	Vnd ir wider fröd seczt
3065	Gen dem laid so getän.
3066	Das wölt sú an ir gern began.
3067	Nun was Trystrand nicht ze hus,
3068	Er was geritten vß
3069	Mit dem kúng birschen in den wald.
3070	Do im das mer ward gezalt
3071	Von Kurnewal dem gůtten,
3072	Do ward im in sinem můtte
3073	Baiden laid vnd zorn.
3074	„Dis wär besser verborn,"
3075	Sprach er zů der kúngin,
3076	„Nü das nicht mag gesin,
3076a	
3076b	
3076c	
3076d	
3077	So ergetzt sy es ymer mer!"
3078	Do sprach dú junckfrow her,
3079	Gar gern sú das tätt.

mit allem dem das sy het. wz auch Brangel begeret oder båt.
vnd haben wolt. Solt die küngin alles staten. vnd volfůren.
vnd sprach sy darauf wyder zů gůten freünden. in aller maß
alls sy vor gewesen warn. Die fraw warde zemal fro. das sy
widerumb gefreündett wurden. Jr was auch der spruch ringe.
vnd willig zehalten. wann sy bedaucht zů widerleg nichcz
zeuil.

3080	Do wart die süne gancz vnd stete.	
3081	Darnach in korczin stundin	
3082	Wart Tristrant abir fundin	
3083	Alzo rechte sere vorsnetin.	
3084	Merket ebene wo mete:	
3085	He wart besait vnd belogin	
3086	Von dren bosin herczogin	
3087	Vnd von vir schentlichin gravin,	
3088	Die dem koninge dez hofes plagin.	
3089	Jch wil uch sagin vmme was:	
3090	Sie warin jm des gehas,	
3091	Daz he mit groszem schalle lebete	
3092	Vnd nach allin eren strebete	
3093	Vnd das beste ted zcu allir zcit.	
3094	Darvmme hattin sie zcu jm nyt.	
3095	Sie warin selbin nicht vrome.	
3096	So ist daz sint vil dicke komen	
3097	Vnd geschüt noch vil manchem man,	
3098	Daz jm der nyder vorgan	
3099	Vnd sinen pris gerne zcu störet.	
3100	Wen he jn ergin lobin höret,	
3101	Mag he ez wedir redin nicht.	
3102	Jdoch he kein gut darczu spricht.	
3103		
3104		
3105	Woldet ir daz rechte merkin,	
3106	Wen mit sulchin werkin	
3107	Kein man	
3108		pris adir ere mag gewynnen.

3080	[1581] darauf machten sy die sünn stät. vnd küsten aneinander nach gewonheyt jrer landts sitten. In dem begab sich.
3083	das herr Tristrant gar ser verschniten warde. doch on all
3082	wunden vnd geschahe das durch ein herczogen mit
3087	namen Auctrat. vnnd vier grafen. die auch in dem hof waren.
3090	diß fünf man vielen in söllichen grossen neid vnd haß
3089	gegen jm. das es on maß wz. vnd was vmb anderst nichcz dann dz herr Tristrant so gar tugentlich vnd frümmklich
3091	lebt zů aller zeit das best thåt. mit manlicher getat vnd

3080	Do ward ain sůn stät.
3081	Dar nǎch in kurtzen stunden,
3082	Do ward ŏne wunden
3083	Trystrand ser verschnitten.
3084	Nun merckt recht wẙ mitte:
3085	Er ward verrautten vnd verlogen
3086	Von dry hertzogen
3087	Vnd von vier grauen,
3088	Die des hofes pflẙgen.
3089	Jch will ůch sagen vmb was:
3090	Sie wẙren im gehas,
3091	Das er mit schall lebt
3092	Vnd nach eren strebt
3093	Vnd das best tet allzit.
3094	Darvmb hetten sie den nid,
3095	Wann sie wẙren selb nicht from.
3096	Als noch dick mag komen
3097	Vnd geschicht mengem fromen man,
3098	Das im der bös nit eren gan
3099	Vnd sinen briß zerstört.
3100	Wẙ er in loben hört,
3101	Wie mag er es wider reden,
3102	So er nicht ist engegen?
3103	Das ist vil gar on lögen
3104	Vnd ain recht sunderlich trögen,
3105	Wend ir es recht mercken,
3106	Wann mit sölichen wercken
3107	Selten vnd nie kain man
3108	Bryß vnd er gewan.

3090 allen dingen. vnd darumb das er yederman genẫm. vnd für sy all fürgenommen vnd gebreißt ward. in allem seinem tůn vnd lassen. wurden sy jm töttlichen gram vnd hẫssig. was sy jm auch schanden vnd vnere erbieten mochten des waren sy fleissige. Es geschicht auch noch wol. das der frumm von dem bösen geneidet vnd gehasset wirt. wann was der frumm gůtes thůt. das ist dem bösen alles lautteres gifft. Er laßt auch gůt bey gůt nitt beleiben. Sunder er verkert dem gůtten alles gůt in args. wo vnnd wie er mag vnd kan.

3109	
3110	
3111	Gedenkit an die vromigheit
3112	Vnd lat uch die bosheit wesin leit!
3113	
3114	
3115	
3116	
3117	
3118	
3119	Wer *bidderbe* vnd getruwe ist
3120	Vnd sich vliset an gute list
3121	Vnd sete an syme herzin hat,
3122	Der mag des habin guten rat,
3123	Ab jn die bosen wol nyden.
3124	Sie mogen sin doch nicht vormyden,
3125	Sie müssin jn vnwillig sin.
3126	So ist jm abir vnsir trechtin
3127	Vnd alle gute luthe holt.
3128	Das hat he dicke wol vorschult,
3129	Das man alle tage jm wol thut.
3130	Dennoch ist der bosin mud
3131	So harte zcu jm irbolgin.

. . .

3404	Vnd her jn solde kundin,
3405	Wie es dar vmme stunde.

3111	[1599] jch halt aber. wer gott vor augen hab. nach f r ü m m - k e i t stell. vnd sich tugent fleiß. dem schat die vngunst der boßhaften neider nicht hart. Ob sy wol ein weile fürgang
3116	habent. Kommet doch zů dem aller letsten. das in jr t e y l auch würdett daruon.

3109	
3110	
3111	Nun gedenckt an die frúmkait,
3112	Das böß länd úch wesen laid!
3113	Wer von hertzen minnet
3114	Ere vnd darnách ringet,
3115	Dem volget seld vnd hail.
3116	Ouch mag er wol sin tail
3117	Gewinnen, das sin hertz gert.
3118	Er ist wol alles gůttes wert.
3119	Wer biderb vnd getrúw ist
3120	Vnd dann wyse lyst
3121	Mit gůttem sitten an sinem hertzen hát,
3122	Der mag des haben gůtten rát,
3123	Das in die bösen nyden.
3124	Sie mögen es nit vermiden,
3125	Sie müssend im vnwillig sin.
3126	So ist aber got von himeln
3127	Jm vnd allen gůtten lútten hold.
3128	Das haut er dick wol verschuld
3129	Vnd noch all tag tůt.
3130	Dennocht ist der bösen můt
3131	So hart vff in geflogen.

. . .

| 3404 | Vnd er jn solt kunden, |
| 3405 | Wie es darvmb stünd. |

[1778] vnd hůben an. dem mennlein zesagen vnnd auch fragen. wie es doch vmb die sach geschaffen wǎre.

3406		Der valant do begunde
3407		Das gesterne ane schauwin
3408		Vnd sprach: „Tristrant myne vrauwin
3409		Sicherlichin bie sich hat.
3410		Wil nu der koning mynen rat
3411		Thun, ich wil jn laszin sehn,
3412		Das he mir daz mus jehn,
3413		Das ich uch war habe gesait.
3414		Vnd ab ich loge, daz ir habit
3415		Minen lip so gar gewunnen
3416		Czu welchir marterunge."
3417		
3418		Jch wene, der tufil us jm sprach,
3419		
3420		Das her ez allis jm vorjach.
3421		„Vnd wer ez nicht war sundir wan
3421a		
3422		
3423		So heiszet mir daz houbt abe slan!"
3423a		
3423b		
3423c		
3424		Vor den koning her sich gesas
3425		Vnd saite jm gar ane has,
3426		
3427		
3428		
3429		„Ob he die warheit wolde irvinden:
3430		So solde he nemen sin gesinde

3406	[1780] der böse volant das geczwerglin. b e g u n d an daz
3408	gestiren sehen. vnnd sprach. Mein f r a w h a t Tristranden
	lieb. vnd ob das nit war sey. so benemet mir den leib.
3416	mit welcher m a r t e r jr w ö l t. Vnd wil mein herr der
3411	küng. jch laß in das selbs s e h e n. das jch war s a g. her
3421	Tristrant ist l u g e n l i c h s i e c h beuind sich das anders.

3406	Der valand do begund
3407	Das gestirn schŏwen
3408	Vnd sprach: „Min frowe
3409	Trystranden werlichen hăt.
3410	Will der kúng tůn minen răt,
3411	Jch will in laussen sehen,
3412	Das er mir das můs iehen,
3413	Das ich úch wăr hab gesagt.
3414	Vnd ob ich lieg vnuerdagt,
3415	So hond minen lib gewunnen
3416	So zů sölichen materungen,
3417	So min herr wöll."
3418	Der túffel, sin gesell,
3419	Jch wen, er es im vß sprach,
3420	Bis er es alles veriach,
3421	Wie Trystrand der herr
3421a	By der kúngin wer.
3422	Das gezwerg sprach: „Ist es nit wăr,
3423	So haissent ir mir zwar
3423a	Min hŏpt abschlahen.
3423b	Da fúr bitt kain man."
3423c	Do gryffen sie das so an:
3424	Das zwerg für den kúng můst gan.
3425	Die sagten, wie es sich vermeß.
3426	„Jch will úch beschaiden baß,"
3427	Sprach der vnholde,
3428	„Ob min herr wolte
3429	Selber er das möcht finden:
3430	Mit sinem gesinde

3423	so heist mir mein haubt abschlahen. mit den wortten. brachten sy das verflůcht mennlin für den küng. vnd sagten jm die geschicht. das klein bŏß wüchtel. sprach zů
3428	dem künig Herr wŏlt jr die warheyt selbs beuinden
3430	So reyt jagen. mit dem hofgesind

3431	Vnd rete jagin in den walt,
3432	So worde Tristrant so balt,
3433	Das he queme zcu der vrauwin.
3434	So lysze ich jn balde schauwin,
3435	Wo he zcu ir henne queme,
3436	Vnd brochte jn, daz he vorneme
3437	selbin wol die warheit."
3438	Das waz deme koninge rechte leit
3439	
3440	
3441	Vnd gebot al offinbare
3442	Deme volke vnd wer do were,
3443	Das sie sich alle bereitin darczu.
3444	He wolde des morgens vru
3445	Jn den walt ryten jagin
3446	Vnd his jn offinberlich sagin,
3447	He wolde syben nacht use sin.
3448	Des vrauwete sich die koningyn.

3431	[1790] in den w a l d. vnd sagt meiner frawen. jr wŏlt siben
3447	nằcht a u ß s e i n. so laßt sy nicht. sy sag das Tristanden.
3432	der wirt dann zehandt gesund. so b a l d vnd so kữn. das er
3433	keiner dro. noch forcht nicht acht. vnd geet zǔ der f r a w e n.

3431		Ritt er jagen in den wald.
3432		So wurd Trystrand so bald,
3433		Das er kumpt zů der frowen.
3434		So mag er wol schowen,
3435		Wie er zů ir kumpt,
3436		Vnd bringt in, das er vernimpt
3437		Selber wol die wårheit."
3438		
3439		Dem kůng ward schwårlich tŏben,
3440		Do must er *im* volgen
3441		Vnd gebott offenbår
3442		Allen dien, die da warn,
3443		Das sie sich beraitten darzů.
3444		Er wolt des morgens frů
3445		Jn dem wald ryten iagen
3446		Vnd hieß offenlichen sagen:
3447		Er wölt syben nächt vß sin.
3448		Des fröwet sich die kúngin.

so es dann nacht wirt. so laßt das gesind an der enden. vnd geet jr mitt mir. da wert jr sehen. wie dye sach vmb sy beyde gestalt ist.

3449	Do der koning in den walt quam
3450	Vnd der vil cleine man
3451	Vil rechte hatte vornomen,
3452	Das Tristrant zcu der vrauwe wolde komen,
3453	Her en wolde nicht lengir byten.
3454	Den koning his her *her* ryten
3455	
3456	Her wisete jm
3457	*des* her sich hat vormessin.
3458	Do der koning uff was gesessin,
3459	Den getwerg he hinder sich nam.
3460	Do der here do gequam,
3461	Dar jn daz getwerg ryten bat,
3462	Vnd her jm wjsete die stad
3463	Vnd die linde, die bie dem brunnen stunt,
3464	„Jch sage uch, here, was ir thunt,"
3465	So sprach der bose getwerg,
3466	„Wir habin hir anders kein geberg.
3467	Jr sult uff dese hoe stigen
3468	Vnd sult rechte stille swigen
3469	
3470	
3471	Vnd seht von jn, was hir wil geschen!"
3472	Der mane do vil lichte schein
3473	Recht alz ab es tag were.
3474	Do hefte der koning mere
3475	Sin ros da bie an ein rys.

[1797]
Abenteür. Wie der küng vnnd das gezwerglin in der linden sassen vnd der künigin vnd her Tristranden auf sahen.

Der küng thet das alles nach heyssen des schnöden mennleins

3449	Do der kúng in den wald kam
3450	Vnd der zwerg recht vernam,
3451	Das Trystrand zů der frowen wolt
3452	Komen, so er nicht solt,
3453	Er wolt och in den ziten
3454	Mit dem kúng riten
3455	All da hin allain
3456	Vnd wolt im beschain,
3457	Wes er sich hett vermessen.
3458	Do der kúng was vff gesessen
3459	Das zwerg er hinder sich nam.
3460	Do der herr hin kam,
3461	Als in das gezwerg bat,
3462	*Er* in wyset an die stat,
3463	Do dú lind by dem brunnen stůnd.
3464	„Jch sag úch, herr, was ir tůnd,"
3465	*Sprach* das clain gezwerg so,
3466	„Wir haben kain ander verbergen jo,
3467	
3468	
3469	Wann stigt vff disen bŏm,
3470	Da súll wir nemen gŏn,
3471	Was hie geschech von disen zwain!"
3472	Der mon gar liecht schin
3473	Recht ob es tag were.
3474	Do haft der kúng herr
3475	Sin roß da by an ain ryß.

3467	alls die nachte kam. vnnd s t i g e n auff die linden. die ob dem
3472	brunnen was. der mon s c h a i n der selben nacht gar hell. das sy wol mochten gesehen alles das da geschahe.

3476	Do steig der koning vil wys
3477	Vff den boym, alz her jn hys.
3478	Das getwerg dez nicht en lys,
3479	Her enstege jm nach dar uff.
3480	Jch gloube, Sathanas waz sin geselschaf.
3481	
3482	
3483	
3484	
3485	
3486	
3487	
3488	
3489	Dar so stundin sie nicht lange.
3490	Der werde Tristrant quam gegangin,
3491	Des lobes brach her in den vlys,
3491a	
3492	Den span her ouch mete lys,
3493	Darane waz daz crüce geschrebin.
3494	Der koning, *der* was do geblebin
3495	Vff deme boyme vnd sin gegate.
3496	Do irsach her Tristrant iren schatin
3497	Von dez manen schin in dem brunnen.
3498	Do waz her dez wol vorsunnen,
3499	Das her nicht uff en sach.
3500	Wedir sich selbin he doch sprach:
3501	„Nu mus ich leidir tod sin!
3502	Eya, wustes doch die koningin
3503	Dese hute, die vns ist getan! "

3489	[1804] Sy stůnden vnlang in dem baum. her Tristrant
3490	gienge daher. brache der bletter von dem baum. leget den span mit dem gemaleten creücz darauff. vnd warff das
3496	in den brunnen. als er dises gethan hett. sahe er den schein von den czweyen mannen ob jm. in dem brunnen. des erschrack er zů mal hart. vnd gedacht es ist kein zweifel nun

3476	Do staig der herr wyß	
3477	Vff den bǒm, als er in hies.	
3478	Das gezwerg das nit lies,	
3479	Es staig nach im dar vff ouch.	
3480	Jch wen, im hilff der helle gouch,	
3481	Sathanas der túfel.	
3482	Jch bin des ǒne zwyfel:	
3483	Er hůb in vff sicherlich,	
3484	Wann er wolt sin rich	
3485	Mit im haben gemain.	
3486	Wie möcht er in dann allein	
3487	Vff den bǒm stigen laussen?	
3488	Sie wǎrent listig vss der mǎssen.	
3489	Nun stünden sie nit lang,	
3490	Trystrand kam gegang.	
3491	Des loubs brach er in das fließ,	
3491a		
3492	Den spon er da mit ließ,	
3493	Daran das crútz was geschriben	
3494	Der kúng was beliben	
3495	Vff de*m* bǒm mit sinem gatten.	
3496	Do ersach er iren schǎtten	
3497	Von dem mǒn in dem brunnen.	
3498	Ja was er wol besunnen,	
3499	Das er nicht vff sach.	
3500	Wider sich selber er do sprach:	
3501	„Nun můs ich laider tod sin!	
3502	Eya, weste dú kúngin	
3503	Dis hüt, die vns ist getan!"	

3502	mǔß jch sterben. O west du mein k ü n i g i n vnd mein fraw.
3503	die hǔt die vnß g e t a n ist. vnd das du nit her kǎmest. wann dein nott geet mir mer zů herczen. dann mein selbs sterben.
3499	yedoch saß er stille. thet niendert der geleichen. vnd s a h e auch nicht auff.

3504	Do vlos daz loup vnd ouch der span
3505	Dorch der vrauwin kemmenate.
3506	Die edele koningynne vil drate
3507	Czu jreme netczeline ging,
3508	Da sie den span mede ving
3509	Vnd begunde daz crüze schauwin.
3510	Do wuste wol die vrauwe
3511	Tristranden beitin an der warte.
3512	Sie ylete da vil harte
3513	Do sie den künen helt vant.
3514	Do sas der here Tristrant
3515	Vnd wenkete allis hindir sich.
3516	„Der riche got beware mich!"
3517	Gedachte do die koningynne,
3518	„Was werret nu deme jungelinge,
3519	Das her nicht uff en steit
3520	Vnd kegin mir alher geit?
3521	Des bin ich harte vngewane.
3522	Jch weis nicht, war abe daz kome."
3523	Do sie abir sach daz wenkin,
3524	Do begunde sie zcu hant denkin:
3525	„Jm werret waz es ouch sie.
3526	Hir ist etwer na hir bie,
3527	Der vns hir hat behut."
3528	Do wart ouch die vrauwe gut
3529	Der speyer wol geware,
3530	Der mane trug den schaten dare
3531	Jn den brunnen von in zcwen.
3532	Der vrawin wisheit da geschein,

	[1814] Die künigin aber hette mitt fleiß des loßs gewartet. vnd alls sy das fand gieng sy eylent zů jrem allerliebsten liebhaber.
3514	her Tristrant stůnde nicht auf als die künigin das von
3521	jm gewon wz. vnd winckte jr verholen alls vil er mochte.
3517	die künigin gedacht. Ach reycher got was ist disem
3518	jüngling das er nicht auf steet vnd gegen mir geet alls er vor gethan hatt. jch waiß s nicht was dises ding mainet.

3504	Do flous das loub vnd der spon
3505	Durch die kemminátte.
3506	Die frow gar gedrátte
3507	Zů dem fluß hin gieng,
3508	Do sú den spon jnn fieng
3509	Vnd begund das crútz schowen.
3510	Vnd west wol dú frowe
3511	Trystranden in der wart.
3512	Vnd ylet vil hart
3513	Da sú Trystranden fand.
3514	Do sas der selbe wygant
3515	Vnd winck als vnder sich.
3516	„Der rich got bewere mich!"
3517	Sprach dú kúnginne,
3518	„Was irt den júngelinge,
3519	Das er nit vff staut
3520	Vnd gegen mir gaut?
3521	Vngewon ich des bin."
3522	Sie west nit, wie im mocht sin.
3523	Do ersach sú sin wincken
3524	Vnd begund gedencken:
3525	„Jn irret etwas, was das sy.
3526	Jm ist licht iemant by,
3527	Der vnser hie håt gehüt."
3528	Do ward óch die frow gůt
3529	Der speher do gewar.
3530	Der mon trůg och den schatten dar
3531	Jn den brunnen von jnen zwain.
3532	Der frowen wyshait do schain,

	noch nicht was in wirret Aber es ist villeichte ettwer hye
3526	bey der vnser hů t hat. in dem mercket sy dz w in ck en
3528	das her Tristrant verholenlich tet. vnd st ů n d bei dem brunnen still. do sahe sy den schatten von den spehern auf der
3534	linden. sy thet der geleichen nicht. vnnd ge b a re t als ob sy
3532	der nicht weßt. Do ließ die fraw jr weißheyt sche in e n.

| 24c | D | Baumgartenszene |

3533 Das sie ire ougen ny dar karte
3534 Vnd recht ebin vor sich gebarte
3535 Alzo, alz ab sie es nicht en wiste,
3536 Vnd sprach mit groszir liste:
3537 „Tristrant, was sal ich hie zcu dir?"
3538 'Vrauwe, daz ir helfet mir,
3539 Das mir myn here sine hulde gebe
3540 Vnd mich abir lasze lebin
3541 Als ich eir waz in syme hofe.'
3542 „Jch wil dir zcwar gelabin,
3543 Darczu en helfe ich dir nyt,
3544 Wen mir ist von herzin lip,
3545 Das dir myn here gram ist.
3546 Des sie sichir vnd gewis,
3547 Das ich dir icht darczu vrome,
3548 Wen ich bin zcu worten komen
3549 Von dir ane myne schult.
3550 Jch was dir dorch mynen heren holt,
3551 Wen du sin nebe werest
3552 Vnd du jm ere geberist
3553 Mer wen die andern alle.
3554 Nu bin ich zcu bosem schalle
3555 Von dir gewordin ane not.
3556 Tede dir myn here den tod,
3557 Das were mir lip zcu rechtir wis."
3558 'Neyna, vrauwe, dorch dinen pris
3559 Du salt mir des geniszin lan, ...

3536 [1826] vnnd sprach mit grossen listen. was sol jch her zů
3537 dir. oder was begerest du. Er antwurtet. Fraw da bitt jch.
3538 das jr mir seyt helffen vmb meines herren hulde. vnnd das
3541 er mich in seinem hof wesen lasse in sŏlcher massen als
vor. angesehen. groß vnschulde. so jr dann selbs wol wißt.
vnnd das sich die sach vngeuerlich vnnd on übel verhandelt
3543 haben. Sy sprach du solt wissen. das jch dir darzů nit
3547 frumm noch hilf Vnd sihe auch recht geren. das dir deyn
3545 herr veindt ist. wenn ich bin von deinen wegen zů wortt

3533	
3534	Vnd sú recht also gebǎrdt,
3535	Als ob sú es nicht wyste,
3536	Vnd sprach mit grǒssen listen:
3537	„Trystrand, was sol ich her zů dir?"
3538	Er sprach: 'Frow, helffend mir,
3539	Das mir min herr sin huld gebe
3540	Und mich lausse leben
3541	Als er in sinem hof.'
3542	Sú sprach: „du mir fúr wǎr geloub,
3543	Jch hilff dir dar zů nicht.
3544	Mir ist lieb, das er nit pflicht
3545	Zů dir hǎt vnd dir gran ist,
3546	Des bis sicher vnd gewiß,
3547	Jch will dir nicht darzů frumen.
3548	Wann ich bin jn ain wort komen
3549	Von dir ǒn min schulde.
3550	Jch was durch minen herren dir hold,
3551	Syd du sin neff ward
3552	Vnd im ere gebard
3553	Me wann die andern all.
3554	Nun bin ich ze schall
3555	Von im worden ǒn nǒt.
3556	Tät dir min herre den tǒd,
3557	Das wer mir in lieber wyß."
3558	'Nain, frow, durch dinen bryß,
3559	Du solt mich des geniessen lǒn, ...

3548	kommen. on alle schulde Jch laugen nicht. jch was
3550	dir hold von meines herren wegen. darumb das du seyn
3551	mag bist. vnd das du seiner eren baß pflagest. dann
3553	all ander. Nun bin jch zů schimpf vnd schall dardurch
	worden. das du mir vil lieber verr hindan bist. dann das jch
3556	dich wider in den hof biten sollt. dir thů mein herr den tod
	oder wie er wǒlle istt mir alles gleich. Ach nain. mein frawe
3558	durch ewr ere. des thůt nicht. seyd mir nit so hertt. laßt
	mich doch geniessen.

...

3562 Hirvmme las dir wesin leit,
3563 Das he mir vnrecht thut!
3564 Wiltu mir alleine wesin gut,
3565 So wirt mir wol sin hulde,
3566 Wen her ane alle schulde
3567 Geczornet hat wedir mich.'
3568 Do sprach die koningynne rich:
3569 „Jch en helfe dir nicht darczu.
3570 Wil dir myn here gnade thun,
3571 Des gan ich wol vnd ist mir lip.
3572 Jch bete jn abir darvmme nyt."
3573   Do sprach der here Tristrant:
3574 'Jch rüme jm vorware daz lant,
3575 Wie wening ich daz mynem heren clage.
3576 Doch mag he vor den schadin
3577 Nymmirmer vorwynnen,
3578 Ab ich mit sulchin vnsynnen
3579 Vs von syme lande vare.
3580 Jdoch kome ich vil wol dare,
3581 Dar man mir daz bütet bas
3582 Vnd mich die luthe ane has
3583 Eren vnd habin lip.
3584 Min here wil gedenkin nyt,
3585 Wen ich zcu lande kere,
3586 So bin ich ein koning here
3587 Alzo riche alz he vmmir ist.
3588 Ouch bin ich selbin dez gewis,

[1843] dz jch souil grosser arbeyt vmb euch erliten habe.
vnnd nembt zů herczen. das grosse vnrecht. das mir mein
3563 herr vmb euren willen thůt. vnd so hart zürnet wider
3567 mich on alle schuld. dann wölt jr mir gnädig sein. so
3565 wirt mir auch die huld meines herren. Sy sprach jch hilff
3569 dir nicht darczů. will dir aber mein herr genad tůn des
3571 gunn jch dir wol. vnnd ist mir lieb Jch bit aber in darumb

...

3562	Vnd lauß dir doch wesen laid,
3563	Das er mir vnrecht tůt!
3564	Wiltu mich allain sin gůt,
3565	So wirt mir wol sin huld,
3566	Wann er ŏn schuld
3567	Gezúrnet haut vff mich.'
3568	Do sprach dú kúngin rich:
3569	„Jch hilff dir nicht dar zů,
3570	Das dir min herr gnåd tů.
3571	Des gan ich dir wol der geschicht.
3572	Jch bitt aber darvmb nicht."
3573	Do sprach der herr Trystrand:
3574	'So můs ich råmen das land,
3575	Wie wenig min herr es will clagen.
3576	Ye doch mag er den schaden
3577	Nit wol úberwinden,
3578	Ob ich mit vnminnen
3579	Vss sinem land far.
3580	Es wirt gůt raut: ich kum dar,
3581	Do man mich als ainen herren
3582	Můs haben in grŏssen eren,
3583	Vnd můs mich lieb hon mit pflicht.
3584	Min herr will gedencken nicht,
3585	Wann ich zů land ker,
3586	So bin ich ouch ain kúng herr,
3587	Als rich als er ist.
3588	Ouch bin ich des selb gewyß,

3572	nicht. Do sprach her Tristrant. so můß jch von hinnen
3575	reyten. wie lúczel mein herre das klage. doch waißs jch.
3577	das er den schaden nymmer úberwinndet. ob jch mit vnwillen auß seinem land reyt. mein wirt leicht ettwa
3580	rat. jch kumm auch da man mir es wol erbewtet mich
3582	ander leüt auch erent lieb vnd schon haben. mein herr
3584	wil des yecz nicht wissen. wenn jch zů land fare das jch als wol ein künig bin als er. jch waiß aber

3589	Wil ich blibin andirs war,
3590	Das man mich *nicht* vortribe dar.
3591	Vnd alleine wol vordine das,
3592	Das man mich schoner vnd bas
3593	Heldet vnd nicht en hasset
3594	Vnd mit hundert rittern vorwasset
3595	Vnd gibbit in ros vnd pfert.
3596	Vrawe, were ich wedir uch dez wert,
3597	Das ir den koning woldit bethin,
3598	Das her ez dorch sine ere tete
3599	Vnd lisze mir losen myne pfant,
3600	So wolde ich jm alczu hant ...

. . .

7064	Das sie uch wedir lut noch stille
7065	Gespreche noch angesehe
7066	— Jr sie wol adir we —
7067	Eir das jar sie vorgan."
7068	Des gloubete her jm von stunt an
7069	Getruwelich an sine hant.
7070	Do vorkos ouch her Tristrant
7071	Vff sinen gesellin Kehenisen
7072	Vnd gewan darnach zcu wibe
7073	Sine swestir dorch den zcorn.
7074	Do wart ouch die vehede vorkorn,
7075	Die sin vatir zcu jm getrug.
7076	Do hatte Tristrant vroude genug

[3855] ... mit ganczem fleiß dz er vmb seinen willen die frauwen ein jare vermeiden wŏlt. auch nyendert kommen
7065 der enden da sy in sehen mŏchte vnd wa er des nicht thet.
7070 wolt er nymmer tage bey jm beleiben. Her Tristrant globet jm dises stăt vnd fleissigklich zehalten. er verkos auch
7071 alle veindtschaft vnd vnwillen so er zů her Cainis hett. deßgeleichen her Cainis widerumb gegen jm. wurden gůtt freünd vnd gesellen. in massen wye vor Sy riten miteinander

3589	Will ich beliben anderswa,
3590	Das man mich nicht vertribt da.
3591	Also verdien ich das,
3592	Das man mich schöner vnd bas
3593	Halt vnd nicht hasset,
3594	Zehen ritter mir haltet vnd nit lasset,
3595	Den man git roß vnd pferd.
3596	Frow, wer ich úch so werd,
3597	Das ir an den kúng tättet bitt.
3598	Das er es durch sin ere tät
3599	Vnd löste mir min pfand
3600	So wölt ich im ze hand ...

. . .

7064	Das sú úch über lut noch stillen
7065	Nymer sprech zů noch sech
7066	— Wol oder we jr geschech —
7067	E dis jår sy vergan."
7068	Das gelopt im der held san
7069	Jn triuven in sin hand.
7070	Do verkous ouch Trystrand
7071	Den zorn gen Kehenis in lieb
7072	Vnd nam zů wib
7073	Sin swester on zorn.
7074	Do ward der has verlorn,
7075	Den ir vatter zů im trůg.
7076	Do hetten fröd genůg

heym. do wurden sy wol vnd mit grossen eren empfangen Her Cainis saget seinem gesellen vor seinem vatter aber gelübde ledig vnd los vnd was her Tristrant gesagt het. het sich alles warlich erfunden vnd zehenfaltig mer. Also ward allererst ein neüe freintschafft. vnd her Tristrant legt sich näher vnd freündtlicher zů seiner eelichen frauwen. dann er vormalen gethan hette. vnd lebeten auch freündtlichen vnnd schone miteinander.

7077	Vnd das libe wip sin
7078	Vnd en ruchete nicht der koningyn.
7079	
7080	
7081	**Dis** waz in dem meyen geschen,
7082	Das der Tristrant hatte gesehn
7083	Sine vrauwen die koningynnen,
7084	Vnd das her mit vnsynnen
7085	Von ir waz gescheidin.
7086	Do gewerte dese grosze leide
7087	Bis an sente Michaelis tage.
7088	Do begunde die vrauwe sere clagin,
7089	Das sie Tristranden nicht ensach.
7090	Perenis ir zcu sprach:
7091	„Vrauwe, her tůd uch rechte,
7092	Wen ir an deme guten knechte
7093	Vntogentlichin hat getan,
7094	Das ir den heren hyszet slan,
7095	Wen he waz herte vnschuldich."
7096	'Du spottest!' „zcwar, vrawe, neyn ich."
7097	
7098	
7099	
7100	
7100a	
7101	Dez gewan sie ruwe an jrem herzin
7102	Vnd hatte micheliche smercze,
7103	Das sie dorch jren zcorn
7104	Den werdin degin hatte vorlorn.

7078	[3870] verklageten auch wol. ob die k ü n i g i n rew oder
7079	vngelicke h e t t e. der was es auch nit gar an. sy hett der schimpfe gerawen. vnd kam in groß clag vnd laide. wenn da sy den vnwillen gegen her Tristrant fürnam.
7081	g e s c h a c h in dem mayen Darnach als von sant Michels
7087	t a g gienge der rew mit gewallt an. vnd verlanget sere das
7089	er nicht zů jr kam. vnd sy in nicht s e h e n solt. das k l a -
7090	g e t sy nun tewr Peronis s p r a c h. er thůt euch werlichen

7077	Trystrand vnd das wib sin
7078	Vnd achtet nit der kúngin,
7079	Was sú laides dar vmb het.
7080	Sin fröd dú was nun stät.
7081	Nun was das in dem mayen geschehen,
7082	Das Trystrand hett gesehen
7083	Sin frowen, die kúngin,
7084	Vnd er mit vnminne
7085	Von ir was geschaiden.
7086	Der has werot zwischen in baiden
7087	Bis fúr sant Michels tag.
7088	Do erhůb sich der kúngin clag,
7089	Das sú Trystrand nit sach.
7090	Perenis zů ir sprach:
7091	„Er tůt úch gar recht,
7092	Wann ir an den gůtten knecht
7093	Habt gar úbel getan,
7094	Das ir in liessint schlahen,
7095	Wann er was vnschuldig."
7096	'Du spottest!' „nain ich."
7097	'So lúgest du.' „nain, ich entů."
7098	'Mainest du es doch also?'
7099	„Jn trúwen", sprach er, „jo."
7100	Do ward ir gar laid,
7100a	Das er sie dar vmb maid
7101	Vnd gewan in jrem hertzen
7102	Dar vmb grǒssen schmertzen,
7103	Das sú vmb sölich zorn
7104	Mit recht hett verlorn

7091	recht. wenn jr habt groß vnpildt an den frummen held
7093	gethan. das jr den habt heissen schlahen. vnd er doch
7095	gancz vnschuldig ist. Sy sprach du spotest vnd leugst jch spot noch leug nit. es ist war. so sich die frau recht darüber bedacht ward sy gar herczenlich betrůbt. vnd ka-
7102	men sǒlch groß schrecken vnd schmerczen in jr
7101	hercze. vnd erkannt das sy von rechten schulden her
7105	Tristrands huld verloren hette.

7105	
7106	
7107	Sie weinete vmme die missetad.
7108	Czu Brangilen nam sie rad,
7109	Wes sie thun mochte.
7110	Do ryt sie, daz ir tochte,
7111	Das sie jm briffe sente
7112	Vnd jm des bekente,
7113	Das sie obele hette getan.
7114	Das wolde sie jm zcu büse stan
7115	Wie jm selbin were liff.
7116	„Es ist bessir ane briff,"
7117	Sprach die zcarte koningyn,
7118	„Wen worde der selbe bote myn
7119	Gevangin mit dem brive,
7120	So geschige
7121	den nydern ny so libe.
7122	
7123	
7124	
7125	Rat, wemm ich dar hen senden moge,
7126	Der mir zcu der botschaft toge!"
7127	Do waz ein garzin in dem houe,
7128	Der was vil wol geczogin,
7129	He waz stolcz vnd gevüge,
7130	Vnd he hatte synne genüge.
7131	Die vrauwe den böten gewynnen his,
7132	Piloyse der knape his,
7133	Vnd begunde jm clagen, daz ist war.

	[3885] weßt auch nicht wie sy vor laid gebaren solt. vnnd
7108	ward jnnigklichen wainen. dann sy nam darüber rat von jren ratgeben. Peronis. vnd Brangeln. wie sy doch die gros-
7107	sen m i s s e t h a t gegen herr Tristrant ymmer büssen vnd abtragen mŏcht. solte jr alles nicht zů vil sein. do ward jr
7110	g e r a t e n. sy solt jm brief s e n d e n darinnen jr schulde
7112	vnd missethat b e k e n n e n. sich jm zů bůß ergeben vnd verwilligen. wie vnd er selber wolt. die fraw sprach dicz ist
7116	besser on b r i e f. wenn wurd m e i n bot mit disem b r i e f ergriffen. so mŏchten die bŏsen neyder aber vngelück zů
7122	richten. darumb i s t besser. jch sende jm botten on brief.
7125	besecht nun wen jch darsenden m ü g e der mir darczů
7126	t a w glichen vnd verschwigen seye.

7105	Trystrands huld.
7106	Sú daucht an ir schuld
7107	Vnd wainet vmb ir missetåt.
7108	Zů irem holden nam sú råt,
7109	Was sú dar vmb tät.
7110	Do ward ir gerautten stät,
7111	Das sú im ainen brieff sante
7112	Vnd im des bekante:
7113	Sú hette wider in boustlich getan.
7114	Des wölt sú ze bůs stan,
7115	Wie im das wär behägellich.
7116	„Besser ist on brieff sicherlich,"
7117	Sprach dú schön kúngin,
7118	„Wenn wirt der bot min
7119	Begriffen mit dem brieff,
7120	So wird dann gar lieb
7121	Den bösen nidere.
7122	Dar vmb ich wen bösser wer,
7123	Das ich ŏn brieff sende dar.
7124	Das súlt ir recht niemen war,
7125	Wenn ich nun dar senden múg,
7126	Das er mir wol tög."
7127	Nvn was da ain gesell zů hoff,
7128	Der stůnd wol in lob,
7129	Er was húpsch vnd gefüge.
7130	Dar an mögt ir wol genügen.
7131	Pilorse der knab hies.
7132	Die frow in ir rüffen lies
7133	Vnd clagt im recht, was ir wär.

Abenteür. Wie die künigin herren Tristranden huld bitten ließ. vnd wie er jr die gabe.

7127	Nun hett sy einen gartzen oder lauffenden botten in dem hoff hübsch vnd wolgeczogen mit namen Pylois. dem was dye sach der künigin vnd herrn Tristrandes auch nicht gar vnwissent. der warde berůfft vnd zů der frawen geuorderet. als der nun kam. sprach sy zů Pylois. jch claget dir geren
7133	was mir w irre t.

7134	„Jch wil dich betin, ab ich thar."
7135	'Ja, vrauwe, sprichestu so!'
7136	„Ja, ich vorchte, ez sie zcu ho."
7137	'Czwar, vrauwe, neyn ez ist nyt.'
7138	„So thu ich, waz uch ist lip.
7139	
7140	
7141	
7142	
7143	
7144	
7145	
7146	
7147	Merke recht: mir ist obele geschen.
7148	Des saltu myr helfin jehn,
7149	Wen ich dorch mynen zcorn
7150	Von rechtir schuld ha vorlorn
7151	Tristrandes vrüntschaft.
7152	Wen ich sach jm einen slach
7153	*Geben und aber einen,*
7154	*Darumme solt ich weinen,*
7155	Wen ich nicht vorsunnen were,
7156	Des lachete ich offinbar sere.
7157	Von der selbin schulde
7158	Habe ich sine hulde
7159	Vil manchin tag vorlorn."
7160	Czu Piloysen sprach sie ane zcorn:
7161	„Du salt zcu jm myn bote sin!
7162	Darvmme wil ich dir laszin schin

7138	[3905] vnd wolt dich auch darbey bitten. weßt jch dz du das zů gůt auffnämest vnd verschwigenlich bei dir behieltest. er sprach fraw. jch thůn was ewch lieb ist. ob jch dz anders gethůn müge. ja du magst das wol tůn vnd habe auch nicht zweifels jch wil es auch vmb dich beschulden. Fraw jr habet es dick wol vmb mich verschuldet. laßt nun hŏren was das seye. Sy sprach merck recht was jch dir sag mir ist gar ein groß übel vnnd vnpild widerfaren bitt jch

7134	„Jch will dich bitten, ob ich tar."
7135	'Als bald sprichst du!'
7136	„Ja, ich wen es sy ze frů."
7137	'Zwar, frow, nain es.'
7138	„So sprich ich", 'ja, was úch lieb ist.'
7139	„Wiltu es tůn?" 'was wais ich?'
7140	„Du můst laussen hören mich!"
7141	'Ob ich mag.' „Ja, du wol."
7142	'So tůn ich.' „eya, wie ich das sol
7143	Verdienen." 'das habt ir wol getan.'
7144	„So will ich es bestan
7145	Vnd will dir es sagen." 'also tůt!'
7146	„So merck recht minen můt:
7147	Mir ist gar úbel geschehen,
7148	Das soltu mir helffen iehen.
7149	Wann ich hab durch minen zorn
7150	Mit rechten schulden verlorn
7151	Trystrands frúntschaft.
7152	Wann ich sach jm ainen schlag mit kraft
7153	Schlahen vnd aber ainen.
7154	Dar vmb solt ich wainen,
7155	Ob ich besint gewesen wär.
7156	Do lacht ich sin offenbår.
7157	Von den selben schulden
7158	Hab ich sin hulden
7159	Verlorn nun vil mengen tag so.
7160	Dar vmb", sprach sú nun,
7161	„Soltu min bot sin.
7162	Jch will dir tůn schin

7148	du wŏllest mir desselben helffen. je h e n. als es dann in
7149	der warheit war ist Jch habe durch meinen jehen z o r n
7151	von rechten schulden herrn Tristrandes f r e i n d s c h a f f t
7150	vnd huld v e r l o r e n. wenn jch zů gesehen habe. das man
7152	jm zwen vnfůgliche s c h l e g gegeben hat. vnd hab des er
7155	gelachet. des jch vil billicher ob jch synnig w ä r e g e w a i -
7157	n e t hett von den selbigen s c h u l d e n. habe jch sein
7158	h u l d verloren. nun ettwe vil zeit. bitt vnnd begere jch
7161	betlichen von dir du wŏllest mein bot zů jm s e i n. du würst auch

30c   D   *Isalde schickt Pylose zu Tristrant*

7163	Vil harte schone mite.
7164	Ab ich ez jm thar entbiten,
7165	So saltu jm mynen dinst sagin
7166	Vnd salt jm mynen kummer clagin,
7167	Den ich von jm lide.
7168	Jch trage nehest myme libe
7169	Ein hemmede, das ist heryn.
7170	Vnd sage demm libin vrunde myn,
7170a	
7170b	
7171	
7172	
7173	
7174	
7175	
7176	
7177	
7178	
7179	Das ich dez nymmer us gethu.
7180	Ouch saltu jm sagin darczu:
7181	Jch en kunne nicht genesin,
7182	He wil mir denne gnedig wesin.
7183	Jch bin sicherlichen tod
7184	Hilft he mir nicht schire us der nod.
7185	Pyloise", sprach die koningyn,
7186	„Jrwirbestu mir die hulde sin,
7187	Du salt des gros lon entvan."
7187a	
7188	Do hub sich der knape an

	[3921] sŏlich botschafft nit vmbsunst thůn. sunder wille jch dir der gar wol lonen. dann ob jch jms vor grossen mei-
7164	nen schulden e m b i e t e n tharr. So s a g jm mein dienst.
7166	k l a g jm darbey meinen grossen kummer. so jch nach jm
7167	l e y d e auch waiß er. das jch von seinen wegen vnd jm
7170	zů eren ein hårin hembd. zů nachst meinem blossen
7168	leib trage das mir doch schwår zetůn ist. yedoch will jch
7179	das nymmer a b t ů n. es sey dann das er michs heiß. vnd

7163	Dar vmb ain gůt miet.
7164	Ob ich ez im by dir embiet,
7165	So soltu im min dienst sagen
7166	Vnd minen komer clagen,
7167	Den ich nach im lid.
7168	Aller nechst minem lib
7169	Trag ich ain hemd härin,
7170	Das tůn ich durch den willen sin,
7170a	
7170b	
7171	Das waist er selber wol, min trut,
7172	Das min gar clain edel hut
7173	Gar übel das erliden mag,
7174	Das ich nacht vnd tag
7175	Das härin hemd will an tragen.
7176	Das soltu minem lieb sagen,
7177	Das er sich wider zů mir zů ker,
7178	Oder ich trag das ymer mer,
7179	Das ich das nymer vß getů.
7180	Vnd sag im me dar zů,
7181	Jch můs schier wesen tod,
7182	Noch lid ich grŏs nŏt,
7183	Das ich nit lang mag genesen,
7184	Will er mir nit gnedig wesen.
7185	Pylors", sprach dú kúngin,
7186	„Erwirbst du mir die huld sin,
7187	Du můst sin ymer fromen han,
7187a	Des bis sicher sunder wăn!"
7188	Er belaib nit lang so stan,

7177	seinen můt gegen mir bekere Sag jm auch jch leid sŏllich
7182	vnsegliche nott. das jch on zweifel sterben můß. vnd den
7181	tod gewiß hab. er tů mir denn helffen Wil er mir gnädig
7184	sein. so ist mir geholfen. ist das nicht. so ist ein end meines lebens. vnd můß darumb sterben. Lieber Pylois laß dir
7186	die botschafft beuolhen sein erwürbestu mir sein huld. es sol dir ymmer frummen Pylois genadet der frawen hůb sich

7189	Vs kurnevalischem lande
7190	Nach demm edelin Tristrande.
7191	Do he Karahes so nahe quam,
7192	Das he die borg sach vor jm stan,
7193	Do reit Tristrant, der werde degin,
7194	Vff demm velde bie den wegin
7195	Mit eyme sperwere
7196	Dorch korczwile beiszen sere.
7197	Her hatte einen vogil gevangin,
7198	Dar ane waz sin wille irgangin.
7199	Des waz der edele here vro.
7200	Ouch hatte der sperwer do
7201	Sinen vogil gegessin.
7202	Des waz her ouch vormessin
7203	Vnd stunt jm vrolich uff der hant.
7204	Do sach der here Tristrant
7205	Pyloisen an demm wege gan
7206	Vnd dachte an syme müte an,
7207	Das he ein bote were
7208	Vnd brochte lichte vroude mere.
7209	Do wart der knape sin gewar
7210	Vnd hub sich zcu hant dar,
7211	
7212	
7213	Czu demm heren vnd irvur mit liste,
7214	Des he vor nicht en wiste.
7215	Do sie beide zcu sammen quamen
7216	Vnd ör ein dem andern vornamen,
7217	Do irkanten sie sich zcu hant.

7189	[3936] auß curnewalischen landen. vnd als er schier in
7191	Carecheskam. rait her Tristrant zů veld baissen mit einem
7197	nem sperber der het wol geflogen. vnd gefangen nach
7204	allem seinem willen. Her Tristrante sahe Pyloisen von

7189	Pylors hůb sich von dan
7190	Vss kurwälschem land.
7191	Da er Karkes so nǎch kam,
7192	Das er es vor jm sach stan,
7193	Do rayt Trystrand der tegen
7194	Vff dem veld an den wegen
7195	Mit ainem sperber baissen.
7196	Ain fogel in dem waissen
7197	Het er gefangen.
7198	Daran was sin will ergangen,
7199	Dar vmb was er gar frow.
7200	Ouch hett der sperber do
7201	Sin vollen kropff gessen.
7202	Des was er vermessen
7203	Vnd stůnd frölich vff der hand.
7204	Do sach der herr Trystrand
7205	Pylorsen an dem weg stan
7206	Vnd gedaucht in sinem můt san,
7207	Das er ain bott wär
7208	Vnd sagte villicht mär.
7209	Dar vmb hůb er sich dar.
7210	Pylors ward sin ouch gewar
7211	Vnd gieng im engegen,
7212	Er wolt an dem tegen
7213	Erfaren mit liste,
7214	Das er selb nit wiste.
7215	Do si zů samen kǎmen
7216	Vnd ain ander vernǎmen,
7217	Erkanten sie ainander zů hand.

7207	verren auff dem weg vnd gedacht diser mag wol ein bot seyn jch wil in fragen wa er wȍl. sy kerten beid zesamen
7215	kamen sȍlcher nǎhent das sy an andern sehen mochten erkannten sy aneinander

7218	Do his der here Tristrant
7219	Piloysen willekome sin
7220	Vnd vragete jn vmme die koningyn,
7221	Wie sie sich gehabete.
7222	Pyloise jm do balde sagete:
7223	'Sie hat sich alz ein arm wip',
7224	„Warvmme?"'sie hat jren lip
7225	Von dinen schuldin nach vorlorn.'
7226	„Wie so?" 'sie vorchet dinen zcorn.'
7227	
7228	
7229	„Warvmme?" 'du weist wol vmme was!'
7230	„Neyn ich." 'da bistu ir gehas.'
7231	„Was weistu?" 'ich weis daz wol!'
7232	„Wiltu mir daz sagin?" 'ja, ich sol.'
7233	„So sprich an!" 'sie sach dich slan.'
7234	„Das ist war." 'nu zcornestu sie an.'
7235	„Es waz mir leit." 'du hattest recht!'
7236	„Alzo ist ez noch." 'neyna, gut knecht!'
7237	„Sal ich dez vorgessin?" 'here, ja.'
7238	„Jch en mag." 'so isses dir zcu na?'
7239	„Vnd wie na doch an myme herczin!"
7240	Des hat sie gar grosze smercze.'
7241	„Her ist ir lange vorgan."
7242	'Czwar, he en ist. du wilt sie slan.'
7243	„Wo met?" 'das du ir vromde bist.'
7244	„Daz ist ir lip." 'zcwar, daz en ist!'
7245	
7246	„Es waz ir lip

7231	jch waiß es w o l. so sage an laß hŏren. Sy hieß euch
7233	schlahen. darumbe erczürnet jr sere. Er sprach du hast war jch zürne auch noch darumb. Ach neyn lieber herr. laßt ab den zoren. sy wil euch zů bůß steen wie vnd jr nur
7237	selbs wŏlt Wie meinst du jch solt sein vergessen. ja herr
7238	des mag nicht sein. wenn es ligt mir zů n a h e n zů
7239	h e r c z e n. Herr dz waiß vnd versteet auch mein fraw wol.
7240	vnd leide. vil deßter grŏssern s c h m e r c z e n. ja gesell. den

7218	Do hies der herr Trystrand
7219	Pilorsen wilkomen sin
7220	Vnd fraugt vmb die kúngin,
7221	Wie sú sich gehabte.
7222	Pilors im do sagte
7223	'Sú gehapt sich als ain armes wib.'
7224	„War vmb?" 'da hāt sú den lib
7225	Von din schulden nāch verlorn.'
7226	„Durch was?" 'da fúrcht sú dinen zorn.'
7227	„Tůt sú?" 'ja, in trúwen.'
7228	„Sú endarff." 'doch, sú ist in rúwen.'
7229	„War vmb?" 'du waist wol vmb was.'
7230	„Nain ich." 'du bist ir gehaß.'
7231	„Was waist du?" 'ich waiß es wol.'
7232	„Wiltu mirs sagen?" 'ja, ich sol.'
7233	„So sag an!" 'sú ließ dich schlahen.'
7234	„Du haust war." 'dar vmb zűrnest du sam.'
7235	„Es was mir laid." 'du hettest recht.'
7236	„Also ist es noch". 'nain, gůt knecht.'
7237	„Sol ich es vergessen?" 'herre, ja.'
7238	„Es lit mir zů nauch."
7239	'Wie nach? an dem hertzen?'
7240	„Du sagst wār." 'des hāt sú schmertzen.'
7241	„Jch hab in." 'er ist sie vor komen an.'
7242	„Er en ist, zwar." 'du wilt sie schlahen.'
7243	„Wā mit?" 'das du ir so fremd bist.'
7244	„Das ist ir lieb." 'zwār, es en ist!'
7245	„Jch wän es sy." 'nain, es nicht.'
7246	„Jr was doch lieb dú geschicht,

7241	hab jch. aber sy nicht. herr den schmerczen so jr empfangen habt ist euch nun langest vergangen. nain er ist noch nit vergangen. habe auch nicht zweifels. er sol mir noch
7242	lenger beywonen So hőr jch wol das jr sy schlahen wőlte. nain warmit solte jch sy schlahen. mit dem das jr jr so
7243	frembd wőlt sein. das ist jr villeicht mer liebe dann laid.
7245	Fürwar herr es ist jr nicht lieb. sunder jr grőste klage.
7246	Jch maine doch es sey jr nicht laid. wann es was jr liebe

7247	do sie daz his,
7248	Das man mich slug vnd stis
7249	
7250	
7251	Vnd sie dez lachete sere."
7252	'Das wil sie nu jmmermere
7253	Büsszen wie du gebutest.
7254	Das meiste teil der lüte
7255	Brichet vnd büszet echt,
7256	Wen gnade ist bessir denne recht,
7257	Wen sie suchit die gnade din.
7258	Nu entpha sie, edele here myn!
7259	Hat myn vrauwe dir zcu leide getan,
7260	Des wil sie dir zcu busze stan
7261	Czu gnaden vnd zcu rechte.
7262	Sie mag kein dir nicht vechtin,
7263	
7264	
7265	Wen daz recht ist ir zcu swar.
7266	Ob sie dir das entbiten thar,
7267	Sie entbütet dir jren dinst
7268	Vnd alles, das dir lip ist,
7269	Das sie daz mit willen thu.
7270	Vnd entbütit dir darczu,
7271	Das sie dir zcu erin
7272	Treit ein hemmede heryn
7273	Allir nehist jrem libe.
7274	Wiltu nu von ir bliben,
7275	So wert ir nymmir sorgin büs.

	mit bůß widerumb zů genaden kommen. Vnd seit mal mein fraw sich so hoch erbewtet zů bůß nach genaden
7261	vnd auch rechte. So wăre vnmüglichen ob sŏlliches von jr veracht vnd nicht auffgenommen wurd wenn sy en-
7263	růcht wie vnnd in welicher weise jr bůß geseczt werde. das sy nun widerumb genad vinde. sy vermaint auch selbs nicht anders. dann das sŏllich jr erpieten vmb jr mißhandlen wol rechtlichen vnd billichen sey. auch billich von euch

7247	Do sú es selber hieß,
7248	Das man mich schlůg vnd stieß
7249	Vnd mich von ir traib.
7250	Do was es ir nicht laid,
7251	Wann sú lacht sere."
7252	'Das will sú ymmer mere
7253	Büssen, wie du ir gebúttest nun.
7254	Das gröst tail des volcks jo
7255	Bricht vnd büsset schlecht.
7256	Gnǎd ist besser dann recht.
7257	Sú sůcht din gnǎden,
7258	Jr trúw soltu enpfahen.
7259	Nun was sú dir hǎt getǎn,
7260	Des will sú dir zů bůs stǎn
7261	Nauch gnǎden vnd nach rechten.
7262	Sú will nicht wider dich vechten,
7263	Sú will din gnǎd nicht gerůchen,
7264	Sú will gnǎd sůchen.
7265	Das recht ist ir zů schwär gar.
7266	Ob sú es dir enbietten dar,
7267	So embút sie dir
7268	Vnd alles das dir lieb ist,
7269	Das sú das gar gern tů,
7270	Vnd embút dir dar zů,
7271	Das sú dir zů eren
7272	Trag ain hemet härin
7273	Aller nechst an irem libe.
7274	Wiltu lang von ir bliben,
7275	So wirt ir nimer laides bůs.

7266	aufgenommen werde. dann ob sy euch es enpieten thar.
7267	so embewt sy ewch jr freündtlich dienst. vnd alles das
7268	euch lieb ist. das sy des zů aller zeit mit fleysse willig
7269	zethůn bereyt seye. auch wye sy euch zů eren ein härin
7273	hembd trage an jrem blossen leibe. vnd tragen wǒlle. so lang jr selbs wǒlt. aber das ist nit mynder. wǒlt jr sy so lang
7274	meiden so stirbt sy

7276	Here, sie suchit dinen fus
7277	Das du schire kummest, da sy sie,
7278	So wirt sie allir sorgin vry.
7279	„Des gewynne ich nymmir mut,
7280	Wen ez mir nicht were gut.
7281	Des saltu mir helfin jehn.
7282	Mir mochte lichte abir alzo geschen,
7283	
7284	Daz man mich sluge vnd stisze."
7287	
7288	
7289	
7290	
7291	
7292	'Her, kum, dar ich das heisze,
7293	Dorch den willen der vrauwen myn,
7294	Darczu wil ich din diner sin,
7295	
7296	Wen sie grosze note
7297	na dir hat,
7298	Das ir kummerlich mag werdin rat
7299	Vnd ir vnsanfte an legit
7300	Das heryn hemde, daz sie tregit
7301	Nehest jrer wiszen hut.
7302	Here, du bist doch ir libe trut
7303	Vor allin den, die sie y gewan.
7304	La dich irbarmen ir vngemach!'
7305	
7306	

7276	[3988] darumb sůch jch herr ewr fů ß . das jr seit schier
7277	kommen der enden da mein fraw ist. vnnd macht sy diser
7278	grossen sorgen frew . Her Tristrant sprach. jch wil jr nit
7281	sehen. mir mŏcht villeicht geschehen als mir nächsten
7283	geschahe. da sy mich von jr treiben hieß. nain herr das
7287	seyt on allen zweifel. vnd will euch mein trew geben
	das sŏliches nymermer geschicht. Auch das sy euch. ewer
7288	schleg haylet wie euch selber lieb ist. geselle jch kumm

7276	Herr, dar vmb sůch ich din fůs,
7277	Das du schier komest, da sú sy,
7278	Dan wirt sú aller sorgen fry.
7279	
7280	
7281	Wiltu aber sie nit sehen,
7282	So mag ir aber geschehen,
7283	Als ir zů nächst geschach.'
7284	„Jch mag nicht", er sprach.
7287	'By minen trúwen, ich dir des verpflig,
7288	Das sú dir din schleg
7289	Büsset, ob du *es* gerůchest.'
7290	„Nain, ich kum dar nicht,
7291	Wann es wer nit mines fromen."
7292	'Herr, du solt dar komen
7293	Durch miner frowen,
7294	— Jch och das gern verdiene —
7295	Vnd durch din selbs fromkait
7296	Vnd durch die grös arbait,
7297	Die min frow nach dir hat,
7298	Wann es ir kumerlichen gåt,
7299	Vnd *durch die* streng wåt,
7300	Das härin hemd, das sú treit
7301	Aller nechst ir wyssen hut.
7302	Herre, du bist ir trut
7303	Fúr all, die sú ye gesach.
7304	Nun laus dich ir vngemach
7305	Durch din güt erbarmen
7306	Vnd tröst sie vil armen!'

7290	dar nicht. wenn es wåre mir kein frumm. herr jr söl-
7292	lent dar kommen durch meiner frauwen liebe vnd
7294	meiner dienst willen. auch durch euch selbs frümkeit.
	vnnd der grossen angst wegen. so mein fraw nach ewch
7297	hatt. Herr nun seyt jr ye jr trawt vnnd allerliebsts lieb
7303	für alle. die sy ye gesahe. laßt ewch jr nott vnd vnge-
7304	mach erbarmen vnd zů herczen geen. vnd tröstet
7306	dises armes betrůbtes weib.

7307	„Pyloyse, du bist ein bote gut,
7308	Jch wil bekerin mynen mut.
7309	Du saist mir werlichen
7310	Von der edelin koninge riche,
7311	Das ich so grosze ruwe ny vernam.
7312	
7313	
7314	Jch was ir ein wening gram,
7315	Nu wil ich ir abir holt sin."
7316	'Des lone dir myn trechtin!'
7317	„Vornym mich ein lutczel vorbaz:
7318	Du salt ir von mir sagin daz,
7319	Daz sie das hemmede us zcyhe.
7320	Jch enwart ir so gram nyhe,
7321	Das ich ir dez wol gunde,
7322	Das sie ez truge lange stunde
7323	
7324	
7325	Jch wil sie zcu gnadin entvan
7326	Vnd wil sie dez geniszen lan.
7327	
7328	
7329	Das thu ich dorch dinen willen allirmeist.
7330	So schire zo ich han geleist
7331	Ein ding, daz ich gelabit habe,
7332	So machstu myner vrauwen sagin,
7333	Das ich sie denne wil an sehn,
7334	Was mir darvmme sulle geschen.
7334a	

7307	[4002] Er sprach Pylois du bist ein gůter bote vnd deines gewerbs fleissig. sagest auch wye dye küngin groß rew vnd
7308	jamer habe das jch herdurch mein gemůte bekeren wil.
7312	Ja entrewe herre. sy hatt also grossen rewen. als jch
7313	von keinem weybe ye vernommen hab. Her Tristrant
7314	sprach jch laugen nicht. jch was jr eyn lüczele gram. das
7315	laß jch nun hin sein. vnd wil jr aber freündtlich sein vnnd

7307	Tristrand sprach: „du bist ain bot gůt.
7308	Jch will bekeren minen můt.
7309	Du sagst mir wärlich,
7310	Das dú kúngin rich
7311	naͮch mir sy in rúwen?"
7312	Er sprach: 'Die haut sú in rechten trúwen,
7313	Das ich nie grösser vernam.'
7314	Trystrand sprach: „ich was ir ain wenig gram,
7315	Nun wil ich aber hold sin."
7316	'Des lon úch der got min!'
7317	Er sprach: „verniem mich ain wenig bas!"
7318	Du solt ir von mir sagen das,
7319	Das sú sich des härin hemds verzihe,
7320	Wann ich ward ir so gran nie,
7321	Das ich ir des icht gúnd,
7322	Das sú zů langer stund
7323	Das härin hemd icht trůg.
7324	*Es ist* nun wol genůg,
7325	*Jch* will sie des genissen lon
7326	Vnd will sie durch gnaud enphahen,
7327	Das du so gůt bot bist.
7328	Vnd das waist der hailig crist
7329	Vmb minen willen aller maist.
7330	So schier ich hab gelaist
7331	Ain ding, das ich verhaissen hän,
7332	So machst du wärlich sagen,
7333	So will ich sy gern sehen,
7334	
7334a	

	in meiner acht haben. dann sag jch jr. das sy das haͤrin hembd hinlege. vnnd sich füran mit seyden beclaide. wenn mich
7324	beduncket der czeit g e n ů g sein. auch will jch sy e m p f a -
7325	h e n. durch gnad vnd nicht durch recht besunder sy. dein
7326	geniessen l a s s e n. das du so gůter bot b i s t. vnd als schier
7330	jch g e l a i s t ein ding des jch gelobt h a b e. so will jch zů
7333	jr k o m m e n. es sei mir recht gůt oder schade.

7334b	
7335	Wen ich habe gelabit vor war,
7336	Das ich sie myden sal ein jar,
7337	Das ich ir spreche noch en sehe,
7338	Jr si wol adir we.
7339	Wen daz jar irgangin ist,
7340	So saltu dez sin gar gewis,
7341	Das ich zcu hant zcu ir vare:
7342	Jn deme meyen kome ich dare."
7343	Pyloise der was sich do
7344	Beide trurig vnd vro:
7345	Vro, das her den zcorn vorkos,
7346	Vnd ouch darvmme vroudin los,
7347	Das her sie nicht wolde sehn,
7348	Eir der winter were vorghen.
7349	
7350	
7351	He sprach: 'her, gebitet an mir!
7352	Jch wil nu scheidin von dir
7353	Vnd wil *myner* vrauwen sagin
7354	Beide von vroude vnnd von clagin,
7355	Alz ich hir vornommen han.'
7356	„Du salt in die stad gan
7357	
7358	
7359	
7360	
7361	Vnd heis dir was zcu essin gebin!
7362	Vnd hebe dich balde von den wegin

	[4015] auch sag meiner frawen. jch habe gelobet. das jch
7336	sy ein jar vermeiden vnd nit sehen wölle So aber das jar
7342	verendet in dem maien. so kumm jch aber d a r. vnd vor
7334a	jarzeit mag dz nit ge se in. Alls Piloys dz höret. ward er
7344	fr o vnd traurig. Fro dz der herr dye veintschaft nachge-
7345	lassen vnd v e r k o r n het. Herwider traurig das er die
	frauen so lang vermeiden wolte. vnd sprach. Herr gepiet
7351	vnd schaft czů m i r als eüren willigen diener. jch wil nun

7334b	
7335	
7336	
7337	
7338	Jr geschench, was ir mag geschehen.
7339	Wann das jar vergangen ist,
7340	So mag sú wol sin gewiss,
7341	Das ich zů hand zů ir var,
7342	Ee kom ich mit nichten dar."
7343	Pylors ward do frow
7344	Vnd trurig och do:
7345	Frow, das er ir schuld verkőß
7346	Vnd dar vmb fröden lőß,
7347	„Das ir sy nicht sehen wolt,
7348	Das jar vor vergon solt,
7349	Als ir gelopt hapt."
7350	Pylors do sagt:
7351	'Herr, nun gebiettent mir,
7352	Jch will schaiden von úch hie
7353	Vnd will miner frowen sagen
7354	Von fröden vnd von clagen,
7355	So ich hie vernomen hon.'
7356	Er sprach: „du solt in die stat gon
7357	Zů der herberg min,
7358	Tů als ich nit kenn din,
7359	Vnd solt mich mines gůttes bitten
7360	Nåch des landes sytten,
7361	So hais ich dir etwas geben.
7362	Dann erheb dich vff die wege

7353	von eüch scheiden meiner frauen sagen. beyde frumm
7355	vnd schaden. als jch dann hie von eüch vernommen hab.
7356	Der herr hieß in in die stat geen. zů seinen herwergen vnd gebarn. als ob er in nit erkannt. auch in seins gůtes
7359	biten. vnd sprach. Es ist hie zeland gewonheit. wann ein frőmbder man in mein hof kommbt der etwz von mir
7361	meins gůtes bitet. des wirt jm von mir geben. Also heiß
7371	jch dir auch geben klaider vnd hundert schilling gůtter
7362	guldir pfenning. damit gee hin weg.

7363	Vnd *sag der* werdin vrauwen din,
7364	Das sie dorch den willen myn
7365	Das heryn hemmede us thu,
7366	Das ich ir das entbite nu."
7367	
7368	
7369	He ted alz jm der here his.
7370	Tristrant jm die hundert
7371	schillinge gebin his.
7372	
7373	Pyloyse hub sich von dem lande,
7374	Wen jn dar nymand bekande.
7375	Do waz
7376	da jarmarkt
7377	in eyner stad.
7378	Piloyse do Tristranden bat,
7379	Daz her jm wisen lisze
7380	Eine stat, die Kurnevales hisze.
7381	
7382	
7383	
7384	
7385	Die stete warin ebin rych
7386	Vnd ire jarmerkte stundin glich.
7387	Czu Sente Michahelis misse
7388	Was da jarmarkt gewisse.
7389	
7390	
7391	Do koufte Piloyse, waz he wolde.

7363	[4031] vnd sage d e i n e r frauen die botschafft. Piloys
7368	dancket g o t . vnd herrn Tristrant. vnd tätt als in der herr
7369	hieß. als er die gab enpfienge. nam er v r l a u b vnd gieng
7374	hinwege das in niemant in dem h o ff e r k a n n t dann
7377	der herr selbs. Nun wz ein jarmarckt in einer grossen s t a t

7363	Vnd sag der frowen din,
7364	Das sú durch den willen min
7365	Das härin hemd vß tů,
7366	Vnd sagt ir ŏch dar zů,
7367	So ich hab ir embotten."
7368	Pylors danckt gotte
7369	Vnd tet so in der herr hies.
7370	Trystrand im do geben lies
7371	Hundert schillinge
7372	gůtter pfeninge.
7373	Pilors do vrlob nam
7374	Durch al des herren hoff sam,
7375	Das in niemen erkant.
7376	Do was in den land
7377	Jarmarckt in ainer stat.
7378	Pylors Trystranden bat,
7379	Das er in dar wysen lies.
7380	Zů Kurnewälch da ouch hies
7381	Ain stat recht also die.
7382	Fúr wår mag ich das sagen hie,
7383	Das sie hiessen baiden
7384	Zů Sant Michels stain
7385	Vnd wåren vil nåch eben rich,
7386	Vnd iårmarckt was da gelich
7387	Zů Sant Michels messen.
7388	So ward do nicht vergessen
7389	Grŏs iårmarckt da alle jar.
7390	Do luff der knab dar
7391	Vnd koufft, was er wolt.

7380	h ie ß Curnwalis. die waz gelegen nit verr von Carechs. do schicket herr Tristrant Curneualen auch dar vmb was er
7390	dann bedorft. Piloys lief mit jm d a r. vnd wolt sein gůt auch anlegen als er auch tåt. Der jarmarckt wz vast grose.
7386	vnd was ge le ich an sant Michels tage. do kauffet der gůt Piloys. dz er füran zů einem armen knecht entweicht was.

7392	Do ted he, alz her solde.
7393	Als her sin ding gar geschuff,
7394	Czu hant her sich dannen huff
7395	Czu lande wedir obir see.
7396	Were he do snel alz ein rehe,
7397	Das were jm von herzin wesin lip.
7398	Do mochte dez gewesin nyt:
7399	He muste gan alz ein man.
7400	Do he zcu Tyntaniol quam
7401	Vnd he vor den koning ging,
7402	Der here jn do entving
7403	
7404	Vnd vragete jn,
7405	wenne her queme
7406	Vnd wo he die hose neme.
7407	Die werde koningynne here
7408	Vorchte sich do rechte sere,
7409	Das he mochte misse sprechin.
7410	Do begunde ir
7411	vor leide
7412	der sweis us brechin.
7413	Piloyse wol gesach,
7414	Das die vrauwe sorgin plach
7415	Vnd sprach vil listiglichen:
7416	„O, here koning riche,
7417	Wer so wol gebeitin mag,
7418	Her gelebit dicke den tag,
7419	Das jm gesenftit wirt sin mut
7420	Vnd jm geschit lip vnd gut!

7394	[4041] Als der sein sach nun wol geschickt hette hůb er sich eilent. vnnd als er aller erste mocht kam er auf den
7395	see vnd fůr heim Do er gen Thintariol kam . vnd für
7401	den künig gieng. ward er schon enpfangen. von dem künig vnnd der künigin. Der herr fraget zů stund. Wannen
7406	er gienge. vnd wo er die grossen hab nåm . das er so kürcz-
7407	lich wår reych worden. die frawe erschrack der frag hart.

7392	Do tet er, was er solt.
7393	Do er sin ding geschůff,
7394	Zů hand er sich von dannen hůb
7395	Vnd fůr zů land über se.
7396	Wer er gewesen schnell als ain rech,
7397	Das wer im gewesen lieb geschicht.
7398	Do mocht das geschehen nicht:
7399	Er můst gon als ain man.
7400	Do er gen Tyntaniol kam
7401	Vnd fúr den kúng gieng,
7402	Der herr jn wol enpfieng
7403	Vnd dú frow dar zů.
7404	Der kúng fraugt in so,
7405	Von wannen er kam
7406	Vnd wa̋ er die hab näm,
7407	Das er so rich wär.
7408	Do vorcht dú frow der mär,
7409	Das er wúrd missprechen.
7410	Des begund ir vß brechen
7411	Der schwais vss allen irem lib.
7412	Jn gro̊ssen sorgen was das wib.
7413	Das ersach Pylors wol,
7414	Das sin frow was sorgen vol.
7415	Dar vmb sprach er gar wysglich:
7416	„Herr, her kúng rich,
7417	Wer wol gebyten mag,
7418	Der gelept dick den tag
7419	Das im erfröwt wirt sin můt,
7420	Das im lieb vnd gůt

	wann sy vorchte er künd so gächlingen darüber nitt antwurten. vnd vor grossen sorgen begund der schweiß an jr
7410	auß brächen. dz er über all jren leib ab ran. Piloys
7413	sahe wol das die fraw in grossen sorgen waz vnd sprach
7417	wer wol hoffet vnd gebeyten mag. der gelebt auch leicht
7418	den tage daran jm sein gemůt erfreüt wirt. vnnd lieb
7420	vnd gůt

7421	
7422	Jch was in einen markt komen,
7423	Do ist dese hose her komen."
7424	
7425	
7426	
7427	
7428	
7429	Dar mete wolde he jm das vorslan.
7430	Das merkete die vrauwe wol getan,
7431	Was he dar mit meynete.
7432	Von vroudin sie sere weinete.
7432a	
7432b	
7433	Vnd ging an jre heymelicheit.
7434	
7435	Piloyse waz darczu bereit
7436	Vnd saite ir do alczu hant,
7437	Wie sich gehette Tristrant,
7438	Vnd allis, daz he wedir sie sprach.
7439	
7440	Do waz ir daz ein gros vngemach,
7441	Das sie den helt nicht solde sehn
7442	
7443	
7444	Adir der winter were vorgen.
7445	Czu hant do der meye quam,
7446	Tristrant grawe cleider nam
7447	An sich vnd vromde schu,

	[4054] geschicht also ist mir auch geschehen. Ich bin diß
7423	tags gewesen zů sant Michel auf dem Jarmarckt. do istt
7424	mir dise hab worden. also wer wol hoffet. dem mag auch etwan gelingen. Do mercket die fraw wol. was er darmitt
7431	mainet. vnd ward vor grossen frewden zåhern. gieng bald an jr gewar. Pilois vermercket das wol vnd verstůnd
7436	das wol. sagt jr wz jr Tristrant enboten het. do sy das hort vergaß sy des laides also. ye doch was jr laid vnnd
7440	vngemach. das sy den liebsten man. den ye fraw

7421	Geschicht dick baiden.
7422	Zů Sant Michels stainen
7423	Was ich disen marckt tag,
7424	Do gewan ich all min hab,
7425	Das ich nun bin so rich.
7426	Do wonden sie all gelich,
7427	Das er es spräch durch das,
7428	Wann er wol frow was,
7429	Das er vor nicht hett geton.
7430	Do merckt dú frow san,
7431	Was er da mit mainte.
7432	Vor fröden sú do wainte,
7432a	Das jr das gesicht über gieng.
7432b	Nun hört, wie sú es an vieng:
7433	Sú gieng in ir haimlichait,
7434	Pilors was och do berait
7435	Vnd kam zů ir all zů hand
7436	Vnd sagt ir, das Trystrand
7437	By im ir embotten habt.
7438	Dú frow verclagt,
7439	Was ir ze laid ye geschach.
7440	Doch was ir das ain grŏs vngemach,
7441	Das sú den aller liebsten man,
7442	Den ain frow ye gewan,
7443	Nicht sölt sehen an,
7444	Ee der winter wer vergan.
7445	So schier do der may kam,
7446	Trystrand graw claider nam
7447	An sich vnd främde schůch,

7442	gewann. so lang vermeiden vnd nit sehen solt dz wz jr zemal schwǎr. aber hoffnung vnd gůt gedingen ernerten dise frauen dz sy vmb seinen willen recht frŏlich was.

Abentewr Wie herr Tristrant zů der küngin kam. vnd wie es jm do ergienge.

7445	Nun hŏrent wie es fürbas ergienge. Als der may kam.
7446	nam herr Tristrant an sich grawe klaider

7448	Schurpen vnd einen stap darczu,
7449	Alz her were ein pilgerym.
7450	Ouch cleidete sich der knape sin
7451	Kurneval jm al gliche.
7452	Do begundin sie beide slichen
7453	Czu heren Tynas hus,
7454	Do was her geretin us,
7455	Das sie sin nicht en vundin.
7456	Der werde Tristrant do begunde
7457	Gedenkin, waz he tete.
7458	Do warin daz Kurnevales rete:
7459	Her solde bie die straszin gen,
7460	Ab her jmande kunde irsehn,
7461	Der sin bote were.
7462	Do gingen die zcwene wellere
7463	Legin in den selbin dorn,
7464	Do he mit Kehenise
7465	jnne lach vor.
7466	Des volkis zcoug
7467	vele hin und dare.
7468	Do wart he nymandes geware
7469	Deme he mochte getruwen,
7470	Der jm zu der vrauwen
7471	Worbe sine botschaft.
7472	Aldar bleib he obir nacht,
7473	Das her die vrauwen nicht en sach.
7474	So schire so ez wart tach,
7475	
7476	Do quam ein sin vrunt

7449	[4069] als ein pilgram. darczů taschen vnd stab. vnd
7447	zwen puntt schůch. mit jm sein diener Curneual jm
7451	geleich klaidet. vnd zugen in Curnewalisch land. Als sy nun kamen zů der burge linthanij. die herr Thinas wz.
7455	was der herr nit anheym. Als aber sy den nitt funden. můsten sy gedencken was in czů thůn wår. vnd wurden

7448	Stab vnd täsch dar zů,
7449	Als ob er wär ein bilgerin.
7450	Ouch klaite sich der knabe sin
7451	Kurnewal jm wol geliche.
7452	Vnd begund dannen strichen
7453	Vnd kam zů herr Tynas hus.
7454	Der was geritten vs,
7455	Das sie in nicht funden.
7456	Gedencken sie do begunden,
7457	Was man nun da tätte.
7458	Der jung held was stätte,
7459	Er wolt die straus gan besehen,
7460	Ob er yemant möcht erspehen,
7461	Der sin bot wär.
7462	Do giengen die waller
7463	Sich legen in den selben dorn,
7464	Do er ouch dar vor
7465	Mit Kehenis jnne hett sin gemach.
7466	Der lút er do vil sach
7467	Gan her vnd dar.
7468	Doch ward er niemens gewar,
7469	An dem er trúw möcht schowen,
7470	So das er jm zů der frowen
7471	Wirb sin botschaft.
7472	All da belaib er über nacht,
7473	Das er der frowen nit sach.
7474	Do der tag vff brach,
7475	Darnauch in kurtzer stund,
7476	Do kam im ain lieber frúnd

7458	z e r a t auff dye straß z e g e e n. ob sy yemant sähen der herr Tristrant zů boten schicken möcht. Hiemit giengen
7463	sy in den d o r n. da er vnd herr Caynis v o r mals in gewesen warn vil volckes zoch do wider vnd für. aber keiner was vnder in. dem sich herr Tristrant öffnen dörst. also
7472	mũsten sy dise gancze n a c h t in dem dorn behausen.
7474	Als es t a g ward kam sein lieber f r e ü n d her Thinas.

7477		geretin.
7478	Deme waz der slaff so herte mete,	
7479		
7480	Daz her jn bie jm	
7481		nicht sach stan.
7482	He was doch kein jm her us gegan	
7483	Vnd wolde jm zcu sprechin.	
7484	Do wolde he jm sinen slaff nicht brechin,	
7484a		
7484b		
7485	Alz her vor jm obir reit.	
7486	Es waz eine grosze togenheit	
7487	Das he slaffin lis den degin.	
7488	He meynte, he hette	
7489		in der hobescheit gelegin.
7490		
7491		
7492		
7493	By deme manen he sin ros ving.	
7494	Vil lange he dar ane hing,	
7495	Das her jn nicht irwachete,	
7496	Bis das daz ros irschrackete	
7497	Und vur von deme wege.	
7498	Do irwachete erst der degin.	
7499	Wie schire her jn irkante,	
7500	Den vil künen Tristrande!	
7501	Vnd wart vro, dez hatte he recht.	
7502	Do entving he	
7503		den guten knecht

7477 [4081] der rayt dŏrt her vnd schlief so maist er mocht. Herr Tristrant gedacht. Jch will dich ye nit wecken. du bist
7489 leychte heint bey deiner am eyen gewesen vnnd schlaffest notturfftig. Er gieng dar. nam das pfǎrd bey dem zaum.
7494 gieng ein gute weil mit jm. vnd wolt sich der botschafte

7477		Allain dort her geritten.
7478		Der schlauff hett in erstritten,
7479		So das *er* schlieff gar hart,
7480		Vnd jn by der wart
7481		Sach nicht vor im stan.
7482		Er was doch gegen im gan
7483		Als er in wolt besprechen.
7484		Den schlauff wolt er jm nit brechen,
7484a		Bis er selb erwachte.
7484b		Vngern er jn wachen machte.
7485		Das was ain grŏs gezogenhait.
7486		Schlaufen er fúr sich rait.
7487		Trystrand liess schlauffen den tegen.
7488		Er daucht, er ist gelegen
7489		Dis nacht by siner ammyen.
7490		Er wolt sich ee verzyhen
7491		Des gewerbs siner botschaft jo,
7492		E er im bräch sinen schlauff so.
7493		Lang er nun by im gieng.
7494		Zů letst er im das roß gefieng
7495		By dem zom und in nit wagkt,
7496		Bis das roß do erschrack
7497		Vnd bralt vß dem wege.
7498		Do erwacht der tegen
7499		Vnd erkant Trystranden.
7500		Des wurden die wyganden
7501		Baid mit ain ander frow.
7502		Der herr Trystrand do
7503		Empfieng gar minneglich

7490	ee verzeihen. ee er jm sein schlaf brächen wolt. zů
7496	letst erschrack das pfärd. vnd fůr auß dem weg.
7499	dauon der herr erwachet. vnnd erkannt herrn Tristrant
7501	czů stund. Sy wurden beyd fro. vnd enpfiengen aneinander mit vil freüntlichen worten.

7504	
7505	Vnd sprach, ab her icht wolde,
7506	Das he dorch jn thun solde.
7507	Wie gerne he daz tete!
7508	„Ja, vil gerne ich dich bete,
7509	Das du werbest myne botschaft."
7510	'Das thu ich, so ich beste mag,
7511	Vnd thu daz getruweliche.'
7512	„Des lone dir got der riche!
7513	Nu nym hin das vingerlin
7514	Vnd brenges der werdin koningyn,
7515	Das sie dir gloube dar bie.
7516	Vnd sage ir, daz ich hir sie,
7517	Das ich sie gerne wolde sehn.
7518	Das mag nicht wol geschen,
7519	Sie wil denne den koning betin,
7520	Das he abir nach syme setin
7521	Czu Blanckinlande wolle jagin.
7522	Ouch soltu myner vrauwen sagin,
7523	Jch wil in dem dorn pusche sin,
7524	Dar ich vnd die geselle myn
7524a	Allirnehest ouch jnne lagin.

7508	[4090] Herr Tristrant hůb an den herrn zebitten. vnd mit grosser b e t begern jm aber b o t s c h a f t an die küngin zů werben herr Thinas sprach das er das fleissiklich vnd
7510	gern tåt. vnd so er pest mȍcht. Herr Tristrant sagtjm
7513	des grossen danck vnd sprach. Nym hin disen r i n g. vnd

7504	Vnd sprach frúntlichen,
7505	Ob er icht wölt,
7506	Das er tůn sölt.
7507	Gern er das tät.
7508	Er sprach: „ja, gern ich dich bät
7509	Vnd du wúrbest dú botschaft min."
7510	Er sprach: „ob ich mag, das sol sin.
7511	Jch wirb dir es trúwlich.'
7512	„Das lon dir got der rich!
7513	Nun niem das fingerlin
7514	Vnd bring es der kúnigin,
7515	Das sú gelob da by!
7516	Sag ir, das ich hie sy
7517	Vnd wölt sie gern senchen!
7518	Das mag aber vbel geschenchen,
7519	Sú wöll dann des vlyß haben,
7520	Das der künig ryt jagin
7521	Ze Blanckenland uff die wysen so,
7522	Vnd das ich wil ligen so do
7523	Jn dem dorn, do ich vor lag vor jn gemach,
7524	Do sú mich aller nächst óch sach.

7514 bringtt den der küngin zů wortzeichen meyner herkunft. vnd sag jr. das jch sy aber geren sehen wolt.
7517
7518 Nun hab jch sorg daz dises nit wol beschehen müg. sy wöl denn selbs fleiß tůn. darmit sy den küng aber an das jaid gen blanckenland bring da sol sy mich vinden in dem dorn. do sy mich vand. als jch nachst hie was.

TEXTKRITISCHER KOMMENTAR

Rm^r

1611/12 Der ungewöhnliche Reim *lif : magedin* läßt auf absichtliche Änderung eines ursprünglichen *lif : wif,* wie es sich in den Frgg. noch fünfmal findet, schließen — wenngleich solche sachlogische Korrektur eines späteren Abschreibers ungewöhnlich ist. An keiner Stelle sonst wird Isalde als *magedin* bezeichnet. — Wesle (Reimstudien, S. 23, Anm. 4) schlägt *lif sin : magedin* als ursprüngliche Version vor. Abgesehen von dem ungeschickt hüpfenden Rhythmus, der hierdurch entstünde, läge dann kein Grund zur Änderung für DH vor.

1615-18 Die R-Assonanzen *můsen : verliesen* und *wurme : sturbe* sind in HD bei verschiedener Versfüllung durch gleiche Reimänderung beseitigt. Auffallenderweise stimmt die Reimwortfolge *stúrb : verdúrb* von H besser zu C als zu R, woraus Knieschek (SB, S. 336) Priorität von C vor R ableiten wollte. Dem widerspricht jedoch der Textzusammenhang: C folgt dem R Text in enger gedanklicher Anlehnung.

1620 entweder nicht ursprüngliche Zusatzzeile von R, oder aber die dazugehörige zweite Reimzeile ist verlorengegangen. Bartschs Vorschlag *wafenote : guote* (Germ. 23, S. 348) beseitigt die Verderbnis nicht. Für Annahme eines ursprünglichen Dreireims fehlen Parallelbelege. (Siehe Anmerkung zu R 3491 f.)

1623/24 fehlen in DH, obgleich die R-Reime keinen Anlaß zur Kürzung bieten. Ursprünglichkeit von R jedoch durch PC wahrscheinlich. — Auffällig die P-Lesart *vnd rait gegen der not,* die Bartsch dem Prosaverfasser des 15. Jh. nicht zutraut, d. h. für möglicherweise ursprünglich hält. P übersetzt *after wegen* sonst mit *hin weg.* (Vergl. 7362.)

Rm^V

1659/60 Die von DH beseitigten Reime *vaste : sahse* von C als ursprünglich bezeugt.

1661 Nur C hat diese Zeile sinngemäß verstanden, während DH offensichtlich *im* gelesen haben und darum durch das *he an siner hant trug* (D) verdeutlichen, wohl in Anlehnung an 1655.

1668 Auffallend die (zufällige?) Übereinstimmung des verdeutlichenden Genetivs *des tracken* in H und C, ähnlich auch P, der in RD fehlt.

1673 Offensichtlich haben alle späteren Texte an dem ursprünglichen *hosin* (R) Anstoß genommen, das durch das Reimwort *mose* (bestätigt durch DP) gesichert ist. C präzisiert mit 'in die Tasche', H verallgemeinert: *jn hůt,* während D eine Kontamination aus RH bietet, die sprachlich nicht aufgeht.

1674/75 Zusatzverse von DH, die in RCP fehlen. H mißversteht *losen* (D) und deutet es in 'lassen' um.

1678 Obwohl DH *degin* schreiben, muß in R das fehlende Subjekt dennoch durch *helt* ergänzt werden, da *degen* in den Fragmenten ausschließlich (sechsmal) im Reim erscheint, während *helt* mit ebensolcher Konsequenz nur im Versinnern verwendet wird.

Rd

1727 HD wandelt Erzählerbericht (RCP) in direkte Rede um. Dennoch stimmt C dem Sinne nach mehr zu HD als zu RP, weshalb Knieschek (SB, S. 336) den Text von DHC für ursprünglicher hält.

1728 Zusatzvers von DH, der die gestörte Parallelität im Reimschema zwischen HD und R aufhebt.

1734 Lichtensteins Ergänzung von *des* ist überflüssig, da Parallelbelege für *vermezen* ohne Genetivobjekt nachweisbar. („Rolandslied" 8503, „Rother" 3435.)

1742/43 fehlt C. Ursprünglichkeit der Zeile durch Reimbeleg *mit sein eynes leib* (P) bestätigt.

1745/46 Assonanzen in R durch C gesichert. — P mischt in Isaldes Rede einzelne spätere Wendungen aus Tristrants Verteidigung vor Marke (2163 ff.), besonders 2184.

1759-61 Zusatztext in DH, der das Reimschema bis 1765 stört. Die Lücke in C bestätigt die Ursprünglichkeit der Fragmente.

1765 R-Text wird von CP gegen HD als ursprünglich bestätigt.

1777/78 Die Assonanz *fro* ('früh') : *do* beseitigt nur H, während D — im Unterschied zum Parallelfall in 1758 — den Reim bewahrt. Möglicherweise verstand D dieses *fro* nicht als 'früh', sondern als 'froh'. (R schreibt sonst *vrů*.)

1782 *Peronise* (R) gegenüber *Brangene* (HD). Vermutlich Schreiberversehen von R. Verwechslung mit 1815?

1785/86 R gibt zu Reimänderung in DH keinen Anlaß, weshalb Bartsch R als bearbeiteten Text ansah. (Germ. 23, S. 348.) Die Ursprünglichkeit von R auf Grund von C jedoch wahrscheinlich.

1786-91 van Dam (Vorgeschichte, S. 47) sieht in der Version von R einen „primitiven Zug der alten Sage", der bei Gottfried nicht mehr auftaucht. Nach R 1787 werden die Pferde in Irland überhaupt nicht, nach HDC nur „anders" beschlagen: diese Interpretation gründet sich jedoch auf eine Textverderbnis in R 1787, die durch R 1783 (*wa* 'womit') offenkundig wird. Zu ergänzen wäre ein *so*.

1790 In C nicht übersetzt.

1798/99 fehlen in R und C (dort allerdings Flickverse). Vermutlich Zusatzverse von HD, durch die Assonanz *erchennen : besenget* ausgelöst, ebenso wie 1801/02 und 1806/07. C steht eindeutig auf Seite von R, während P wegen starker Raffung nicht beweiskräftig ist.

1805 Die ungewöhnliche Kurzzeile wird von HPC bestätigt. Daher erübrigen sich alle 'Besserungsvorschläge', soweit sie nach ursprünglicher Lesart suchen, auch Xantippus' (Spreu, S. 40): *niht gezogen noch gewassen* („gewachsen, d. h. wild im Gegensatz zu einem edleren Zuchtroß der heimischen Rasse"!).

1806/07 Typische Zusatzverse von DH; Quellenverweise für solche Übergangsverse finden sich häufig, doppelter Hinweis auf schriftliches und mündliches Zeugnis auch 4576 f. und 4730 f.

1811/12 Knieschek (SB, S. 337) vermutet auf Grund von C *wuste : kunde* als ursprünglichen Reim. Widerspruch von Gierach (Sprache, S. 7). Textstörung in R jedoch wahrscheinlich, da gegen HDC in R der Text C 66, 18, bzw. D 1812 fehlt.

1816-b Von den in HD fehlenden Versen wird R 1816a von PC gestützt. Die von Pfaff (Germ. 30, S. 30 und 32) vorgeschlagene Lösung, einen dreizeiligen Originaltext anzusetzen, unterstellt gemeinsame Überarbeitungsstufe PC, wofür weitere Belege fehlen. – Da *sŏhte : mohte* nur nd. bzw. md. reinen Reim ergibt, sind einem oberdeutschen Schreiber diese Zusatzverse kaum anzulasten. (Siehe auch Gierach, Sprache, S. 8, Anm. 4.)

Textkritischer Kommentar 5*

1818 Die Lesart von R *si wold im hundirt mark geben* wird nur durch P *hundert marck goldes* gestützt, da D sie durch *gute salbe,* C durch ein 'großes Geschenk' ersetzen. Knieschek (SB, S. 338) und Xantippus (Spreu, S. 41) suchen die *salbe* in D aus einem ursprünglichen *solde* herzuleiten, welche Form auch durch das tschechische Wort *dar* gestützt würde. Die ursprüngliche Version müßte dann gelautet haben: *sie wold im hundirt mark soldes geben.*

1823-26 C steht eindeutig auf seiten des ausführlicheren Textes von DH, und auch P bezeugt trotz geraffter Berichterstattung den in R fehlenden Vers 1824, sowie die Redeansage in 1826. Verdächtig ist der Bildvergleich in R: *den helm glizen / sam ein carbuncel wize,* da im Mittelalter die Leuchtkraft des feuerroten Karbunkelsteins sprichwörtlich war. Entweder repräsentiert R eine ungeschickte ursprüngliche Version, die wegen metrischer und sachlicher Unzulänglichkeit alsbald der Bearbeitung ausgesetzt war, oder aber die ausführlichere Darstellung in HDPC steht der echten Version näher, von der R nur noch eine ungeschickte Verkürzung bietet.

1832 C bestätigt die Echtheit von *liebe* in R gegen *můt* in HD. Das gleiche Reimpaar *Brangene : liebe* wiederholt sich 3063 f. und 3076a f., auch hier wird es von DH gebessert.

1839/40 Die von HD beseitigte Assonanz *waere : naeme* scheint C zu bezeugen.

1841/42 Offensichtlich haben die obd. Schreiber von RH an dem ursprünglichen Reim *antwort : vorhte (entworcht* D!) Anstoß genommen und ihn unabhängig voneinander geändert. Die ursprüngliche Form läßt sich aus DCP erschließen. (Vergl. Bartsch, Germ. 23, S. 348 und Eggers, Metrische Gestalt, S. 6.)

M 1

2810 Ergänzung von M nach D.
2812 [*lantsiten*] ist hier und 2815 schwm. gebraucht.
2819 Ergänzung nach D, der Text wird von C gestützt. H dagegen löst die indirekte in direkte Rede auf.
2821 Fehlt C. Die in HDP vorhandene Konstruktion mit abhängigem Temporalsatz läßt sich in M nicht herstellen. Gegen Lichtensteins Vorschlag *biz si*[*u morgens ûf*] *gestunde* spricht die Parallelstelle R 3059.
2823/24 Die unreine Bindung *nefen : wesen* von HD wird durch PC bestätigt, während M allein die nicht anstößigen Reime *neben* : [*geben*] und die dadurch hervorgerufene zweizeilige Erweiterung aufweist. In diesem Falle also bezeugen HDPC gegen M den ursprünglichen Text, in den der Redaktor von M bereits reimreinigend eingegriffen hat. (Vergl. Bartsch, Germ. 23, S. 346.)
2825 Rekonstruktion von M nach H.
2829/30 fehlen in D. Auch C stimmt nicht genau zu MH, zumindest ist 2830 als inhaltliche Lücke in C aufzufassen.
2834 a/b Beide Zeilen fehlen in DH. Einige Wortanklänge in dem sonst straffer erzählenden P (*gût, gebeten*), die offensichtlich alte Reimworte repräsentieren, lassen Kürzung in späteren Hss. vermuten. (Bartsch, Germ. 23, S. 347, nimmt Kürzung in M an.) Die Ergänzung von Lichtenstein ist im Hinblick auf P zu korrigieren.
2835 [*rehte*] ist aus P gegen HD aus räumlichen Rücksichten zu ergänzen.
2845 *an die rete bracht* wohl im Sinne von 'hat diesen Plan, bzw. Anschlag verursacht'.
2850 M läßt sich ziemlich zuverlässig aus D herstellen, während H und P (zufällig?) übereinstimmend den Inhalt in einer Zeile zusammenfassen.

2863 Der Absatz in M wegen Zeilenschnitt nicht sichtbar, die Übereinstimmung von DHP aber zeugen für ihn. — Lichtenstein ergänzt mit D[abir], sinngemäßer jedoch, und zudem durch P gestützt, ist [ubir] niut lang (so auch Bartsch, Germ. 23, S. 351).

2865/66 Weder der Ergänzungsvorschlag von Hoffmann noch der von Bartsch/Lichtenstein läßt sich durch andere Texte stützen. Die beiden Zusatzverse 2866a und 2866b in M dienten vermutlich der Beseitigung einer Assonanz, vielleicht *tode : lonen*. Die ursprüngliche Version müßte dann gelautet haben: [*daz siu mit dem tode / Brangenen wollte lonen*]. Siehe auch P: *vnd wolt der mit dem tod lonen*. (Lichtenstein, Ausgabe, S. 433; Bartsch, Germ. 23, S. 346; Eggers, Metrische Gestalt, S. 102.)

2868 *von* [*ir*] in M ist vermutlich aus der nachfolgenden Zeile in diese aufgenommen worden. Siehe DHP!

2871 [*a*]*ne gewinnin*: DH schreiben *abe gewynnen*. Wagner aber hält *n* für die wahrscheinlichere Lesung und weist auf den häufigeren Gebrauch von *anegewinnin* hin. (Siehe auch BMZ III, S. 712.)

2872 HD ersetzen *minne* durch *sinne*, wie D es grundsätzlich tut. (Vergl. 3261, 4090, 7084 u. a.)

2875/6 Ergänzung mit dem konservativeren D.

2882 *wollin*: Wagners Übersetzung „beflecken, verunreinigen, trüben" leuchtet für den vorliegenden Zusammenhang ebensowenig ein wie Lichtensteins Vorschlag „die Schöpfgefäße in einem (Zieh-)brunnen herauf- und herabwinden" (Ausgabe, S. 433). Auch Gierachs Besserungsversuch *swer den* (oder besser *des*) *wollte vullin* trifft die Sache nicht, denn nicht der Brunnen, sondern das Trinkgefäß soll gefüllt werden. Vermutlich handelt es sich um einen Lesefehler für *holin*. Daß *ho* und *w* im Schriftbild sehr ähnlich ausfallen können, bestätigt die Hs. Eine gewisse Unsicherheit des

Schreibers steckt wohl auch hinter dem (nachträglich?) überschriebenen o, die Hs. schreibt w⁰llin – das einzige Beispiel, von Diphthongen abgesehen, für übergeschriebenen Vokal.

2889 [da diu cůnigin] si legite: Diese M-Ergänzung von Hoffmann ist gegen DHP vorzunehmen. Der ursprüngliche Text verstand legen vermutlich als 'einen Platz anweisen'. (Vergl. „Nibelungenlied" 800,4.)

2896 der uzir [deme bomgar]ten queme gerunnin: Vers vermutlich in M verdorben.

2902 Ergänzung ge[sprungin] zwar sachlich einleuchtend, doch kein Änderungsgrund für DH.

2915/16 Ergänzung ist durch keinen anderen Text zu stützen, da M vermutlich bereits reimreinigend (Beseitigung von lieb : verdienen HDP) eingegriffen hat.

2917/18 Auch hier liegt vermutlich bereits Reimreinigung in M vor, der Reim wile : ile hätte für DH keinen Anlaß zur Änderung geboten, wohl aber lebin : wegin (DH).

2920 Ergänzung auf Grund von P und unter Verzicht auf miner frowen (H), da Wagner Raum nur für einen „sehr kurzen Vers" vermerkt.

2933-35 Vermutlich ergab das nicht überlieferte Reimwort in M 2934 mit dem vorausgehenden muter eine assonante Bindung, die HD beseitigt haben. Lichtensteins Ergänzung nicht sehr überzeugend. P legt zuwei hem[ide weisse] nahe, was allerdings einen ungewöhnlichen Reim ergeben würde.

2938 Ergänzung nach D.

2940 Lichtensteins Ergänzung siz (= si iz) ist zwar metrisch gefälliger, aber sonst nicht belegbar.

2944 Bei Wagner Zeilenbeginn mit daz. Da dies daz aber in der Hs. am Zeilenanfang steht, ist zu vermuten, daß am Schluß der beschnittenen vorausgehenden Zeile noch siu bat stand, das HDP übereinstimmend bieten.

2949/50 Wegen Lücke in DP ist Ergänzung auf H angewiesen, dessen Reimworte *so : jo* ohne Zweifel dem Ungeschick des Redaktors zuzuschreiben sind. Kürzung in D und Reimänderung in H lassen vermuten, daß die M-Reime *mere :* [*here*] nicht ursprünglich sind.

M 2

2968 D ersetzt hier (wie fast immer) *san* durch eine holprige Konstruktion mit *an*. (Vergl. Belegsammlung bei Eggers, Metrische Gestalt, S. 16.)

2969/70 Lesarten von DH deuten auf reimgereinigte Umarbeitung in M.

2979 Versherstellung in M nur sinngemäß möglich, da DP ausfallen und H selbständigen Text bietet. — Lichtensteins *siu het iz von ir luwin* mißversteht den Zusammenhang: die Ritter wiederholen den Bericht Brangenens (2944 und 2947), die das Hemd Isalden *gelichen*, nicht aber von ihr 'entliehen' hat.

2985 *lussam*: Vorschlag von Lichtenstein gegen *wolgetan* in D (Ausgabe, S. 434). Beides nicht in Frgg. belegt.

2986 P hat seine Vorlage offensichtlich mißverstanden!

2987 Überlieferung fordert *irbarmen*, Wagner liest *in*[. Ergänzt man *in himile*, so läßt die metrische Form erheblich zu wünschen übrig. Zudem schreibt die Parallelstelle R 3033 *von himele*.

2997 Textnähe zwischen M und H im Zeilenumkreis spricht gegen Hoffmanns und für Lichtensteins Vorschlag.

3001 Bei Wagner kein Abschnitt. (Durch Randbeschneidung weggefallen?)

3002 Konstruktion in M nicht ganz geglückt. Versehentliche Wiederholung von *grozir* aus 3000? Besserungsvorschlag: streichen von *der*.

3003 [*und*] ist aus Raumgründen (gegen Lichtenstein) hinzuzufügen, wodurch die Zeile gegenüber H allerdings Sinnänderung erfährt.

Rr 1

3029 Publikumsanrede aus mündlicher Vortragssituation des 12. Jahrhunderts in gedruckter Prosa noch erhalten: *nu horent*... (ebenso 1766, 2740, 3030, 3900, 9421).
3041 Zeile in H unverständlich. Auch P hat *cheiserliche* nicht bewahrt.
3047 *einen mort began* an sich nur mit *an* gebräuchlich (wie HD). Vorhandene Buchstabenreste aber: *m*[. (Siehe Wagners Anmerkung zu dieser Stelle.)
3063/64 Einziges konsequentes Beispiel für Reimreinigung in DH ist Beseitigung von *Brangene : liebe*.
3072 Lichtensteins Ergänzung *in sim můt* in Anlehnung an H widerspricht dem hs. Gebrauch von R. (Vergl. 7206).
3076/77 Ursprünglichkeit des R-Textes durch P gesichert.
3076c Ergänzungsvorschlag von Lichtenstein zwar dem Sinne nach ansprechend, jedoch ohne Überlieferungsstütze. Zu erwägen wäre in Anlehnung an P die — allerdings sehr knappe — Ergänzung *ir můzint ge*[*dencken*].
3081/82 Alle bisherigen Besserungsvorschläge wendeten sich gegen das von PH gestützte *an*[*e wundin*] im Reime auf *vrŏwen*. Die Crux der Stelle liegt aber vor allem in Zeile 3081 *do chustin sih die vrŏwen*, die offensichtlich nicht an diese Stelle — Eingangsvers zu neuem Abschnitt über Tristrants Stellung am Hof — gehört. Vermutlich Schreiberversehen: auch 3061 [*do chust*]*in sih die vrowen zvô* beginnt in DR mit Abschnitt, in beiden Fällen setzt Text mit initialem D ein. Vermutlich geriet der Schreiber von R (oder dessen

Textkritischer Kommentar

Vorlage) in den Text des vorausgehenden Absatzes, brach ab (kein Verspunkt hinter *vröwen*!) und schrieb den richtigen Text weiter. Seitenwechsel zwischen 3081 und 3082 machen solches Versehen noch wahrscheinlicher. Folglich ist DH 3081 vermutlich die ursprüngliche Lesart. Da P aber mit *vnd küsten aneinander nach gewonheyt* . . . den falschen R-Text aufweist, ist seine Vorlage im Umkreis der R-Redaktion zu suchen, was Claasen (Neoph. 23, S. 33-37) noch an verschiedenen anderen Stellen nachzuweisen versucht hat. P hätte demnach ein bereits gestörter Text vorgelegen, den der Prosaverfasser handlungslogisch zu bessern verstanden hat.

3091 Bartsch/Lichtensteins Ergänzung ohne hs. Stütze. Dagegen zu [*mit tugenden*] siehe P!

3099 Mit Lichtenstein sinngemäß nach HD ergänzt.

3102/03 Eines der beiden *lihte* ist vermutlich zu streichen.

3109 Auch für Scherers Vorschlag *also stet an der minne* ließen sich Parallelbelege anführen. (BMZ II^2, S. 574.)

3114 Wagners Lückenangabe (etwa 13 Lettern) und der Text von P(*frümkeit* . . . *tugend*) plädieren für Ergänzung von [*tugend*] gegen Lichtensteins [*mit eren*].

3118 Ergänzungsvorschlag von Eggers (Deutsche Sprachgeschichte II. Reinbek 1965, S. 113).

M 3

3409 *sigerliche* eines der wenigen eindeutigen Beispiele für nd. Schreibereinfluß. (Vergl. Cordes, Sprache, S. 81.)

3438-43 fehlen in M. Bartsch nimmt Kürzung in M an (Germ. 23, S. 347). Für Interpolation von HD aber sprechen 1. keine Spuren des Textes in P, 2. die fraglichen Verse bestehen fast nur aus Wortwiederholung aus anderen Zeilen, so 3441 = 3446, 3442 = 3445.

M 3/4 - Rr 2

3457-62 Daß es sich bei diesen Zeilen nicht um Kürzung von M (Bartsch, Germ. 23, S. 347), sondern Interpolation von DH handelt, ergibt sich aus folgender Überlegung: der fragliche Text fällt in M in eine Überlieferungslücke; der obere Rand der Blätter ist beschnitten, was pro Seite einen durchschnittlichen Zeilenverlust von 7 1/2 bis 9 Verszeilen zur Folge hat. Für die zur Diskussion stehende Lücke zwischen 3^r und 3^v sind durch R bereits 6 Verse bezeugt, wovon besonders R 3463 ungewöhnlich lang ist (in dieser Form aber von HDP bestätigt wird). Folglich können die in HD überlieferten Zusatzverse nicht in M gestanden haben, sind also als Interpolation zu bewerten.

3471 Lesart von M *waz hie gescie* besser als R, da der Satz von *sule wir nemen g$\overset{v}{o}$me* abhängig ist, die Version von R *waz ir gesehet* bedeutet ungeschickte Wiederholung.

3479/80 Der rührende Reim in R *dar uf : dar uf* scheint auf Textverderbnis zu deuten. Die Form von M ist wohl als ursprünglich anzusehen, wenngleich das *hilff* in 3480 (H) und das spätere *hulfe* (R 3483) den Schluß nahelegen, daß in 3480 und 3483 ursprünglich ein Wechsel zwischen *heben* und *helfen* bestanden hat, dessen Verteilung sich nicht mehr eindeutig rekonstruieren läßt. Am größten ist die Textverderbnis in D. (Siehe auch: Strobl, AfdA 5, S. 228.)

3491/92 R löst die zweizeilige Form von M, die die doppelte Tätigkeit des 'Pflückens' und 'Werfens' in *brechen* zusammenfaßt, auf (*des loubes er brah und warf iz*) und nimmt dafür den Dreireim *brah : wach : nah* in Kauf. D und H bestätigen — vom veränderten Reimwort abgesehen — die zweigliedrige Version von M. Es fällt auf, daß anscheinend P die zweifelhafte dreigliedrige Form von R (in anderer Reihenfolge) bestätigt: 1. *brache der bletter von dem baum,*

3. *leget den span... darauff*, 2.*Vnd warf das in den brunnen.* Es ist durchaus möglich, daß P und R diese naheliegende Auflösung unabhängig voneinander vorgenommen haben. (Siehe hierzu auch Claasen, Neophil. 23, S. 34 und 35.) – Gierach (Sprache, S. 199) nimmt an, daß sowohl M und R als auch HD den ursprünglichen Text verändert haben, da die Reime *wach : nach* für Eilhart, der sonst nur *na* reimt und niemals vor *g : h* Länge auf Kürze bindet, unmöglich seien. Gierach schlägt daher folgende Rekonstruktion vor: *des loubes brah er von der linden / und warf iz in den brunnen / der dorh die kemenaten ran / da ... liez er mite den span.*

3493/94 *gescriben : schimen* (RM): Der Reim veranlaßt D und H zu den Zusatzversen 3394/5 sowie zu gemeinsamen Änderungen, die bis 3498 reichen.

3502 *westu* (R) löst Wagner in *westediu* (Wörterbuch, S. 79) auf, während Claasen (Neophil. 23, S. 35) für *westes(t) du* plädiert, welche Form er durch P bestätigt findet. Es ist aber durchaus möglich, daß P seinerseits eine solch zweideutige Kurzform, wie sie R aufweist, in seiner Vorlage mißverstanden hat und daher zu dem unabhängigen Ausrufesatz gekommen ist. Der Form des Selbstgespräches ist der konditionale Wunschsatz gemäßer.

3520 R ist vor M der Vorzug zu geben, was P bestätigt.

3527 *unsir* (R), von HP bestätigt, ist dem *uns* von M vorzuziehen.

3527/28 Lichtenstein schreibt gegen die Überlieferung *gehut : stût*, um die nd. Form zu akzentuieren. (Weinhold, Mhd. Gr. § 353; Gierach, Sprache, S. 189; Wagner, ZfdMund. 1921, S. 130.) Daß HD diesen Reim umgehen, ist wohl der sicherste Beweis dafür, daß er als unrein empfunden wurde.

3543/44 *niet : gesciet* in M deutet auf reimreinigende Änderung hin. RD bezeugen den ursprünglichen Reim *niht : liep.* Allerdings bleibt dieselbe Bindung M 2981 f., M 3571 f. und M 3583 f. unangetastet, wie übrigens auch meist in den späteren Hss.

3567 Eggers (Metrische Gestalt, S. 6) hält die Form von M für metrische Glättung gegenüber HD. Die Prosa *vnd so hart zürnet wider mich* läßt vermuten, daß weder M noch HD den Originaltext repräsentieren. Statt *hat gezornit* hieß der ursprüngliche Text vermutlich *wane er ane sculde / harte zornit wider mich.* Für diese Lesart spricht auch das sonst verwendete Gegenwartstempus *(ge)zornit.*

3592-3595 vermutlich nicht zweifelsfrei überliefert: Verdächtig ist einmal die Tautologie *ane haz* und *ungehazzit.* Lichtenstein nimmt daher *verdienen : liepliche,* Bartsch *verdienen : schone* als ursprüngliches Reimpaar an. — *und mich ze ritter vazzit* ist — wörtlich genommen — mit Vers 3586 *bin ich ein cuning here* schlecht in Einklang zu bringen. Es muß mit DHP wohl heißen *mir . . . riter vazzit.*

Die Zahl der Ritter variiert von 10 (H) über 100 (D) bis 1000 (P), wobei vermutlich die bescheidene Angabe von 'zehn' als ursprünglich anzusehen ist, die sich offensichtlich doch auch hinter dem verderbten *mich ze riter vazzit* von M verbirgt. — *und gift mir ros und perit:* diese Angabe ist demzufolge auch auf die Ritter *(und gift in . . .)* und nicht auf Tristrant zu beziehen, wie es P tut. Die Zwillingsformel *ros und perit* dort sinngemäßer *harnasch vnnd pferd.*

St

Vorbemerkung: Die Textergänzungen stimmen weitgehend mit den Vorschlägen von Degering (PBB 41, S. 538 ff.) überein. Abweichungen von seinem Text sind vollständig im Apparat verzeichnet.

7065/66 Zu w[e] im Reim auf *gesie* vergl. *we* im Versinnern 7338, sowie die Reimworte *gesien : vergen* 7443f., *gen : bespien* 7495f. van Dam (Neophil. 8, S. 25) weist die *ie-*Formen dem vermutlichen ripuarischen Abschreiber von St zu.

7067 Obwohl *eir* (D) Eilharts Mundart vermutlich entsprechender wäre als *e* (Degering PBB 41, S. 513, Anm.), ist dennoch im Einklang mit St 7334a, 7348, 7444 und 7496 *e* zu ergänzen.

7070/71 Laut Degering reicht für mehr „als hier eingesetzt ist" der Raum nicht aus. In Übereinstimmung mit den übrigen Texten wäre sonst zu ergänzen: *do vork[os och Tristrant / vf sin gesellin Kagenise / vnn ge]wan ze wibe.*

7080 Degering verzichtet auf Ergänzung dieser Zeile, da ihm der Reim *havete : stête* unmöglich scheint. Leitzmanns Vorschläge *si[n vroude nicht besnabete]* oder *si[stetliche klagete]* entbehren jeglicher Stütze durch die anderen Texte (PBB 42, S. 168).

7082 [*gesien*] analog zu St 7337 *sien* und St 7347f. *sien : vorgien.*

7086 Andere Ergänzungsmöglichkeiten: [*der zorn werot an in beiden*] bzw. [*do gewerte dise groze leide*].

7093 Die durch keine anderen Zeugen zu stützende Ergänzung von Degering [*lastere getan*] ist ungesichert. Das von H an dieser Stelle aufgeführte *ûbel* ist St 7113 in gleichem, St 7147 in ähnlichem Sinne gebraucht.

7094 Daß St mit *saget* die ursprüngliche Lesart gegen HDB bietet, scheint zweifelhaft. Die Parallelstellen St 7039 ff., 7094, 7233 und 7247 tragen zur Entscheidung nichts bei.

7096 Ergänzung durch H, da DB die Assonanz *tůn : so* zu weitgreifenden Änderungen veranlaßt hat. van Dam bezweifelt die Ursprünglichkeit der Formen *ich tůn : so*. Die Form *ich tvn* findet sich jedoch im Versinnern St 7170, im Reim als Kompositum in St 7179.

7101 [*an*] mit D gegen *in* (HB). Parallelen St 7239 und R 3121. — *herze* (Dativ) nur hier, sonst *herzen*, R 3113, St 7239.

7107 Degering vermutet in *umb* einen Zusatz von DHB zur Beseitigung des störenden metrischen Akzentes *wéineté*.

7109/10 Unsicherheit des Abschreibers in bezug auf den Umlaut verrät die Korrektur von *e* in *tate* durch Punktieren des versuchsweise durchgestrichenen *e* und Darüberschreiben des *a*. (Siehe Wagner, Ausgabe zu St 392 und 444.)

7111 Für das in HB überlieferte *einen* ist nach Degering kein Raum in St. — Konsequenterweise muß man sich dann auch entschließen, mit P den Singular *daz si [ime brief sante]* anzusetzen.

7112 Für *ime* (DHB) kein Raum.

7115 Auch für das in DBP bezeugte *selbin* in St kein Raum. — [*lief*]: Siehe Parallelbelege St 7244, 7268 und 7397.

7118 *die [boten]*: Der Singular in DH und P scheint gegenüber dem Plural von StB ursprünglicher zu sein.

7119 [*gevan*]: Kurzform wegen Raumknappheit erforderlich (Degering). Vielleicht wäre [*gavagī*] möglich?

7123 Degering schlägt [*ich ane brief sen*]*de dare* vor, doch spricht nichts dagegen, die geläufigere Wortstellung zu wählen. Auffallende Übereinstimmung von BP!

7127 *an me = amme*, wie auch St 7523 und 7204.

7128 Offensichtlich bezeugen DP eine Assonanz *(houe : geczogin)*, die StHB nicht kennen. Diese Beobachtung steht in Widerspruch zu van Dams Feststellung, daß St „nirgends eine Reimreinigung" aufweist (Vorgeschichte, S. 23). Vermutlich aber ist dies die einzige Stelle, wo ein solcher Verdacht bestehen könnte.

7129 [*hubsch*] (oder besser *hobisch*?) nach HP.

7130 [*unde*] *unbekant genuge*: Der Text von St ist nicht ganz einsichtig, denn inwiefern ist das 'unbekannt sein' ein Vorzug, der Piloise als Bote besonders geeignet erscheinen läßt? Im weiteren Verlauf der Episode wird davon kein Gebrauch gemacht, im Gegenteil, er widerspricht geradezu den Ereignissen: einmal erkennt Tristrant *zu hant* in Piloise den Boten der Königin, zum andern wundert sich Marke bei seiner Rückkehr sofort über seinen (auf dem Jahrmarkt von Michelsstein) erworbenen Reichtum. Offensichtlich haben auch die übrigen Handschriften Anstoß an der Wendung genommen. Der Wortlaut von P läßt vermuten, daß der ursprüngliche Text durch die Konjektur von *un-* in *ir* zu gewinnen ist, so daß der Text lauten müßte: [*unde*] *ir bekant genuge*.

7140 In St heißt es folgendermaßen:
do must. so lant horen m[
. . . .
. . . . *ich iz. Hei wie ich iz vorschulden sol.*
Daz ha[
Hier liegt offensichtlich ein Versehen des Schreibers vor, der die Zeilen durcheinandergebracht hat: H spiegelt die ursprüngliche Ordnung: *vorschulden* gehört in die folgende Zeile. Eine ähnlich versbrechende Wendung findet sich M 3410 f.

7143 Statt [*wol*] nach H möchte Degering [*vor*] einsetzen.

7147 Degering ergänzt [*gar u*]*bele geschen*, wobei er aber übersieht, daß *gar* in den Fragmenten (auch wo es durch die jüngeren Texte bezeugt ist) nie vorkommt, hingegen entspricht dem *vil* aus den Fragmenten meist ein *gar* in den jüngeren Texten. (Siehe dazu auch Eggers, Metrische Gestalt, S. 167.)

7149 Laut Degering für [*minen*] kein Platz. Da es aber von der gesamten Überlieferung bezeugt ist, außerdem die Parallelbelege *durch den zorn* 7073, *durch irn zorn* 7103, *durch uwen zorn* 7226 gegen die Kurzform *durch zorn* sprechen, darf man annehmen, daß es in der Abkürzung [*minē*] (wie St 7492 *sinē*) dennoch zu ergänzen ist.

7151 *vruntschaf* : Zur md. Form ohne Schluß-*t* siehe Weinhold, Mhd. Gr. § 290.

7152 Ergänzung von St auf Grund von H, ohne dessen reimreinigenden Zusatz *mit kraft*. Nur D wahrt — trotz kürzender Eingriffe! — die alte Assonanz *vrüntschaf : slach*.

7155 Aus Raumgründen ergänzt Degering [*of ich vorsinnet ware*]. Ein solches nicht reflexives *vorsinnen* aber läßt sich sonst nicht nachweisen (Lexer III, S. 229). Besser die von BP bezeugte Form *sinnic?* — St konstruiert *of* meist mit Indikativ (vergl. St 7079, 7134, 7164, 7505 und M 3445 f.).

7156 Ergänzung [*lachete ichs*] nach B. Ähnliche Zusammenziehung St 7251, wo *s* an die Verbform angehängt ist. Wagner (Einleitung, S. 44) sieht in dem *s* ein Pronomen. Es handelt sich aber doch wohl um das auch in P bewahrte Genetivobjekt *des*.

7159 HDB beseitigen unabhängig und auf verschiedene Weise die mundartlich bedingte Assonanz [*tach*] *: sprach*. Auch dies ist wieder ein Beispiel für die inkonsequente Handhabung der Assonanzen-Bereinigung: wenige Zeilen später, 7173/4 bleibt das Reimpaar [*mach*] *: tach* in HB erhalten!

7162 Die Zeile läßt sich nur dem Sinn, nicht aber der Form nach ergänzen. Aus nicht ersichtlichem Grund weichen die übrigen Fassungen stark voneinander ab.

7165 [*dienest*] wie 7267 gegen Degerings [*dinst*]. — Zu *minen* (Degering *min*): Akkusativ Sing. mask. von *min* stets *minen*.

7170 [*erin*]: Nur noch in P bezeugt. Der Grund für die Änderung in DBH ist nicht ersichtlich. van Dam vermutet, daß

Textkritischer Kommentar 19*

St möglicherweise unter Einfluß der Parallelstelle 7271f. geändert hat (Vorgeschichte, S. 24).

7172 Wagner liest *daz ich min edele c. h.* und vermerkt: „*ich* punktiert". Möglicherweise handelt es sich um eine Verschreibung für *iz*, das auch in B doppelt auftritt.

7176/77 Die absolute Form *sich bekeren* in Degerings Ergänzung scheint den Sinn nicht genau zu treffen. P schreibt *seinen m̊ut gegen mir bekere,* und wenn Tristrant St 7308 eben diesen Entschluß faßt, sagt er: *ich bekere minen mut.* — Zur Satzkonstruktion 'es sei denn, daß' vergl. St 7490 ff. und R 3036.

7179 Ergänzung von [*uz getu*] mit DH gegen BP *abe getu*, in Anlehnung an St 7365.

7180 Degerings Beobachtung „aus *sage ime* macht H *sag im mê*" ist anfechtbar, da es sich in St um eine Konjektur handelt, die zudem schlecht gestützt ist.

7183 Degering liest den von Wagner als *ne ma* bestimmten Buchstabenrest der Zeile als *ne ni.* Offensichtlich sind beide Lesungen möglich. Die mit HB vorgenommene Ergänzung [*daz ich niet*] *ne ma*[*g genesen*] ist zu bevorzugen, weil besonders H in dieser Passage auffallend wortgetreu dem Text der Fragmente folgt. (Vergl. van Dam, Vorgeschichte, S. 27.)

7184 Ergänzung nach H. Das bei Degering fehlende [*mir*] wird von allen Texten gestützt.

7188 Ergänzung nach BD. D allerdings folgt auch hier wieder seiner Abneigung gegen *san* (wie auch 7206, 7234) und ersetzt es durch das blassere *an*. Eggers (Metrische Gestalt, S. 4) erklärt dieses *san* für „veraltet und dialektgebunden", weshalb es von D ausgebessert wird.

7189 Ergänzung mit DHP. Degering schreibt *kurnevalischen*. St 7380 *kornewales* spricht gegen diese Form.

7191 Zur Namensform *Karechte* in St siehe Degering (PBB 41, S. 549) und van Dam (Vorgeschichte, S. 37).
7192 Ergänzung im Wortlaut mit H, wenn auch — aus metrischen Rücksichten — in anderer Wortfolge. — Mit BD *die borg* statt *iz* aufzunehmen, verbietet der Raum.
7195 Ergänzung nach H. — Zu *eime* vergl. 7376. Im Hinblick auf eine gemeinsame Vorstufe DB ist die übereinstimmende Änderung gegen StH auffallend, vor allem *dorch korczwile*.
Die von Degering vorgeschlagene Ergänzung läßt sich gut begründen: einmal ist [*beizen*] durch alle Zeugen gestützt, zum andern dürfte der ungewöhnliche Reim [*beizen*] : *wizen* zu den Änderungen in DB geführt haben, ebenso wie zu der Umnuancierung in H *in dem waissen*, d. h. im 'Weizen'. (Vergl. van Dam, Neophil. 8, S. 25.)
7199 Gegen Degerings Ergänzung ist einzuwenden, daß D an mindestens 34 Stellen *edile* aus metrischen Gründen ergänzt (Eggers, Metrische Gestalt, S. 136). — Zu der mit H übereinstimmenden *darumbe*-Konstruktion vergl. St 7154 und 7346.
7201 In St steht *vlogel*, und Degering gibt zu bedenken, ob es sich hierbei um die rheinische Form für *vlügel* handeln könnte. Dieser Vorschlag ist wegen der allzu speziellen Bedeutung des Wortes und wegen der Zeugnisse in BD *(vogel)* abzulehnen. Vermutlich Schreibfehler.
7206 Zu der Änderung von *san* in *an* in D siehe Anmerkung zu 7188.
7208 Degering ergänzt nach D *vnde* [*brachte vrŏdemere*]. D aber verfährt bis 7214 sehr selbständig gegenüber St, weshalb auch die Ursprünglichkeit dieser lectio difficilior nicht hinreichend gesichert scheint. Da die Konstruktion mit *lichte* in den Fragmenten häufig belegt ist (R 3102 und 3103, St 7282) und überdies auch P sinngemäß diese Wendung be-

zeugt: *diser mag wol ain bot seyn,* besteht kaum Grund, von H abzuweichen.

7209/10 D vertauscht die Zeilen 7209 und 7210 und ändert anschließend sinnentstellend, denn das 'mit Listen erfahren' kann sich ja nur auf Tristrant, nicht aber — wie hier — auf den Boten beziehen.

7220 Degering ergänzt [*vnde vraget in vmbe...*]. Dieses [*in*] ist wohl zu streichen, da sich der gleiche Vorgang — absolute Konstruktion in StH, Ergänzung des Objektes in D — häufiger findet: M 2815, R 1839.

7224-45 Die Hemistychomythie scheint ursprünglich streng durchgeführt, und zwar in der Weise, daß Tristrant jeweils den ersten, Piloise den zweiten Teil des Verses spricht. Diese Konsequenz hat sich in den späten Handschriften verwischt. — Auffallend ist der verschiedene und wechselnde Gebrauch des Duzen und Irzen, soweit es Piloise betrifft: während er in P seinen Herren Tristrant durchgehend irzt, tut er das in St (und B) nur in den beiden ersten Antworten (bis 7226), dann wechselt er unmotiviert zum 'du' über. HD duzen durchgehend.

7238-41 Degerings Ergänzungen der folgenden Wechselreden stützen sich zu sehr auf P und verfehlen den Zusammenhang. Er ergänzt:

'[*ich en mach, iz is mir z*]*v na.*'
'*wie nach? an dime herzen?*'
'*dv hast war, des* [*han ich smerze.*'
'*er ist lange*] *dir vorgan.*'

Der Redewechsel vollzieht sich aber — wie der übrige Text zeigt — nicht zeilenweise, sondern im Halbvers: Rede und Antwort füllen jeweils einen Vers. Daher ist mit geringfügigen Änderungen dem Ergänzungsvorschlag von Leitzmann (PBB 42, S. 16 ff.) zuzustimmen.

7238 [*ne mach*] analog zu St 7262 und 7334a. — [*ligt*] mit HP.

7240 Ergänzung mit HD. Für *grosze* (D) fehlt der Raum.
7243 Ergänzung mit D. Vielleicht wäre *so* aus HP einzufügen.
7245 Degering ergänzt als zweite Zeilenhälfte *nei*[*ne iz niet*] und weist den Text noch der Rede Tristrants zu, dem Sinne nach 'streite es nicht ab'. Sowohl die bisherige Dialogverteilung aber als auch das Zeugnis von HB lassen das *nei*[*n, iz niet*] als Widerrede von Piloise erkennen.
7246 Statt [*doch*] ergänzt Degering [*harte*], das sich aber in keiner Hs. findet. Vergl. dagegen St 7440 und 7482.
7248 *men* (St) vermutlich Schreibfehler, da sonst nur pro- oder enklitisch, beziehungsweise bei „voller Tonlosigkeit". (Weinhold, Mhd. Gr. § 493.)
7254 *merre* müßte als Komparativ von *michel* wohl *merer* heißen wie auch in P.
7255 *echt*: Ergänzung in St nach D als md. Zusammenziehung aus älterem *ehacht* (Belege bei Lexer), hier wohl noch in der ursprünglichen Bedeutung von *ehaft* (d. h. 'gesetzlich') gebraucht. P allerdings übersetzt es mit *widerumb*. Lichtensteins Paraphrase „die meisten Menschen tun halt Unrecht" überzeugt nicht. – *brechet und* [*buzet*]: „alte Formel, von liegenden Gütern gebraucht, die zertheilt oder wieder zusammengebracht werden durften"(Lexer), „schalten und walten" (Grimmsches Wb.), „freie Verfügung haben über" (Dt. Rechtswb. I, S. 657). In diesem terminologischen Geflecht von rechtlichen Begriffen, wie sie in der ganzen Passage zahlreich auftreten, scheint die wortwörtliche Bedeutung von 'verfehlen und büßen' am sinnfälligsten.
7261 [*nach genade, niht nach recht*]*e*: Degering ergänzt statt [*niht*] ein [*wan*] und bezieht dieses *wan* kausal auf die folgende Zeile: [*wan nach rechte*] / *si ne mach dir niet gevechten*. Formale und interpretatorische Einwände sprechen gegen diese Rekonstruktion: einmal ist das hierdurch

entstehende Enjambement ungewöhnlich. Zum andern ist folgende sachliche Unterscheidung zu bedenken: Es gibt drei Möglichkeiten zur Beilegung eines Konfliktes: 1. durch *minne* als „gütliche Vereinbarung", 2. durch *reht* als „gerichtlicher Austrag des Streites" und 3. durch *vehede*, als „gewaltsame Selbsthilfe" (H. Kuhn, Dichtung und Welt im Mittelalter, S. 108). B hat also vermutlich als einzige Handschrift den ursprünglichen Sinn, der *vechten* als dritte Möglichkeit neben *genade* (der *minne* entsprechend) und *recht* setzt, bewahrt.

7262 *gevehten* mit transitivem Gebrauch läßt sich sonst nicht nachweisen. Vielleicht wäre mit D *gegen* einzufügen?

7263 Degering ergänzt *unde ne hat is [niet gerůchen]*, wobei er *is* als Genetiv und *gerůchen* als substantivisch verwendeten Infinitiv aufgefaßt wissen möchte. An dieser gesuchten Lösung hat schon Leitzmann (PBB 42, S. 170 f.) Anstoß genommen und stattdessen *nein ruoche* vorgeschlagen, wie es sich mit gleichem Reim auch 2559 findet. (Siehe auch St 7291 *nein vrome*.) Dem Sinne nach wäre die Stelle also zu verstehen: sie hat keinen anderen Gedanken als den, deine Gnade zu suchen.

7268 *allet*: eines der wenigen Beispiele für unverschobene Tenuis. (Siehe van Dam, Neophil. 8, S. 25.)

7269 *[alles gerne]*: stattdessen ließe sich auch *mit willen* (D) oder *willig* (P) ergänzen.

7281 *[ich wil si niet sen]*: Diese anhand von P vorgenommene Rekonstruktion rechtfertigt sich vor allem durch die ungewöhnliche Textnähe von P in dieser ganzen Passage. Degering ergänzt in Anlehnung an H *[wiltu auer si niet sen]* und bezieht diese und die folgende Zeile in die Rede Pilois' ein. Trotz der inhaltlichen Abweichungen macht aber doch auch BD deutlich, daß Tristrant als Sprecher gemeint ist.

(Siehe Leitzmann, PBB 42, S. 171, der St 7281 als Frage Pilois' an Tristrant versteht).

7284 Statt Ergänzung nach H wäre auch [*da sie mich von ir triben sac*]*h* möglich.

7285/86 Lichtenstein hat an dieser Stelle versehentlich parallele Lesarten nacheinander gedruckt und dadurch den Text um zwei nicht vorhandene Zeilen erweitert.

7289 Anstelle von Degerings Ergänzung [*of is dir si lief*] sind mit P adverbialer Anschluß (*wie*) und die indikativische Form zu erwägen.

7290 *kům̊er* weist Wagner (Wb., S. 63) als „sich kümmern" nach, sinnentsprechender aber und im Einklang mit P versteht man diese Form als Zusammenziehung (oder Hörfehler?) für *kume dar*.

7296 Leitzmann weist das bei Lexer nicht belegte Maskulinum von *arbeit* im „Servatius" und anderen mnd. Quellen nach (PBB 42, S. 171).

7307 Degering stützt sich bei seiner Ergänzung [*Tristrant sprach, 'du bote gut'*] auf H. Die übereinstimmende Anrede *Piloise* in DBP aber sowie die Tatsache, daß in H auch alle folgenden Redeansagen (7312, 7317) als Zusatz anzusehen sind, fordert stärkere Berücksichtigung der übrigen Überlieferung.

7314 *teil*: Degering liest *iets,* was Wagner sprachlich ebenso für möglich hält wie *teil.*

7317 *weinich*: van Dam vermutet hier ripuarisches graphisches *i* (Neophil. 8, S. 26).

7319 *die heren*: Die nur in St erhaltene, in den Wörterbüchern fehlende feminine Form weist Leitzmann in den „Windberger Psalmen" (Hrsg. Graff, Quedlinburg 1839) nach, wo sie 'cilicium' übersetzt (PBB 42, S. 171).

7327-29 Fehlen in D. Auch in P sind 7328/29 nicht wiedergegeben, was im Hinblick auf die betont christliche Haltung des

P-Redaktors, wie sie an vielen Stellen zum Ausdruck kommt, überrascht. Auch HB scheinen die Zeile *durch dich selben aller meist* verschieden verstanden zu haben: in St bezieht sich die Zeile doch wohl unmittelbar auf die vorausgehende *daz weiz der heiliger crist,* während BH (und so auch Degering) sie als attributive Ergänzung zu *ich wil... / ... si genizen lan* verstehen, weshalb DB auch das *durch dich selben* mit *dorch dinen willen* (D) verdeutlichen.

7333/34 Die St-Reime *kůmin : frome* werden vermutlich durch P bestätigt, das *kommen* und (statt *vrome*) *recht gůt* schreibt, während HDB abweichen. Ein Anlaß zu solcher Änderung läßt sich umso weniger erkennen, als der gleiche Reim in R 3095 f. und RM 3547 f. erhalten bleibt.

7334a/b Nur in St, Echtheit aber durch P gestützt. — 7334-7337 einzige größere Lücke in H.

7337/38 *daz si mich niet sien ne sal / ir si we oder wal* läßt durch die ungewöhnlichen Formen *sal : wal* auf eine Änderung (Wortumstellung zumindest) in St schließen. Ein Vergleich mit der Parallelstelle 7065 f., als Tristrant den Schwur leistet, auf den er sich hier beruft, zeigt in HBD gleiches Vorgehen; hier wie dort wahrt D den Wortschatz von St, während HB in beiden Fällen gemeinsam den Reim *sehe : we* (D) durch *sehen : geschehen* (DH) ersetzen. Wie auch Gierach (Sprache, S. 49) nachweist, ist der Reim *sal : wal* für Eilhart ungebräuchlich. Dennoch bleibt der Anlaß zur Umstellung unklar, da die zu vermutende ursprüngliche Wortfolge keinen Anlaß zu Änderung bot. Vermutlich bewahrt D die ursprüngliche Form, an der nur der ripuarische Abschreiber Anstoß nahm. (Weinhold, Mhd. Gr. § 53.) Mit Eggers die ganze Passage unter dem Gesichtspunkt der Reimreinigung in St als unecht, d.h. bereits bearbeitet, anzusehen, vereinfacht die Situation allzu sehr (Metrische Gestalt, S. 6).

7342 *an den meie*: Für Verdrängung des Akk. durch Dat., besonders in md. Denkmälern, siehe Weinhold, Mhd. Gr. § 483.

7347/48 Diese Zeilen sind eine Wiederholung von 7335/6, sie werden 7443/4 noch einmal zitiert. Das haben Gierach (Sprache, S. 187) und van Dam (Vorgeschichte, S. 30) übersehen und bei ihren textkritischen Anmerkungen die Wiederholung in St mit der ersten Stelle in P (P verzichtet im zweiten Falle auf die entsprechenden Zeilen) verglichen. Die von van Dam für diese Stelle angenommene Gemeinsamkeit von P und B trifft daher nicht zu.

7357-60 Fehlen in D. Dieser ausgesparte Hinweis auf die 'Sitte des Landes', mit der Tristrant die Entlohnung des Boten motiviert, stellt im Gegensatz zu den meisten Kürzungen in D eine inhaltliche Lücke dar.

7365-72 Fehlen in B. B erspart es sich auf diese Weise, den Inhalt der Nachricht an Isalde noch einmal zu wiederholen, weist aber durch *und vollbring die botschafft dein* darauf hin, daß die Vorlage vermutlich ausführlicher war. Auffallenderweise umgeht auch P eine detaillierte Wiederholung des Textes mit den Worten *und sage deiner frauen die botschafft*. Die Lücke in P und B aber deckt sich nicht völlig, so fehlt in B die in P vorhandene Angabe des Lohnes *hundert schilling gůtter guldir pfenning*. Es scheint nicht unbedingt nötig, eine gemeinsame Quelle für die Textnähe von P und B anzusetzen, es ist durchaus möglich, daß beide Texte unabhängig voneinander diese erzähltechnische Raffung vorgenommen haben. So findet sich die in B fehlende Aufforderung, das 'härene Hemd' mit einem 'seidenen' zu vertauschen (St 7366), in P schon in einer früheren Rede Tristrants.

7365/66 *uz tu : ane tu*: Der rührende Reim ist verdächtig, da er sich in den Fragmenten nur zweimal auf *-liche* findet. Leitzmann (PBB 42, S. 172) wollte daher eines dieser *tu* als *zu* verstanden wissen, und von „ziehen" ableiten. Da aber unverschobene Konsonanten für Eilhart kaum gesichert sind (Gierach, Sprache, S. 95), wird man wohl mit van Dam (Vorgeschichte, S. 40) in H das Ursprüngliche zu suchen haben.

7371/72 *hundert sillinge / guter sterlinge* (St): HP ändern die *sterlinge* in *gůtter* (P *guldir*) *pfeninge,* während D überhaupt auf eine nähere Spezifizierung der Geldsorten verzichtet. Die gemeinsame Lesart von HP gegenüber St gibt zu denken. Degering und van Dam sehen aus praktischen Erwägungen heraus in St das Ursprüngliche: da ein Schilling zwölf Pfennige hat, würde die Auszahlung von hundert Schillingen in Pfennigen auf nicht geringe Transportschwierigkeiten stoßen, während die Auszahlung in Sterlingen — da der Sterling eine dem Schilling übergeordnete Goldmünze sei — eine „wesentliche Vereinfachung des Geschäftes bedeuten" (Degering PBB 41, S. 550). In diesem Falle hätten dann H und P unabhängig voneinander die zu jener Zeit vermutlich nur in der Rheinprovinz bekannten *sterlinge* in den gebräuchlicheren Ausdruck *pfenninge* verwandelt (van Dam, Vorgeschichte S. 25). Der erste Teil der Begründung scheint allzu realistisch und modern geurteilt: schließlich ist der mittelalterliche Pfennig, dessen Valuta von Land zu Land wechselte, die gebräuchlichste Zahlungsmünze, und als solche begegnet sie in ungezählten epischen Texten. Der *sterling* aber stammt offensichtlich aus normannisch-französischem Gebiet, wo er seit dem 12. Jahrhundert belegt ist. Es ist also sehr wahrscheinlich, daß die Form, die im Deutschen erst wieder im „Parzival" und „Tristan" Gottfrieds sich findet, aus der französischen

Vorlage des Gedichtes stammt, ebenso wie die spätere Ortsangabe St 7384.

7378 *bat*: Die Handschrift schreibt *baz*, worin Degering Verkürzung für *bat is* vermutet (S. 522). Man wird aber besser wohl Leitzmann (PBB 42, S. 172) und van Dam (Neophil. 8, S. 24) folgen und die Form als „hyperdeutschen" Schreibfehler verstehen und ihn — entsprechend H — korrigieren.

7380 Die Genitiv-Form *Kornewales* geht vermutlich auf die französische Vorlage zurück und hat zu dem Mißverständnis in H geführt, wo der Name als Bezeichnung der Sprache erscheint.

7384 Die nur in H (*Sant Michels stain*) und St (*sancte mychele alagreuie*) überlieferte Ortsangabe hat den verschiedensten Mutmaßungen über die Herkunft Eilharts Raum gegeben: so hatte Lichtenstein sich bemüht, dieses „St. Michelstein" mit der im Kreise Blankenburg bei Braunschweig gelegenen Zisterzienserabtei zu identifizieren, dieses „anmutige Phantasiegebilde" wurde allerdings von E. Schröder (ZfdA 42, S. 80-82) bereits 1898 wieder zerstört. van Dam seinerseits glaubte in der Namensform von St *alagreuie*, die bereits Degering (PBB 41, S. 547f.) als Verschreibung für *à la greive* erkannt hatte, eine pikardische oder champagnische Form zu erkennen, womit der vermuteten Verfasserschaft von Li Kievres als Autor der Tristrant-Vorlage ein neues Argument gewonnen wäre (Vorgeschichte, S. 35 und 36. Zustimmung von Golther, Lbl. 46, 1925, S. 85-86). — Offensichtlich gründet sich diese doppeldeutige Namensnennung, auf der die Pointe des Textes beruht, auf konkrete geographische Vorstellungen: denn dem 'Mont St. Michel' vor der Küste der Bretagne liegt an der Westspitze von Cornwall der 'St. Michael's Mount' (bei Ludgvem) gegenüber.

Die Wortbildung *alagruie* ist mit Weinhold (Mhd. Gr. § 259)

Textkritischer Kommentar

als eine im 12. Jahrhundert unter dem französischen Einfluß entstandene Substantivbildung auf *iê* anzusehen. Offensichtlich verstand man die ursprüngliche Bedeutung von *a la greive* = 'im Watt' nicht und assoziierte stattdessen einen Zusammenhang mit *grave, greve*. *A la greuie* hieße dann soviel wie 'in der Grafschaft'. Diese Interpretation legt nicht zuletzt die Handschrift B nahe, wo 7424 ein 'Graf' unvermittelt im Text erscheint: *Da jarmarckt was jn einer stat / Einen graffen ich da güttes bat.* Das *sant Michel stain* in H hat vermutlich ein späterer Abschreiber in Erinnerung an jenes gleichnamige Kloster im Braunschweigischen (oder anderswo?) aus der unverständlichen französischen Form herausinterpretiert.

7393 van Dam sieht in der Übereinstimmung von P und B *geschickt* gegen StDH *gescuf* einen Beweis dafür, daß der B-Redaktor seinen Text aus einer Handschrift der Gruppe „X" sowie aus einer zweiten, dem Original näherstehenden kontaminierte (Vorgeschichte, S. 30. Siehe hierzu auch Knieschek, SB S. 392f.). Die Belegstellen für diese Hypothese aber sind so spärlich, daß man eher an ein Spiel des Zufalls zu glauben geneigt ist.

7394 *sic*: Statt mit van Dam (Neophil. 8, S. 25) die Form dem ripuarischen Einfluß des Abschreibers zuzuweisen, ließe sie sich auch aus Nachlässigkeit erklären, die übliche Form *sich* findet sich sonst noch sechsmal in St.

7400 Die Übereinstimmung in der Namensform: *Tyntariol* St und *Thintariol* in P gegen die übrige Überlieferung ist auffallend. Von hier aus auf einen engeren Zusammenhang zwischen P und St zu schließen, verbietet jedoch der übrige Befund.

7417 [*gebeiten*]: Degering ergänzt mit HB [*gebiten*], was im Sinne von 'wiederholt bitten' zu verstehen ist. Einleuchtender aber scheint die Lesart von D und P *gebeiten*, be-

Textkritischer Kommentar

sonders in der doppelsinnigen Bezogenheit auf Isalde und ihre nötige Geduld bis zur endgültigen Rückkehr Tristrants.

7428 *vore baz*: Offensichtlich hat diese Form Anlaß zu Mißverständnissen in den übrigen Texten gegeben. Man muß wohl Degerings Vorschlag zustimmen und *vore* (= *vuor*, Prät. Konj. von *varn*) von *baz* trennen und in der folgenden Zeile *hette* als *hete ê* lesen. Die Form *vore* findet sich neben *vûr* auch noch 7428 und 7497.

7431 *mite*: Die Handschrift schreibt *meite*. Dieses *ei* für *e* oder *i* findet sich auch in *beist* 7510 (siehe van Dam, Neophil. 8, S. 26).

7432a In St und H finden sich zwei Zusatzverse, die in BDP fehlen und von Lichtenstein zu Unrecht in den Apparat verwiesen wurden. Die Übereinstimmung von St und H *nu vornemet, wie siz ane vinc* mahnt zu besonderer Vorsicht in allen den Fällen, wo man ohne das Zeugnis der Fragmente gerade bei Erzählerfloskeln geneigt ist, auf einen Flickvers eines späteren Bearbeiters zu schließen, wie man es im vorliegenden Falle ohne das Zeugnis von St mit guten Gründen tun könnte.

7433 *swasheit* (St): Das Wort wird im Nachtrag zum Taschen-Lexer (S. 388) als „Privatzimmer" (ohne Belegangaben) angeführt. D übersetzt es hier wie auch 6376 mit *heymelicheit*.

7444 Siehe Anmerkung zu St 7347.

7445 *zu han*: Vermutlich ist die Form hier und St 7435 dem Abschreiber zuzuweisen, St 7217 und 7394 steht *zu hant*.

7447 *stumpe schu* sind als derbere Tracht gegenüber den modischen spitzen Schuhen zu verstehen. Sie wurden vor allem von „Bauern, Handwerkern und Pilgern" getragen. (L. C. Eisenbart, Kleiderverordnungen der deutschen Städte zwischen 1350 und 1700. Göttingen o. J. [1962], S. 159).

7448 *schurpen* in St und D, während HBP „Tasche und Stab"

anführen. Bei Lexer findet sich nur die vorliegende Stelle als Beleg, die Deutung aber als „Pilgrimsmuschel" vermag nicht zu überzeugen. Auch in u mit Lichtenstein einen Schreibfehler anzunehmen, verbietet sich wohl durch die Doppelüberlieferung. Vermutlich handelt es sich um eine Nebenform zu *schirpe, scherpe*. Schultz (Höfisches Leben I, S. 524) weist durch Parallelbelege nach, daß gewöhnlich die Pilgertasche oder eine Lederflasche an einem solchen Riemen über der Schulter hing.

7454 *Ut* geht vermutlich auf Konto des Abschreibers.

7465 Zur Namensform *Kagenise* siehe van Dam (Vorgeschichte, S. 37).

7470 *er*: Fehlt in St, Ergänzung mit H. — Der Ausfall des Pronomens findet sich im folgenden noch häufiger: 7495, 7523.

7481 *ime*: Handschriftliche Form undeutlich: Wegen syntaktischer Unsicherheit des Schreibers gegenüber Dativ und Akkusativ wäre auch *ine* möglich (Wagner, Ausgabe, S. 47).

7484b/85 *vor sich stafete*: Bei Lexer und BMZ finden sich keine Belege für diese reflexive Form mit *vor*.
umbreit: Lexer und BMZ führen für *umberiten* nur „zurückreiten, umkehren" an, während es dem Vorgang nach und auf Grund der übrigen Handschriften eher 'nebenhergehen' bedeutet. — Beide ungewöhnlichen Formen finden sich nur in St, woran nicht zuletzt die Assonanz *untwachete : stafete*, die zu Änderung Anlaß gab, Schuld sein mag.

7489 Für *hobescheit* (D) bei Lexer einziger Beleg *ze hübischeite gern* d. h. „als Geliebte".

7497 *vor*: Siehe Anmerkung zu St 7428.

7509 *beist*: Siehe Anmerkung zu St 7431.

7521 *Blankande*: Abkürzung für *blankenlande*?

7524 *neist*: Das *i* ist als graphisches Zeichen aufzufassen (Weinhold, Mhd. Gr. § 48). Über die Verbreitung im Gebiet des Mittelrheins siehe Schützeichel (Mundart, Urkundensprache und Schriftsprache. Bonn 1960, S. 99-103).

BIBLIOGRAPHIE

Zur Tristan-Forschung allgemein wird auf die einschlägigen Bibliographien, Handbücher und Literaturgeschichten verwiesen, die hier nicht eigens aufgeführt werden.

Einige Abhandlungen, die nicht in unmittelbarem thematischen Zusammenhang mit der Ausgabe stehen, sind nur in den Anmerkungen zitiert.

I. Ausgaben

Gesamtausgabe:

Eilhart von Oberge. Hrsg. von Franz Lichtenstein. Straßburg 1877 (Quellen und Forschungen 19). – Abkürzung: Ausgabe bzw. Einleitung.
 Rez.: Bartsch Germ. 23 (1878) S. 345-361; ders. Germ. 25 (1880) S. 365-376; ders. Germ. 27 (1882) S. 359-367; Strobl AfdA 5 (1879) S. 227-238; Scherer AfdA 6 (1880) S. 237-243.

Fragmente:

Eilhart von Oberge: Tristrant. I. Die alten Bruchstücke. Hrsg. von Kurt Wagner. Bonn und Leipzig 1924 (Rheinische Beiträge und Hülfsbücher zur germanischen Philologie und Volkskunde 5). – Abkürzung: Ausgabe bzw. Einleitung.
 Rez.: Gierach AfdA 48 (1929) S. 110-118; Schröder DLZ 45 (1924) Sp. 1923-1926.

Prosa:

Tristrant und Isalde. Prosaroman des fünfzehnten Jahrhunderts. Hrsg. von Fridrich Pfaff. Tübingen 1881 (Bibliothek des Litterarischen Vereins in Stuttgart 152).
 Rez.: Lichtenstein AfdA 9 (1883) S. 159-165. Ergänzend zu seiner Ausgabe: Pfaff Germ. 30 (1885) S. 19-55.
Tristrant und Isalde. Prosaroman. Hrsg. von Alois Brandstetter. Tübingen 1966 (Altdeutsche Textbibliothek, Ergänzungsreihe 3).
 Rez.: Bußmann Germanistik 8 (1967) Nr. 585; Roloff PBB (T) 90 (1968) S. 178-183; Koppitz AfdA 80 (1969) S. 57-65.

Der tschechische Tristram:

Tristram Weleký Rek, basen hrdinská XIII. wéku. Hrsg. von Waclawa Hanky. Prag 1820.

Das altčechische Tristan-Epos. Hrsg. U. Bamborschke.Wiesbaden 1968/69.
Der cechische Tristram. Übersetzt von Johannes Knieschek. ZfdA 28 (1884) S. 261-358.

2. Forschungsbericht

van Dam, Jan: Tristanprobleme. Neoph. 15 (1930) S. 18-34, 88-105, 183-201.

3. Stoffgeschichte und Quellenfragen

Bédier, Joseph (Hrsg.): Le Roman de Tristan par Thomas. 2 Bde. Paris 1902 und 1905 (Société des anciens textes français).
Compart, Friedrich: Die Sagenüberlieferung in den Tristanepen Eilhards von Oberge und Gottfrieds von Straßburg. Güstrow 1872.
   Rez.: Lichtenstein AfdA 4 (1878) S. 421-425.
Golther, Wolfgang: Tristan und Isolde in den Dichtungen des Mittelalters und der neuen Zeit. Leipzig 1907, S. 76-98.
Hofer, Stefan: Streitfragen zur altfranzösischen Literatur. ZfrPh 65 (1949) S. 257-288.
Loomis, Roger Sherman (Hrsg.): Arthurian Literature in the Middle Ages. Oxford 1959.
Mergell, Bodo: Tristan und Isolde. Ursprung und Entwicklung der Tristansage des Mittelalters. Mainz 1949, S. 69-76.
   Rez.: Adolf Spec. 26 (1951) S. 527-530; Wehrli AfdA 65 (1951/52) S. 118-126; Zeydel MLN 66 (1951) S. 194ff.
Muret, Ernest: Eilhard d'Oberg et sa source française. Rom. 16 (1887) S. 288-363.
   Rez.: Golther Lbl. 10 (1889) S. 140-143; Roediger ZfrPh 12 (1887) S. 280-282; Röttiger Rom. 27 (1898) S. 608-619.
Newstead, Helaine: Kaherdin and the enchanted Pillow. PMLA 65 (1950) S. 290-312.
Ranke, Friedrich: Tristan und Isold. München 1925, S. 40-63.
Schoepperle, Gertrud: Tristan and Isolt. A Study of the Sources of the Romance. 2 Bde. Frankfurt und London 1913. 2. Auflage 1960 (expanded by a bibliography and critical essay on Tristan-Scholarship since 1912 by Roger Sherman Loomis).
Stolte, Heinz: Drachenkampf und Liebestrank. DVjs 18 (1940) S. 250-261.
Wind, B. H.: Les Versions Françaises du Tristan et les influences comtemporaines. Neoph. 45 (1961) S. 278-296.
Winfrey, Lewis Edgar: Kaherdin and Camille. The Sources of Eilhart's Tristrant. Mod. Phil. 25 (1928) S. 257-267.

4. Sprache, Textkritik, Verstechnik

Bartsch, Karl: Rezension der Ausgabe von F. Lichtenstein. Germ. 23 (1878) S. 345-361.
– Ein altes Bücherverzeichnis. Germ. 24 (1879) S. 16-21.
– Zur Textgeschichte von Eilhards Tristrant. Germ. 25 (1880) S. 365-376.
– Kritische Glossen zu einem unkritischen Text. Germ. 27 (1882) S. 359-367.
de Boor, Helmut: Frühmittelhochdeutsche Studien. Halle 1926.
Claasen, A. H.: Die Vorlage des Prosaromans von Tristan und Isalde. Neoph. 23 (1938) S. 33-37.
Cordes, Gerhard: Zur Sprache Eilhards von Oberg. Hamburg 1939 (Hansische Forschungen 1). – Abkürzung: Sprache.
Rez.: Wolff AfdA 59 (1940) S. 63-67; F. R. Schröder GRM 28 (1940) S. 66.
van Dam, Jan: Die sprachliche Gestalt der Stargarder Eilhart-Lamprecht-Handschrift. Neoph. 8 (1923) S. 20-30.
Degering, Hermann: Neue Funde aus dem zwölften Jahrhundert. PBB 41 (1916) S. 538-553.
Eggers, Hans: Die metrische Gestalt der Tristranthandschrift D. Ein Beitrag zur Textkritik der Fassung X. Diss. Masch. Hamburg 1944.
Gierach, Erich: Zur Sprache von Eilharts Tristrant. Lautlehre, Formlehre, und Wortschatz nach den Reimen. Mit einem Anhang: Zur literarischen Stellung Eilharts. Prag 1908 (Prager Deutsche Studien 4). – Abkürzung: Sprache.
Rez.: Martin DLZ (1909) S. 224; Wallner ZföG 60 (1909) S. 762-764; Vogt GgA 174 (1912) S. 241-251.
Hoffmann von Fallersleben, A. H.: Bruchstücke aus Eilhards von Hobergen Tristan und Isolde, ergänzt aus der Dresdener Handschrift. Breslau 1823.
Jacob, Georg: Bruchstücke aus Eilharts Tristan. Germ. 18 (1873) S. 274-281.
Knieschek, Johannes: Der cechische Tristram und Eilhart von Oberge. Wien 1882 (Sitzungsberichte der phil.-hist. Classe der Kaiserlichen Akademie der Wissenschaften in Wien 101). – Abkürzung: SB.
Rez.: Lichtenstein AfdA 10 (1884) S. 1-13; Pfaff Lbl. 5 (1884) S. 3-8.
Kopperschmidt, Hermann: Die Sprache der Hildesheimer Urkunden in der ersten Hälfte des 14. Jahrhunderts und ihr Verhältnis zur Sprache Bertholds von Holle und Eilharts von Oberge. Marburg 1914.
Leitzmann, Albert: Bemerkungen zu Eilharts Tristrant. ZfdA 54 (1913) S. 474-477.
– Zum neuen Eilhartfragment. PBB 42 (1917) S. 167-173.
Lichtenstein, Franz: Zur Kritik des Prosaromans von Tristrant und Isalde. Breslau 1877.

Rez.: Bartsch Germ. 23 (1878) S. 345-361. Strobl AfdA 5 (1879) S. 227-238.
- Zu den deutschen Dichtungen von Tristan und Isolde. ZfdA 26 (1882) S. 1-18.
- Abwehr. AfdA 8 (1882) S. 374.

Pfaff, Fridrich: Der älteste Tristandruck. Germ. 30 (1885) S. 19-55.

Plenio, Kurt: Kolometrie. PBB 42 (1917), S. 285-287.

Schlegel, Gertrud: Eilharts Tristrant-Handschriften, ihre Redaktionen und Interpolationen. Diss. Prag 1929 (handschriftlich!). Zusammenfassung in: Jahrbuch der Phil. Fakultät Prag 7 (1933) S. 47-51.

Wagner, Kurt: Die Eilhartfrage. ZfdMund. (1921) S. 124-143.

Xanthippus (Sandvoss): Spreu. Dritte Hampfel. Rom 1881. – Abkürzung: Spreu.
Rez.: Lichtenstein DLZ 2 (1881), Sp. 369f.; Pfaff Lbl. 2 (1881) S. 34.

5. Autor und Datierung

van Dam, Jan: Zur Vorgeschichte des höfischen Epos. Lamprecht, Eilhart, Veldeke. Bonn und Leipzig 1923 (Rheinische Beiträge und Hülfsbücher zur Germanischen Philologie und Volkskunde 8). – Abkürzung: Vorgeschichte.
Rez.: Gierach AfdA 48 (1929) S. 110-118; Piquet RevGerm. 15 (1924) S. 336-342; Schröder GRM 12 (1924) S. 316; Wolff DLZ 45 (1924) Sp. 2531-2537.

Kegel, Ernst: Die Verbreitung der mhd. erzählenden Literatur in Mittel- und Niederdeutschland, nachgewiesen auf Grund der Personennamen. Halle 1905 (Hermaea 3) S. 108-124.

van Mierlo, Jan: Veldekes onafhanklijkheit tegenover Eilhard von Oberge en den straatburgschen „Alexander" gehandhaaft. 1928 (Vlaamsche Acad., Versl. en Med.).
Rez.: Klaass ZfdPh 58 (1933) S. 362-365; Behaghel Lbl. 51 (1930) S. 84 ff.

Schröder, Edward: Eilhart von Oberg. ZfdA 42 (1898) S. 72-82, 195 und 196.

Wesle, Carl: Eilhart von Oberg. In: Verfasserlexikon I, Sp. 520-524.

Wolff, Ludwig: Welfisch-Braunschweigische Dichtung der Ritterzeit. Jahrbuch des Vereins für niederdeutsche Sprachforschung 71-73 (1948-1950) S. 68-89.

6. Aufbau und Interpretation

Eggers, Hans: Der Liebesmonolog in Eilharts Tristrant. Euph. 45 (1950) S. 275-304.
- Vom Formenbau mittelhochdeutscher Epen. DU 11 (1959) S. 81-97.

Gumbel, Hermann: Absatztechnik bei Eilhart von Oberg. ZfdPh 55 (1930) S. 268-290.
Huet, Gédéon: Sur une épisode du Tristan d'Eilhart d'Oberg. Rom. 36 (1907) S. 50-57.
Jonin, Pierre: Les Personnages Féminins dans les romans français de Tristan au XIIe siècles. Aix-en-Provence 1958 (Publications des Annales de la Faculté des Lettres Aix-en-Provence, NF 22).
Marx, Jean: Observations sur une épisode de la Légende de Tristan. In: Recueil de Travaux, offert à M. C. Brunel. Paris 1955. Bd. 2, S. 265-273.
Schorn, Daniel-Hermann: Die Zeit in den Tristandichtungen Eilharts und Gottfrieds. Studie zur Wirklichkeitsauffassung in mittelalterlichen Dichtungen. Diss. Masch. Köln 1952.
Stolte, Heinz: Eilhart und Gottfried. Studie über Motivreim und Aufbaustil. Halle 1941.
Rez.: Ohly DLZ 63 (1942) Sp. 110-117.
Trendelenburg, Armgart: Aufbau und Funktion der Motive im Lanzelet Ulrichs von Zazikhoven im Vergleich mit den deutschen Artusromanen um 1200. Diss. Masch. Tübingen 1953, S. 153-161.
Wagner, Kurt: Wirklichkeit und Schicksal im Epos des Eilhart von Oberg. Archiv 91 (1936) S. 161-184.
Walker, Emil: Der Monolog im höfischen Epos. Stil- und literaturgeschichtliche Untersuchungen. Stuttgart 1928 (Tübinger Germanistische Arbeiten 5) S. 249-260.
Winfrey, Lewis, Edgar: The Courtly Elements in Eilhart von Oberge's Tristrant I. Chicago 1928 (Abstracts of Theses, Humanistic Series IV) S. 279-283.
Witte, Arthur: Der Aufbau der ältesten Tristandichtungen. ZfdA 70 (1933) S. 161-195.

7. Literarische Abhängigkeiten und Nachwirkungen

Busse, Eberhard Kurt: Ulrich von Türheim. Berlin 1913 (Palaestra 121) S. 43-61.
Eggers, Hans: Literarische Beziehungen des Parzival zum Tristrant Eilharts von Oberg. PBB 72 (1950) S. 39-51.
Felix, H.: Eilhart von Oberg und Heinrich von Veldeke. Stendal 1895 (Programm des Gymnasiums von Stendal 256).
Gombert, Johannes: Eilhart von Oberg und Gottfried von Straßburg. Beitrag zur Tristan-Forschung. Amsterdam 1927.
Rez.: Wolff DLZ 48 (1928) Sp. 1957-1962; van Dam Archiv 84 (1929) S. 108-114; Piquet RevGerm. 20 (1929) S. 129-132, 242-254.
Hofer, Stefan: Eine Reminiszenz an den Tristan im Perceval. ZfrPh 72 (1956) S. 392-397.

Knieschek, Johannes: Der tschechische Tristram und seine deutschen Vorlagen. Mitteilungen des Vereins für Geschichte der Deutschen in Böhmen 22 (1884) S. 226-249. – Abkürzung: Mitteilungen.
Kröhl, Günther: Die Entstehung des Prosaromans von Tristrant und Isalde. Diss. Göttingen 1930.
Piquet, Felix: Le Problème Eilhart-Gottfried. RevGerm. 20 (1929) S. 119-132, 242-254.
Ricklefs, Jürgen: Der Tristanroman der niedersächsischen und mitteldeutschen Tristanteppiche. Jahrbuch des Vereins für niederdeutsche Sprachforschung 86 (1963) S. 33-48.
Singer, Samuel: Die Quellen von Heinrichs von Freiberg Tristan. ZfdPh 29 (1897) S. 73-86.
Wiegandt, Friedrich: Heinrich von Freiberg und sein Verhältnis zu Eilhart. Diss. Rostock 1879.
Wilmans, Wilhelm: Der Straßburger Alexander und Eilharts Tristrant. ZfdA 27 (1883) S. 294-298.

im gebe sin tohter. der ch[........] erne mohte. des ni[...]
wol wider chomen. ich het e[r]ez ene als vernomen. wer
den trachen sluge. das waere vil ungevuge. sprah der truh
saele. vil ih mih vermisse. as waere gelogen. den herren
het er nah betrogen. er wolt[..] war waere. der chunich
woll. waere siner tohter selbe saget. als der truhsaele
habete. si ge wunen te wibe. mit sin selbes libe. vil harte
maenliche. vnd sprah offenliche er solt si un le wibe geben.
ich mohte si ungern nemen. wan er het erslagen den ser
pant. do sprah div vrowe al tehant. vater als gelobet mir
erne hat mir rehte gesaget div. ich hegieng er nie de
hein vrumicheit. wa numer nu die manheit. als er
in torste bestan. nu la di nen mut ligan. vñ uernim
die warheit rehte. sage dem gueten ch nehte. als er bue
bis morgen vru. so tet der chunich also.

Der truhsaele manete. den chunich des er habete ge
lobet mit siner warheit. im was unrechliche leit.
als er is so lange wiste. nu vernemet mit welhen listen.
vrowe ysalde we vuire. ober den trachen sluge. si sprh
Is Peronise. o als er braehte luse. vur pharith als si sage
te. Brangenen si do sagete. einer ir wndvrowen. si wold
selbe schowen. weder wir magewin waere. Peronis der
chumerare. der braht div pharit fro. vf salen si do. vñ
men gelichte. div schone vrowe riche. tristran dis stunde
wgesach. ie Peronise si do sprah. sih waril ros was be

Abb. 1. Regensburger Fragment (Fürstlich Fürstenbergische
Hofbibliothek Donaueschingen Hs. 69). Vers 1726-1783.

starc. noch er in gegin mit nihṭ negat. des was
ich harte ungewone. ich ne weiz wa uone iz nu
o ... ach siv daz wenizin.   ſ come.
vñ begunde san denken. in wirrit sinwaz so iz
si. ich wene hi etiſwer si bi. der unſ habe ge hūt
bi dem brunnin siv stuint. vñ wart der spehere
ge ware. der mane trūch den fare daz. in den
brunnin uon den mannin zu wein. der frowen
wischir de scein. daz siv iz oge daz niht ne kar-
te. vñ rehte also gebarte. alſe si iz da niht ne
wiste. vñ sprach mit grozir liste. iſtant war
soldich her zodit. frowe daz iz helpint mit daz
mir min herr sine hulde gebe. vñ laze mich
wesin. als ich was in sineme hobe. uil ernist-
hafte ich dir gelobe. dar zu ne helbē ich dir
niet. wane mir liebe is ge scier. daz er dir so
gram is. des wis unwaṛe gi wis. daz ich dir
dar zu niht ne irome. wane ich bin ze wor-
te comen. von dir ane mine sculṭ. ich waſ
dir durch minin heren holt. wane dv sin
nebe werist. vñ siner eren plegist. baz den
vi anderen alle. nu bin ich ze scalle. wordin

Abb. 2. Magdeburger Fragment (Deutsche Staatsbibliothek Berlin
  Ms. germ. quart. 661). Vers 3518-3555.

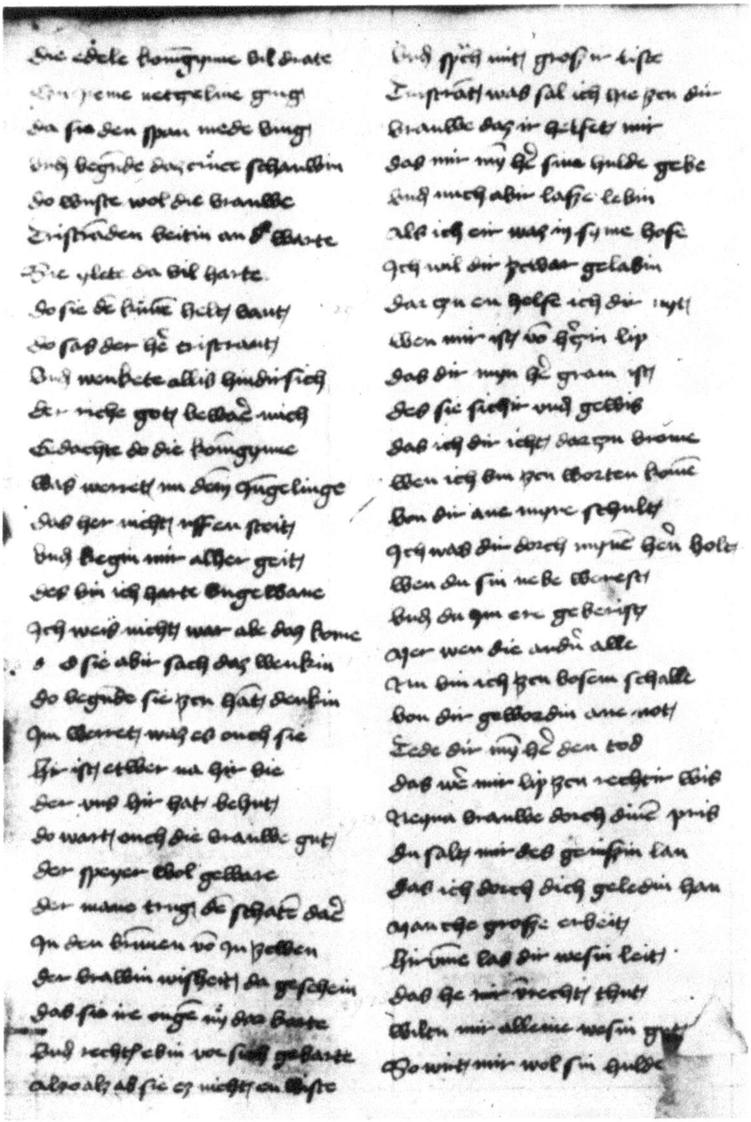

Abb. 3. Dresdener Handschrift (Sächsische Landesbibliothek Ms. M 42). Vers 3506-3565.

Im ist licht iemant by
Der vnser hie hät gehut
Do ward och die frow gut
Der speher do gewar
Der mon trug och den schatten dar
In den brunnen von Inen zwain
Der frowen wyßhait do schain
Vnd redt also gehaidt
Als ob sü es nicht wyste
Vnd sprach mit grossen listen
Tryßtrand was sol ich her zu dir
Er sprach frow helffend mir
Das mir min herr sin huld gebe
Vnd mich lausse leben
Als er in sinem hof
Sü sprach du mir für war geloub
Ich hilff dir dar zu nicht
Mir ist lieb das er mit pflicht
Zü dir hät vnd dir gran ist
Des bis sicher vnd gewiß
Ich will dir nicht darzü frumen
Wan ich bin an ain wort komen

Abb. 4. Heidelberger Handschrift (Universitätsbibliothek Cod. Pal. germ. 346). Vers 3526-3548.

Bei Fragen zur Produktsicherheit wenden Sie sich bitte an:
If you have any questions regarding product safety,
please contact:

Walter de Gruyter GmbH
Genthiner Straße 13
10785 Berlin
productsafety@degruyterbrill.com